中国现代文艺学大家文库

# 清园谈艺录
## ——王元化文艺学文选

王元化 著

山东文艺出版社

图书在版编目（CIP）数据

清园谈艺录：王元化文艺学文选／王元化著. —济南：山东文艺出版社，2021.4
ISBN 978 - 7 - 5329 - 6350 - 8

Ⅰ.①清… Ⅱ.①王… Ⅲ.①文艺学—中国—现代—文集 Ⅳ.①I206.6 - 53

中国版本图书馆 CIP 数据核字（2021）第 048704 号

责任编辑：吴海燕
装帧设计：刘小军

## 清园谈艺录
——王元化文艺学文选

王元化　著

| | |
|---|---|
| **主管单位** | 山东出版传媒股份有限公司 |
| **出版发行** | 山东文艺出版社 |
| **社　　址** | 山东省济南市英雄山路 189 号 |
| **邮　　编** | 250002 |
| **网　　址** | www.sdwypress.com |
| **读者服务** | 0531 - 82098776（总编室） |
| | 0531 - 82098775（市场营销部） |
| **电子邮箱** | sdwy@ sdpress.com.cn |
| **印　　刷** | 山东新华印务有限公司 |
| **开　　本** | 890 毫米×1240 毫米　1/32 |
| **印　　张** | 11.75 |
| **字　　数** | 283 千 |
| **版　　次** | 2021 年 4 月第 1 版 |
| **印　　次** | 2021 年 4 月第 1 次印刷 |
| **书　　号** | ISBN 978 - 7 - 5329 - 6350 - 8 |
| **定　　价** | 95.00 元 |

版权专有，侵权必究。如有图书质量问题，请与出版社联系调换。

## 出版说明

"中国现代文艺学大家文库"精选徐中玉、钱谷融、王元化、钱中文、李衍柱、王元骧、陈伯海、陆贵山、孙绍振、童庆炳等十位著名文艺理论家的代表性著作,涵盖现代文论、古代文论、西方文论等多个领域,以期对近百年来中国文艺学的创造性成果进行总结,全面立体地展示中国现代文艺学研究的理论建树,为专业的文艺学研究者提供经典、权威的文艺学资料,从而推动新时代文艺学研究向纵深发展。

我们在编选过程中,除根据作者或授权编选者的意见对个别选文稍作修正外,尽量保持文章初次发表时的原貌。这是一套学术著作,我们本着严谨认真的态度进行编校,但难免会有疏漏,尚祈读者指正。

山东文艺出版社

2020 年 12 月

总序

# 中国文艺学发展百年回眸

为了总结文艺学诞生、发展的历史经验，推进当代具有中国特色的文艺学的建设，山东文艺出版社拟出版一套"中国现代文艺学大家文库"，选择近百年来在不同历史时期涌现出的文艺理论家的代表性成果集结的"自选集"或由学子、亲人协助选编的"文艺学文集"，公开出版发行，与国内外读者见面。这一设想是有创新性的，也是具有学术价值和现实意义的。

第一批被选入的学者有十位，最年长的是2019年6月25日去世、享年105岁的徐中玉先生。徐先生1915年2月15日出生于江苏江阴。这一年恰是陈独秀创办的《青年杂志》（1916年改为《新青年》）问世。在五四精神的熏陶和培育下，在新文化运动的洪流中，徐先生刻苦学习、吸纳进步思想，在极端困难的环境中，积极为深爱的祖国贡献一份力量。在《忧患深深八十年——我与中国二十世纪》一文中，徐先生说："我们这一代人的发奋图强，誓雪国耻，要求进步，坚主改革，不论在什么环境、困难下总仍抱着忧患意识与对国家民族负有自己责任的态度，是同我们从小就受到的这种国耻教育极有关系的。'天下兴亡，匹夫有责'，这不是说个人有了不起的力量，而是说每个人于国、族兴亡，都要负起自己应该并可能承当的责任。"作为一位文艺理论家，徐中玉先生继承和弘扬了中国知识分子所具有的"先天下之忧而忧，后天下之乐而乐"和"独立之人格，自由之思想"的优良传统，由于敢于直言，敢于讲真话，坚持正义，主持公平，徐先生多次被诬陷、遭攻击，被打成"右派"，但他始终默默地搜集文献资料，思考和研究文艺理论问题。他认为："具有忧患意识，有使命感和历史责任则是每一个爱国者应有、能有的。"徐先生在受迫害的艰难岁月里，"利用一切可以利用的时间，埋头积累专业研究资料。二十年间孤立监改扫地除草之余，新读七百多种书，积下数万张卡片，约计手写近一千万字。甘于寂寞，自求心安。只有自己觉得这种积累有用，即使这些卡片将始终只能塞在我的抽屉里，也有意义。也许这只是为了求得自己心理上的平衡，但到底并没有把这二十年光阴完全白过。"① 徐先生在逆境中所显示出的这种坚韧不拔、甘于寂寞、潜心研究的治学精神，堪称为学界的楷模。

对于近百年文艺理论的发展，徐中玉先生为《中国近代文学大系·第1集·第1卷·文学理论集1》作的导言中认为，"近代文学理论在新旧交替、救亡图强的大变革世运中"②

---

① 徐中玉：《忧患深深八十年——我与中国二十世纪》，载《徐中玉文存》，上海人民出版社2019年版，第6页。
② 徐中玉主编：《中国近代文学大系·第1集·第1卷·文学理论集1·导言》，上海书店1994年版。

得到长足的发展，在这方面王国维和鲁迅作出了突出贡献。

今天我们所说的文艺理论或文艺学①，它的古老的名字称为"诗学"。最早提出"诗学"概念并把它作为独立学科进行研究的是古希腊"最伟大的思想家"亚里士多德（公元前384—前322年）。在古希腊，诗是一个广义的概念，包括抒情诗、叙事诗、悲喜剧、史诗、音乐、舞蹈等。亚里士多德的《诗学》就是古希腊这些艺术种类实践经验的总结。因此，亚里士多德的《诗学》，就其研究的对象和论述的内容来讲，可谓是世界文论史上出现的第一部文艺理论或文艺学专著。

中国古代虽无"诗学""文艺学"的概念，但对诗乐理论的研究却源远流长、新见迭出，产生过多部影响深远的理论专著。从荀子的《乐论》到后来出现的《乐记》，从《文心雕龙》《诗品》《闲情偶寄》到《人间词话》，等等。三千多年前，在《尚书·虞书·舜典》中提出"诗言志"这一中国诗论"开山的纲领"以来，不断有新的理论观点问世，诸如：缘情说、形神说、风骨说、神韵说、意象说、性格说、境界说、意境说等，并对创作实践产生过程度不同的影响。诗论在中国古代，除《文心雕龙》《诗品》等专著中有所论述外，主要是以乐论、诗话、词话、曲话、批注、笔记等文体存在于历史典籍之中。

文学理论或文艺学作为一门独立的人文学科在中国出

---

① 据日本当代文艺理论家浜田正秀研究，文艺学（Literaturwissenschaft 或 science of literature）这一词据说最先是在19世纪40年代初的黑格尔学派里使用，初见于1843年麦登（Mundt，1808—1861）的《现代文学史》一书的绪论中。见［日］浜田正秀《文艺学概论》，陈秋峰、杨国华译，中国戏剧出版社1987年版，第3页。

现，则是20世纪的事情。1902年，文学理论先是以"文学研究法"的名义跨入了"中国文学门"，正式被列入《钦定大学章程》。1912年，在北大馆藏的《民国元年学科设置及课程安排》中，首次将"文学概论"列为人文学科开设的课程。1916年蔡元培任北大校长，聘任陈独秀为文科学长。1917年在北京大学重新修订的《文科大学现行科目修正案》中，进而明确将"文学概论"定为必修课。由此开始，一百多年来"文学概论"一直是全国各大学中文专业开设的必修课。① 上世纪开始的一二十年，多是借用国外学者撰写的关于文学艺术理论的著作为教材。上世纪50年代，中国各高校文科，普遍用的是苏联的文艺学教材。改革开放新时期，中国恢复学位制度后，文艺学正式作为一个独立学科在全国各高校与科研单位设立博士点、硕士点，并开始招收培养专门从事文艺学教学与研究的人才。文艺学在国家教育体制上被确立，同时也被学界接受认同。

回顾文艺学在中国发展的历史，20世纪初，在中国古代诗学理论向中国现代诗学理论的转换过程中，王国维（1877—1927）作出了重大贡献。生活、学习和成长在中西文化交流和碰撞时代大潮中的王国维，在"文学理论"概念的出现和"文学概论"成为中国大学人文学科的必修课的同时，1904年发表《〈红楼梦〉评论》；1904—1906年开始撰写《人间词话》甲稿、乙稿，并于1908年分三期连载于《国粹学报》；1909年，写出《唐宋大曲考》《戏曲考

---

① 参见程正民、程凯主编：《中国现代文学理论知识体系的建构——文学理论教材与教学的历史沿革》，北京大学出版社2005年版。

源》,刊于《国粹学报》;1912年,《宋元戏曲考》成书。王国维运用康德、叔本华的美学观,结合中国文学和文论的实际,具体分析和评论了《红楼梦》、宋元戏曲和古代诗词,以境界为核心范畴,构建起一个具有中国民族特色的文学艺术理论新体系。王国维创建的文论新体系,在总结中国文艺创作实践的基础上,创造性地继承、创新性地发展了中国古代诗论的优秀传统,汲取融合了西方诗学中的合理成分。其研究和论述的方面,涵盖和扩大了亚里士多德《诗学》的内容,更加符合中国文艺的实际。他写的《〈红楼梦〉评论》,为中国现代文艺理论批评开了先河,投下了第一块基石。文中振聋发聩地提出:"《红楼梦》者,可谓悲剧中之悲剧也。"① 这一理论观点,显然比胡适提出的"自传说"和蔡元培的《〈石头记〉索引》,有更高的审美价值。叶嘉莹说:"此文在中国文学批评的历史中,实在可以说是一部开山创始之作。"② 这一评价,是公正而又符合实际的。王国维的《宋元戏曲考》或《宋元戏曲史》,是中国第一部戏曲史。王国维的《人间词话》,以中国古代诗话、词话的形式,表达出现代美学和文艺理论的丰富内容。王国维以境界范畴作为他的现代诗学体系的逻辑起点,系统总结了中国古代诗话、词话所蕴含的诗学理论,结合优秀古典诗词的分析,对文艺的本体论、创作论、构成论、鉴赏论、作家论提出了

---

① 王国维:《〈红楼梦〉评论》,载《中国近代文论选》下,人民文学出版社1962年版,第754—755页。
② 叶嘉莹:《王国维及其文学批评》,广东人民出版社1982年版,第176页。

自己的见解，并且原创地论说了优美、壮美、古雅、情与景、写实与理想、隔与不隔、有我之境与无我之境等属于他自己独有的新的诗学范畴。他吸取了19世纪以来西方兴起的"写实派"与"理想派"，即现实主义与浪漫主义理论观点，认为在艺术意境的创构过程中，现实和理想相互渗透，融为一体，二者颇难区别。"写实家亦理想家"，"理想家亦写实家"。

对于王国维在中国学术史上的贡献，陈寅恪指出：

> 自昔大师巨子，其关系于民族盛衰学术兴废者，不仅在能承续先哲将坠之业，为其托命之人，而尤在能开拓学术之区宇，补前修所未逮。故其著作可以转移一时之风气，而示来者以轨则也。先生之学博矣，精矣，几若无涯岸之可望，辙迹之可寻。然详绎遗书，其学术内容及治学方法，殆可举三目以概括之者。一曰取地下之实物与纸上之遗文互相释证。凡属于考古学及上古史之作，如《殷卜辞中所见先公先王考》及《鬼方昆夷猃狁考》等是也。二曰取异族之故书与吾国之旧籍互相补正。凡属于辽金元史事及边疆地理之作，如《萌古考》及《元朝秘史之主因亦儿坚考》等是也。三曰取外来之观念，与固有之材料互相参证。凡属于文艺批评及小说戏曲之作，如《红楼梦评论》及《宋元戏曲考》《唐宋大曲考》等是也。①

---

① 陈寅恪：《王静安先生遗书序》，载《陈寅恪史学论文选集》，上海古籍出版社1992年版，第501页。

陈寅恪先生总结出的王国维学术研究的三条基本经验和方法影响深远，对中国现代美学、诗学、史学的研究与发展，具有重大的学术价值和现实意义。在中国文学艺术领域，王国维既是中国古代诗话、词话的最后一位诗论家，同时又是中国现代诗学在新世纪伊始出现的最初的一位文艺理论家。中国古代诗话、词话的终结和中国现代诗学理论的开端，是以王国维创建的中国现代诗学理论（即文艺理论）为标志的。

王国维对中国现代诗学理论虽然作出了重大贡献，但也有明显的局限和缺失。徐中玉先生明确指出：王国维的理论虽有"精微处、透辟处，也有自相矛盾、未能自圆其说处，违反历史事实、时代要求、大众愿望处。国家民族仍在贫弱交困、急待救亡疗治的时刻，他这些理论大体只可供思考，起到免于走向极端功利而尽失文学特性的作用……王氏精微有余，正视现实生活不足，理想成分多"。徐先生认为，"王国维说：'主观之诗人不必多阅世，阅世愈浅，则性情愈真，李后主是也'，都不切合事实。李后主身受亡国之辱，阅世还浅？他的最好词作，难道不是这种阅历促成的？阅世深了，一定会使性情失真？如果真只是'赤子'，大眼界、深意境能从哪里来？说李后主'俨有释伽、基督担荷人类罪恶之意'，简直把一己之所爱，拔高到天上去了。王氏有很高的艺术鉴赏力，也有把自己的学术见解大胆提出来的理论勇气。但他的不少著名观点至少仍是大可商榷的。"徐先生对王国维的批评是十分中肯的。

在徐先生看来，对于建设中国现代文艺学（或文艺理论）的贡献，与王国维相比，鲁迅的贡献更大、更具有现代性。徐先生对鲁迅写于1907年的《摩罗诗力说》给予很高的评价。

（《摩罗诗力说》）是这一历史时期文学理论的总结，又是这一时期文学理论发展的最贵结晶，明显地起着承前启后的作用。鲁迅在此文中不废怀古之功，但更要求审己、知人："欲扬宗邦之真大，首在审己，亦必知人，比较既周，爱生自觉，每响必中于人心，清晰昭明，不同凡响。"这就是指出：一味自我欣赏而不审视自己的阙失，前途必无光明，有了改进的自觉，才有希望。为此，他坚决主张"别求新声于异邦"。异邦有诸如"立意在反抗，指归在动作"，"争天拒俗"，争取"独立、自由、人道"，"说真理"等类新声，都还是我们自己非常缺少却极需要的。对异邦行而有效的东西，认为虽应学习，"亦非吾邦民可活剥"，应学其"内质"，即真精神才是。

鲁迅分析了过去闭关的恶果，孤立自是，精神沦亡，以致维新了二十年仍无甚成效。他呼吁文学界有志之士都要做"精神界之战士"，为国族尽最大努力。"家国荒矣，而赋最末哀歌，以诉天下贻后人之耶利米，且未之有也！"

鲁迅凭其热爱国族的赤忱和高瞻远瞩的目光，其认识达到了当时思想界文学理论界的最高峰。[①]

---

[①] 徐中玉主编：《中国近代文学大系·第1集·第1卷·文学理论集1·导言》，上海书店1994年版。

鲁迅（1881—1936）是一位伟大的文学家、思想家、革命家。他不仅是中国现代文学的奠基人，为中国20世纪文学竖起了第一座巍峨的文学高峰，而且是建设具有中国民族特色的文艺理论或文艺学的披荆斩棘的勇敢开拓者。鲁迅积极投入和倡导白话文运动，1918年5月发表的《狂人日记》是中国文学史上出现的第一篇白话文小说。在中国文艺理论史上，鲁迅又是第一个将西方现实主义理论的核心范畴——"典型""典型人物"引入中国文坛的。他在1921年4月5日写的《译了〈工人绥惠略夫〉之后》一文中，称阿尔志跋绥夫在1905年之前，"已经写出了一个以性欲为第一义的典型人物来。"[1] 在《阿Q正传》的论争中，典型逐渐成了批评家批评作品成败得失的重要审美尺度。鲁迅系统全面地研究了中国小说，撰写的《中国小说史略》《中国小说的历史的变迁》，开创性地为中国文学史研究打下了一个坚实的基础，并为中国文艺学的理论研究提供了丰厚的历史文献资源。鲁迅亲自将普列汉诺夫运用唯物史观写出的《没有地址的信》，翻译给中国读者。他对文学发生学的研究，既批判地吸取和借鉴了"游戏说""巫术说""劳动说"中的有价值成分，又紧密结合中国文艺发生的实际，提出了富有中国特色的文艺活动发生论的新观点。他的理论主张可概括为："劳动—巫术—休闲"说。[2] 徐中玉先生在《中国近代文艺理论的发展》中提出的中国文论史上长期争论不休的一个关

---

[1]《鲁迅全集》第10卷，人民文学出版社1981年版，第167页。
[2] 李衍柱：《文学理想与文学活动》，人民出版社2013年版，第302—308页。

于文艺与政治的关系问题,鲁迅总结中国文学史的经验,生动而又辩证地作出回答。他在《文艺与政治的歧途》《魏晋风骨及文章与药及酒之关系》等论文中指出:世界上没有超政治、超时代的文学,鼓吹所谓文学超政治、超时代,实质是为了逃避现实,然而这又是不可能的,"这是和说自己用手提着耳朵,就可以离开地球者一样地欺人"①。

人的意识的觉醒与人的价值和尊严的被肯定,人的主体性的确立和人的独立思考能力的恢复和增强,这是一百多年来在中国学术界、思想界、文学艺术界发生的一个重大变化。如同陈伯海先生所说:"现代意义上的'人'的自觉和'文'的自觉,构成'五四'文学革命对20世纪中国文学发展的主要贡献。"② 人学与文艺学同属人文科学。而人学又是文艺学的重要理论基础。人学既是打开文学殿堂大门的钥匙,也是打开中国古代文论、书论、画论、乐论宝库的金钥匙。文学是"人学"的理论主张,不仅对于我们研究中国古代文论传统、开展中西文论比较,有指导意义,而且对研究中国现代文艺理论,总结五四以来文学艺术领域的经验教训和存在的问题,都有现实的意义。从1918年12月15日刊行的《新青年》第5卷第6号上发表周作人的《人的文学》到1957年第5期《文艺月报》发表钱谷融的《论"文学是人学"》,再到1980年第3期《文艺研究》发表钱谷融的《〈论"文学是人学"〉一文的自我批判提纲》(即《我

---

① 《鲁迅全集》第7卷,人民文学出版社1981年版,第113—114页。
② 陈伯海主编:《近四百年中国文学思潮史》,东方出版中心1997年版,第22页。

怎样写〈论"文学是人学"〉》),时间经过了六十余年,围绕着文学与人的问题,人性、国民性与阶级性问题,人道主义与人文精神问题,展开了多次的论争,尽管一些作家、理论家因此而落难,受到批判或斗争,但是真理是批不倒、骂不掉、打不死的,相反它会在反复敲打中闪烁出它的灿烂的光辉。①选入"中国现代文艺学大家文库"的学者,几乎每一位都在自己所选论文中从不同视角论说到"人"的自觉与"文"的自觉问题。徐中玉在《忧患深深八十年——我与中国二十世纪》一文中说:"文学既是人学,更是人心民心之学。"钱中文先生指出:"'文学是人学'是针对教条主义把人当作描写的工具而说的,文学应该描写活生生的人,张扬了文学的人道主义,这一很有针对性的观点,开了解放文学思想风气之先,扩大了人们对文学的认识,使文学与真实的人结合起来,有力地批判了高大全、假大空这类虚假的文学主张,功莫大焉。"②钱先生还专门撰写了《论人性共同形态描写及其评价问题》,结合中外的理论研究与创作实际进行了评说。在新世纪伊始,钱先生提出和倡导的"新理性精神",进一步拓展和丰富了文学人学论的内涵。王元骧先生在论说马克思对德国古典美学的继承与革新的同时,撰写出《审美自由与人的解放》。陆贵山在重读经典文本的基础上,深入研究"马克思主义的人论与文学"课题,并出版了专著。

---

① 李衍柱:《时代变革与范式转换》,人民出版社2013年版,第201—203页。

② 钱中文:《三十年间》,载《理论的时空》,复旦大学出版社2016年版,第144页。

"主体性文学论是人性、人道主义讨论的必然继续与具体表述,与'文学是人学'也是相互呼应的。文学主体论认为过去主体在反映论中完全是消极被动因素,所以那是客体文学,是没有主体的文学,现在要重建具有首创精神的创作主体,建立新的主体文学。纠正过去创作中创作主体的缺失,强调创作主体的创造地位与巨大功能,这是文学理论的一大进步。有的作家有感于此,后来阅读了阐释文学主体论的文章,真有一种解放之感;同时这一观念对于促进文学理论框架的反思,影响很大,这都是应该肯定的。"①

"时运交移,质文代变,古今情理。"② 中国文艺学的发展变化与时代的变革相向而行。革命是推动历史前进的火车头,解放思想则是激励亿万人民从事社会变革的不竭动力。一百多年来,中国社会发生了三次伟大的革命,经历了三次伟大的思想解放运动。历史的巨变,催生和推进了中国现代文艺学的发展。

20世纪出现的第一次大革命是以孙中山领导的辛亥革命为标志。在这次大革命孕育爆发的过程中,中国社会急剧地由一个封建专制社会逐渐沦为一个半殖民地半封建社会。十月社会主义革命,给中国送来了马克思列宁主义。孙中山播下的民主革命种子,催生和发展成了新民主主义革命,爆发了五四新文化运动,出现了第一次思想大解放运动。中西文

---

① 钱中文:《三十年间》,载《理论的时空》,复旦大学出版社2016年版,第144—145页。
② 刘勰著,范文澜注:《文心雕龙注》下,人民文学出版社1961年版,第671页。

化的大碰撞、大交流、大融合，在中国文学艺术领域则呈现出可喜的百花齐放、学派林立、百家争鸣的繁荣局面。

第二次大革命和社会转型是以中华人民共和国建立和社会主义制度基本确立为标志，以打破苏联的教条主义为中心的延安整风，开启了第二次思想解放运动。从时间上说，可以从1927年井冈山建立第一块革命根据地算起，一直到1956年我国社会主义改造基本完成。这次大革命，使中国人民真正站起来了，获得了新民主主义革命的胜利，并且开始走上了社会主义的道路，取得了社会主义建设的伟大胜利。在这个将近三十年的过程中，中国社会形态发生了根本性的变化，由一个半殖民地半封建的社会转变成为一个新民主主义国家，然后又逐步确立了社会主义制度。在哲学社会科学领域，最大的成果，就是确立了马克思列宁主义普遍真理与中国革命实际相结合的毛泽东思想。在中国文艺学发展的历程中，则形成了马克思主义文艺理论与中国文艺实际相结合的毛泽东文艺思想，在革命与战争年代竖立起了一座马克思主义文艺理论中国化时代化大众化的里程碑。

第三次社会大革命和思想解放运动是以党的十一届三中全会为标志。以社会主义现代化建设为中心的改革开放，是中国大地上持续发展的又一次更为深刻和广泛的革命。四十多年的改革开放，中国人民已由站起来走向富起来，由富起来走向强起来。四十多年的伟大实践，我们已经成功地走出了一条中国特色社会主义道路。

从上世纪70年代末期开始的这次思想解放运动，使古老的中华大地重新焕发了青春，注入了无限的生机与活力。这次伟大的思想解放运动,使中国社会的各个领域,都发生了根本性的变化,文化、科学、艺术,迎来了自己发展的春天。中国现代文艺学同其他社会科学一样,挣脱了种种精神枷锁,走出了误区,打破了禁阈,回到了自己的家园。作家、艺术家、文艺理论家重新焕发出自己的艺术青春、学术青春。

今年正值五四运动发生一百年、中华人民共和国成立七十年和改革开放刚过去四十年,本文库第一批入选的学者中徐中玉先生是全程经历和参与的元老,其余诸位都是出生于上个世纪30—40年代。这些学者亲历和见证建国七十年中国社会发生的巨变,沐浴着改革开放的春风,全身心地投入到自己关注的文艺研究之中。他们的研究论著,从不同的侧面和层面,推进了现代中国文艺学的建设,为社会主义文艺事业的发展和繁荣作出了应有的贡献。从其所选文集的内容看,主要的标志性的理论贡献有以下几点:

第一,文学观念的更新和突破。十年动乱期间的闭关锁国,使中国文艺理论界中断了与世界的交流与对话。解放思想,改革开放,有力地推动了文学观念的更新和突破。改革开放四十多年,欧美和俄罗斯近代以来出现的各种哲学、美学、文学理论的代表性著作和文艺作品,相继被翻译、介绍到我国。《柏拉图全集》《亚里士多德全集》等西方古代、近代、现代的许多大家的全集相继被翻译到中国。世界各国不同的文学理论派别的倡导者的哲学观、历史观、价值观、美学观、文学观是大相径庭的。但他们的文学理论主张能够在不同民族国家出现,自有其实践的依据和现实存在的学理性。他们以不同的视角和方法,从不同的层面和方面,对文学艺术的审美特征和艺术规律的探索,他们的发现,他们的见解,甚至他们的"片面的深刻"或"深刻的片面",都可作为中国文艺学研究的借鉴和参照系。中国学者在思考、探索如何继承古代文论、借鉴外国文论,在马克思主义世界观和方法论指导下,建设有中国特色的文艺学的历史过程中,先后出现了认识论文学观,以蔡仪主编的《文学概论》和以群主编的《文学基本原理》为代表;主体论文学观,以刘再复的《论文学的主体性》为代表;象征性文学观,以林兴宅的《文艺象征论》为代表;生产论文学观,以何国瑞的《艺术生产原理》为代表;审美意识形态文学观,以钱中文、童庆炳、王元骧为代表。1982年,钱中文先生最早提出这一理论观点;1987年,钱先生又补充说:"文学作为审美的意识形态,以感情为中心,但它是感情和思想认识的结合;它是一种虚构,但又具有特殊形态的真实性;它是有目的,但又具有不以实利为目的的无目的性;它具有阶级性,但又是一种具有广泛的社会性以及全人类性的审美意识的形态。"① 比较集中体现审美意识形态文学观的则是童庆炳主编的《文学理论教程》和他的学术专著《文学活动的美学阐释》,王元骧的《审美反映与艺术创造》《文学原理》。文学艺术是一种审美意识形态,当下已逐渐为中国文艺理论界所接受,并成为我国文学理论教材建设的一个最基本的出发点。这一观点超越和突破了苏联文艺学教科书和我国文艺理论家蔡仪、叶以群主编的全国通用教材中所坚持的

---

① 钱中文:《论文学观念的系统性特征》,载《文艺研究》1987年第6期。

认识论文学观。

　　第二，研究方法的变革。"工欲善其事，必先利其器。"观念的更新与方法的变革相伴而行。20世纪50年代以来，系统论、控制论、信息论的提出和电子计算机的发明与应用，使自然科学有了重大的突破和发展，人们对宇宙的认识也有了新的进展。在社会科学方面，20世纪以来世界各国出现了各种各样的思潮和学派，他们从不同视角和层面，提出了新的方法论问题。马克思指出："历史本身是自然史的即自然界成为人这一过程的一个现实部分。自然科学往后将包括关于人的科学，正像关于人的科学包括自然科学一样，这将是一门科学。"① 文艺学研究与自然科学结合，融合自然科学的方法和手段，这是文艺学在未来发展中的一个重要趋势。1985年，中国学界出现了"方法论"热。大家普遍注意研究如何将系统论等自然科学研究方法与传统的社会科学研究方法结合起来，如何在马克思主义世界观和方法论指导下，综合各种古今中外行之有效的研究方法，推进文艺学研究的创新。

　　面对着以研究浩若烟海的中外文学艺术为主要对象的文艺学，应当采取什么方法，古今中外文艺理论家作过种种探索和尝试，出现过社会历史的方法，哲学美学的方法，心理学、现象学、符号学、结构主义的方法，人类文化学的方法等。从表现形态上讲，有宏观与微观，纵向与横向，归纳综合与分析演绎，个案研究与整体把握等。选入本文库的学者

---

① 《马克思恩格斯全集》第42卷，人民出版社1979年版，第128页。

中,陆贵山先生就主张"走向宏观的文艺学"。他说观察文艺世界需要两面镜子:显微镜和望远镜。既要提倡微观研究,也要提倡宏观研究。像绘画一样,一幅画既需要有宏伟的构图,也需要有精美的细部。只有宏伟的构图没有精美的细部可能造成空泛,只有精美的细部没有宏观的构图会痴迷于一点。建国七十年来,文学理论获得了前所未有的思想活力和学术发展的空间,运用不同的方法,以不同视角,从不同侧面、不同层次、不同方面研究文学艺术,百虑一致,殊途同归,建设有中国特色的文学理论,已成为我国文学理论界的共识。"有中国特色的当代文学理论新形态,是一种以马克思主义为指导,以现代性的追求为动力,在全球化的语境中充分立足于本土,在现代文论传统的基础上,不断地自我反思与批判,广采博取中外古今思想资料中的有用成分,鉴别创新,形成了一种具有科学的和人文精神的、开放的、动态的、形式复合多样的形态。"①

在上个世纪60年代王元化先生就开始酝酿和关注文艺学研究的方法论问题,先后撰写了《论诠释》《综合研究法》《由抽象上升到具体》《知性分析方法》等论文。对于王元化先生在古代文论研究方法上的贡献,牟世金先生在《"龙学"七十年概观》中说:王元化先生的《文心雕龙创作论》,"创造了一整套行之有效的综合研究法:第一是宏观研究和微观研究相结合,第二是文史哲研究相结合,第三

---

① 钱中文:《文学理论30年:成就、格局与问题》,载《华中师范大学学报》2007年第5期。

是古今中外的比较、联系相结合。"① 这种"综合研究法",是将"古与今和中与外结合起来,进行比较对照,分辨同异,以便找寻出在文学发展上带有规律性的东西"②。它的特征是古今结合、中外结合、文史哲结合。

在改革开放新时期,文艺学研究特别是马克思文学理论的中国化,取得了重大的成绩,七卷本"20世纪马克思主义文艺理论国别研究"丛书的出版就是实绩之一。而文学基础理论也得到了前所未有的发展。就学科性的著作而言,在文学文体学、文学叙事学、文学语言学、文学修辞学、文学符号学、文学心理学、文学社会学方面,出现了许多很有分量的专著,研讨问题的范围有所拓宽。2000年到2002年间出版的钱中文、童庆炳主编的"新时期文艺学建设丛书",收录的36位学者的论著,就是一些带有标志性的成果。2016年由复旦大学出版社推出的由朱立元、曾繁仁主编的"当代中国文艺学研究文库",已出版的第一批12位学者的论著,进一步显示出当代文艺学研究在千禧之年到来之际出现的新的特点和趋向。

第三,面向实践,在创作与批评互动中推进文学理论的创新。

创作与批评是驱使文学发展的不可或缺的两个轮子。世界文学史的实践表明,凡是文学艺术在大发展的历史时期,几乎都是创作与批评两个轮子同步飞转,文学巨匠与批评大

---

① 王元化:《文心雕龙讲疏》,广西师范大学出版社2004年版,第381页。
② 同上书,第352页。

师都同时留下了他们的足迹。文学理论只有同文学创作实践与文学鉴赏批评实践紧密相连,同步互动,才能不断找到自己的新的生长点。孙绍振先生在撰写《文学创作论》和创立文学解读学过程中深有体会地说:"文学理论的生命来自创作和阅读实践,文学理论谱系不过是把这种运动升华为理性话语的阶梯,此阶梯永无终点。脱离了创作和阅读实践,文学理论谱系必定是残缺和封闭的。问题的关键在于,文学理论对事实(实践过程)的普遍概括,其内涵不能穷尽实践的全部属性。与实践过程相比,文学理论是贫乏、不完全的,因而理论并不能自我证明,实践才是检验真理的准则。"孙绍振在对《红楼梦》和鲁迅小说的文本解读中,具体分析的《红楼梦》的八个美女之死和鲁迅所写的八种死亡,使人耳目一新,给予读者以美的享受。徐中玉先生于1946年写的《批评的伦理》中说:"20世纪是一个批评的时代。所谓'批评的',它的真实解释就是改造的——或者索性就说革命的。因为一切的改造或革命都要从批评开始,而真正的批评也不能不以改造或革命作为它的目标和结局。"① 在20世纪40年代,徐先生对巴金创作的《家》《春》《秋》的解读和评论,充分肯定巴金的"激流三部曲"的审美价值和社会历史意义。童庆炳先生作为诺贝尔文学奖得主莫言的指导教师,联系莫言的生活道路和小说创作实践,写出的《作家的童年经验及其对创作的影响》《莫言的硕士论文与高密东北乡文学王国》,从批评与创作实践紧密结合上,丰

---

① 徐中玉:《批评的伦理》,载《徐中玉文存》,上海人民出版社2019年版,第277页。

富和拓展了当代文艺学的内容。本人撰写的《第十个文艺女神的再生——关于文学批评的主体性思考》与《〈大秦帝国〉论稿——走向新世纪文艺复兴的绿色信号》,在阐明文学批评主体性的同时,显示出批评实践与创作实践、批评家与作家互动的必要性和可操作性。

第四,继承与创新,弘扬中华优秀诗学传统。

建设当代中国的文艺学,它的根,它的母体,它的基因,是中华优秀诗学传统。对于文艺学的建设与发展来说,传统和继承是它的出发点,而更新、创造则是它的目标和主导。文艺学的发展就是由多个创新的环节构成的;文艺学发展的历史,实际上就是继承传统又不断突破传统、不断创新的历史。没有突破与创新,文学也就失去了生命。"传统是一个动态的、开放的、不断发展的系统。它在时空的四维向度上不断地延伸、转化和发展。它作为社会心理、思维方式、价值观念、幻想、风俗、习惯、不同的人生观和世界观,对社会的发展产生巨大的推动作用。它肇始于过去,积淀于现在,影响着未来。一定的文化传统一旦形成,就具有相对的稳定性和惰性。优秀的文化传统,是一个民族的宝贵的精神财富,它具有强大的凝聚力、亲和力与融化力。"① 改革开放以来,中国古代文论和中华诗学传统的研究取得了空前的进展,先后出版的论著有:王运熙、顾易生编的 7 卷 8 册《中国文学批评通史》,罗宗强的多卷本《文学思想史》,黄保真、成复旺与蔡钟翔等人的《中国文学理论史》,袁行霈的《中国诗学

---

① 参见李衍柱:《时代变革与范式转换》,人民出版社 2013 年版,第 122—123 页。

通论》，陈良运的《中国诗学批评史》，张少康的《中国文学理论批评发展史》和入选本文库的学者徐中玉的《古代文艺创作论集》，童庆炳的《文心雕龙》研究，陈伯海主编的《近四百年中国文学思潮史》等。这些论著，采用不同的视角和方法，在吸收已有研究成果的基础上，以通史或断代史的方式，又以专题研究或个案研究为切入点，比较系统深入地探讨了中国古代文艺理论和中国古代诗学的创作与批评的历史发展的特点、规律、范畴，弘扬了中华诗学的优良传统，将中国现代诗学研究推进到一个崭新阶段，并为中国当代文艺学研究提供了丰厚的中国古代诗学资源和坚实的发展基础。

第五，网络思维、网络文学与信息时代文艺学建设。

思维方式的变化和网络文学艺术的兴起，是信息时代中国文学艺术领域变化最大、发展最快的一道风景线。改革开放四十多年，文学观念的更新与研究方法的变革，都与在人的头脑中发生的革命，即与人的思维方式的革命紧密相连。而人的思维方式的变化又与科学技术的革命息息相关。人类历史告诉我们，科学的重大发现和进步，总是直接影响着人的思维精神和思维方式的变化。

网络思维不仅突破了线性的思维方式，超越了一维、二维、三维的视野，它以爱因斯坦的"四维空间"理论，全方位地、立体地、动态地去研究文学活动的特点和规律；同时，又以对话思维超越了"二元对立"和"零和博弈"的思维方式。对话是两个以上主体之间进行平等自由的语言交际。它是沟通与联结我与你、学派与学派、民族与民族、国家与国家之间的桥梁。这是一座来自远古、立足现代、通往未来而又联结东西、今古，贯穿于过去、现在和未来语境中的桥梁。"对话思维不同于'是—是''否—否'二元对立的思维方式。对话的过程是一个异中求同、同中求异的双向运动过程。"①"'对话'是'把灵魂向对方敞开，使之在裸露之下加以凝视'的行为。"② 对话应当是真诚的、坦率的、自由的。对话的双方各自具有独立性，有自己的个性、尊严和价值。在中国现代美学和现代诗学研究过程中，钱中文先生积极倡导对话思维并亲自主持翻译了《巴赫金全集》在中国的出版，得到中国思想界、学术界、文艺界的赞誉，有力地推动了中外文化交流和中国当代文艺学的建设。

网络文学艺术是网络思维孕育出的奇葩。它的诞生标志着文学艺术真正迎来了一个前所未有的大普及、大发展的春天。据《文艺报》统计：截至2017年底，国内45家重点文学网站的原创作品总量高达1646.7万种，其中签约作品达132.7万种，年新增原创作品233.6万种，年新增签约作品22万种。出版纸质图书6942部，改编电影1195部，改编电视剧1232部，改编游戏605部，改编动漫712部。网络文学对外翻译影响日渐扩大，足迹已遍布亚洲主要国家以及英、美、法、俄等20多个国家和地区，成为中国文学"走出去"新的增长点。③ 理论来自实践。对网络思维与网络文

---

① 李衍柱：《巴赫金对话理论的现代意义》，载《文史哲》2001年第2期。
② ［日］池田大作：《我的人学》，铭九、潘金生、庞春兰译，北京大学出版社1992年版，第155页。
③ 参见李晓晨：《进一步激发新文学群体创作活力》，载《文艺报》2018年9月17日。

学的研究，已引起文艺理论界的关注和研究。欧阳友权的专著《网络文学论纲》和由他主编的《网络文学新视野丛书》的出版问世，就是很好的佐证。

随着时代的推移和文学所使用的工具与手段的变换，文学的物化载体和传播媒体的变换，自然要引起文学自身的变异和发展。一些文学类型消亡了，一些文学类型出现了，批判继承，推陈出新，这是中外文学发展的一条重要规律。与文学的变化、发展相适应，文学理论研究也应以新的观念和方法向深广度发展。面对信息时代的到来，网络媒介的迅猛发展，电信技术王国的出现，解构主义大师雅克·德里达惊呼："整个的所谓文学的时代（即使不是全部）将不复存在。"必然导致文学的"终结"。作为德里达的信奉者、美国文艺理论家J.希利斯·米勒直言不讳地宣称他是赞成德里达的"文学终结论"的。并且进一步发挥了德里达的思想，说："那么，文学研究又会怎样呢？它还会继续存在吗？文学研究的时代已经过去了。再也不会出现这样一个时代——为了文学自身的目的，撇开理论的或者政治方面的思考而单纯去研究文学。那样做不合时宜。"① 对于德里达、米勒公开宣扬的"文学终结论""文学研究过时论"，中国文艺理论界对此大不以为然，公开发文从理论上予以批评。本人与钱中文、童庆炳先生都先后发文联系中外文艺发展的实际，批评这种广为流行的"文学终结论""文学研究过时论"出现的必然性及其悲观论的实质。文学艺术作为人类诗

---

① J.希利斯·米勒：《全球化时代文学研究还会继续存在吗?》，载《文学评论》2001年第1期。

意的存在的载体，永远是时代的花朵，它总会不断地给人以美的享受。

　　建设中国特色的文艺学是一个需要一代又一代的学者不懈地进行研究的系统工程。伴随着中华民族伟大复兴，中国和世界文艺实践的丰富和发展，在未来的岁月，文艺学研究也必然会不断提出一些新的问题，出现一些新的形态和新的特点，并在不同的领域和方面，有所突破，有所创新。钱中文、童庆炳二位先生，在《新时期文艺建设丛书·总序》中说：一个理论创新的新世纪已经来临。不过任何一种新型的理论形态的建立与发展，都要以前人提供的"思想资料"为基础的。新时期的文论，作为一个良好的开端，它们无疑可以成为有中国特色的文学理论的前期成果；而作为丰富的思想资料，它们无疑将汇入新世纪的新的理论创造之中。山东文艺出版社推出的"中国现代文艺学大家文库"中的第一批学者的自选集，无疑是这些学者在建设中国特色文艺学的大道上留下的足迹；这些学者研究的成果，也必然会在今后的文艺创作实践和鉴赏批评实践中受到检验或弃取；他们提出的问题和对未来的期待，深信后继者在中华民族伟大复兴的历史征程中，一定会继续深入系统全方位地研究下去，并在实践中不断推进文艺理论的创新，进而融入新世纪世界文艺学研究的洪流，努力攀登学术的高峰。

李衍柱

2019年8月12日于山东师范大学寓所

# 目录

前　言 / 001

## 第一辑　《文心雕龙》研究 / 001

《文心雕龙》创作论八说释义小引 / 002

释《神思篇》杼轴献功说
　　——关于艺术想象 / 006

释《体性篇》才性说
　　——关于风格：作家的创作个性 / 020

释《比兴篇》拟容取心说
　　——关于意象：表象与概念的综合 / 036

释《镕裁篇》三准说
　　——关于创作过程的三个步骤 / 069

《文心雕龙创作论》第二版跋 / 084

## 第二辑　美学理论研究 / 095

形象思维杂记集录 / 096

论知性的分析方法 / 104

读黑格尔《美学》笔记 / 112

读黑格尔的思想历程 / 158

## 第三辑　西方文学评论 / 171

《约翰·克利斯朵夫》 / 172

重读《约翰·克利斯朵夫》 / 177

契诃夫和我们 / 189

莎士比亚评论译文题记 / 195

巴尔扎克的小说情节 / 215

追求真理的热忱 / 217

谈近代翻译文学 / 222

外国文学漫忆 / 228

读莎剧时期的回顾 / 230

老年爱 / 252

约翰·克利斯朵夫的亲情、友情、爱情 / 255

## 第四辑　鲁迅研究 / 259

鲁迅的三十年战斗的起点 / 260

鲁迅传与传记文学 / 266

鲁迅论与综合研究法 / 270

鲁迅研究和利用科研成果 / 275

鲁迅与章太炎 / 278

鲁迅的曲折历程 / 282

再谈鲁迅与太炎 / 284

纪念与超越 / 288

和鲁迅研究者谈话 / 290

## 第五辑　文艺漫谈 / 293

向自由王国飞跃 / 294

有生命力的文学是站着的文学 / 296

让酷评的幽灵永不再现 / 299

和新形式探索者对话 / 302

历史会为它们作证 / 306

模仿·作风·风格
　　——《文学风格论》跋 / 312

文学的启蒙与启蒙的文学 / 318

文艺理论体系问题 / 320

从文化史的角度来研究文学 / 328

## 附录　王元化学术年谱 / 331

# 前言

王元化(1920—2008),祖籍湖北江陵,曾用笔名洛蚀文、何典、方典等,晚年自号清园。1938年加入中国共产党,曾任中共上海地下文委委员、代书记。解放后出任上海新文艺出版社总编辑、上海文艺工作委员会文学处处长、上海市作家协会党组成员等职。1955年因遭到所谓"胡风反革命集团"的株连,受到隔离审查。1981年昭雪平反后,相继担任过国务院学位委员会第一、二届学科评议组成员,上海市委宣传部部长。生前为华东师范大学教授、博士生导师,中国《文心雕龙》学会名誉会长,中国文艺理论学会名誉会长。代表性著作有《向着真实》《文学沉思录》《传统与反传统》《清园论学集》《文心雕龙讲疏》《清园近思录》《九十年代反思录》《思辨录》等,另译有《太平天国革命亲历记》《文学风格论》《莎剧解读》等,曾汇集为十卷本《王元化集》。

在长达七十年之久的学术生涯中，王元化先生先后涉足刘勰《文心雕龙》、黑格尔哲学和美学理论、莎士比亚戏剧、现当代文艺评论、近现代学术思想史、中国传统戏曲等不同领域，在各个方面都卓有建树而成果斐然，在海内外均享有盛誉。本书精选先生历年来所撰写的文艺学领域的论文，大致依照研讨范围分为五辑，各辑所收文章均以写作时间先后为序。兹将各辑内容、主旨简要介绍如下：

第一辑为《文心雕龙》研究。先生在四十年代授课之际便开始积累酝酿，六十年代起着手撰写系列论文，七十年代末结集为《文心雕龙创作论》，此后屡有删订增补。其研究宗旨是尝试通过《文心雕龙》这部古代文论巨著去揭示文学创作的一般规律，所以在研究方法上具有鲜明的自觉意识，特别强调古今结合、中西结合和文史哲结合。为了有针对性地探讨某些问题，他还将相关的考较阐发作为附释，使其研讨更为缜密细致，在撰著形式上也自创一格。

第二辑为美学理论研究。先生在五十年代投注大量精力深入研读黑格尔《小逻辑》《美学》、马克思《〈政治经济学批判〉导言》等，做了大量读书笔记，并陆续撰写过一些论文。他针对当时"形象思维讨论"中的某些偏颇观点发表了不同意见，提出感性—知性—理性的认识过程三段论，特别注重辨析知性的功能及其局限，对黑格尔美学的结构体系、核心概念、理论价值等也有不少独到心得。

第三辑为西方文学评论。先生自青年时期起就阅读了大量西方文学作品，尤为倾心于莎士比亚、巴尔扎克、契诃夫、罗曼·罗兰等作家。他不仅反复寻绎、仔细涵咏他们的作品，有时还大力搜求、翻译有关评论以便研究参考。由于先生有着坎坷的人生经历、独特的文学品味和渊博的理论素养，对这些作品往往有言简意赅而精辟深刻的评析裁断。

第四辑为鲁迅研究。先生年轻时走上文学道路，在知识、思想、人格等诸多方面都深受鲁迅的感召和影响，在中共上海地下文委工作期间和许广平也多有接触，晚年还应邀为周海婴《鲁迅与我七十年》撰写过序言。他特别强调，既要整合不同学科，从历史文化的高度对鲁迅的生平及创作进行综合研究，同时也必须实事求是地正视鲁迅思想的局限及其具体成因。

第五辑为文艺漫谈。先生早年撰写过不少影响深远的评论文章，但或承袭苏联文艺观念，或单纯为政治宣传服务，进入新时期后，对此多有自省反思。此后所撰各类文艺评论，大都源于他对一些重要问题甚至敏感问题的长期思考，或是围绕某些全新领域所做的辛勤开拓，因而所述多能切中时弊，补苴隙漏，提供丰富的借鉴和深远的启发。

以上分类编排只是为了方便读者掌握其要旨而做的大致归并，其实各辑所收文章在理论旨趣上有非常密切的交叉关联，可以彼此参照而互相发明，而且都充分彰显出说理明晰透辟、论证严密周详、语言凝练明净的特点。编者在编选时虽然反复斟酌推敲，但自知学识谫陋，所选内容或许未必尽惬人意；而受到篇幅及主题等限制，也无法采掇更多篇章，更未能涉及先生在其他领域的研究成果，故在书后另附新编订的《王元化学术年谱简编》，以便有兴趣的读者按图索骥。另外需要特别说明的是，先生对自己的论著要求极其严格苛刻，晚年曾耗费大量精力对毕生著述进行过全面的删削修订。为尊重其本意，此次选录时均以其最终改定的文本为准，只对个别误植之处，经过校核后才予以径改。

编者在求学时曾有幸得到过先生的鼓励奖掖，在此次重新翻阅这些论著，也时时回忆起先生当年的音容笑貌。先生在2006年荣获上海市哲学社会科学学术贡献奖，在答谢感言中有这么一段意味深远的话："我是一个用笔工作的人，我最向往的就是尽一个中国知识分子的责任，留下一点不媚时、不曲学阿世而对人有益的东西。我也愿意在任何环境下，都能够做到：不降志，不辱身，不追赶时髦，也不回避危险。所以，我希望我们作为中国的知识分子，能够共同认清我们所处的一个环境是怎样的，我们所面临的文化的发展有哪些严重问题，以及我们急需要做的事情有哪些。"这番发自肺腑的话，应该最能体现他数十年来投身学术研究，上下求索而历劫不悔的初衷和追求，也值得每一位理论探索者铭记在心。

在编选过程中，承蒙先生哲嗣王承义先生的充分信任，感谢先生弟子陆晓光教授的大力推荐，谨在此一并致以衷心的感谢。

杨 焄<br>庚子夏日

# 第一辑 《文心雕龙》研究

# 《文心雕龙》创作论八说释义小引

《文心雕龙》一书主要包括了三个部分，即总论、文体论、创作论（书中也涉及作家的才能、文学批评、文学史等专题研究，但都是单独的篇章）。在写作方法上，刘勰把"史""论""评"糅合在一起。因此，在全书的三个部分中，都贯串了文学史的论述、文学批评的分析和文学理论的阐发。但由于三部分性质不同，在"史""论""评"方面也各有其重点。创作论是侧重于文学理论方面的。释义企图从《文心雕龙》中选出那些至今尚有现实意义的有关艺术规律和艺术方法方面的问题来加以剖析，而这方面的问题几乎全部包括在创作论里面，这就是释义以创作论作为主要研究对象的原因。自然，释义所选择的创作论八说，不能说已经把这方面的问题囊括无遗，阙漏是不可能避免的。

释义对刘勰理论的阐述，力求"根柢无易其固，裁断必出于己"。笔者尝试运用科学观点对它进行剖析，把写作过程作为自己的学习过程。

我国古代文论具有自成系统的民族特色，忽视这种特殊性，用今天现有的文艺理论去任意比附，就会造成生搬硬套的后果。在阐发刘勰的创作论时，首先需要以实事求是的态度揭示它的原有意蕴，弄清它的本来面目，并从前人或同时代人的理论中去追源溯流，进行历史的比较和考辨，探其渊源，明其脉络。这项工作许多研究者已作出不少贡献。释义在已取得的成果基础上，希望能够提供一点新的看法，这些看法就写在释义的正文里。

但是，另一方面，如果把刘勰的创作论仅仅拘囿在我国传统文论的范围内，而不以今天更发展了的文艺理论对它进行剖析，从中探讨中外相通，带有最根本、最普遍意义的艺术规律和艺术方法（如：自然美与艺术美关系、审美主客关系、形式与内容关系、整体与部分关系、艺术的创作过程、艺术的构思和想象、艺术的风格、形象性、典型性等），那么不仅会削弱研究的现实意义，而且也不可能把《文心雕龙》创作论的内容实质真正揭示出来。正如《〈政治经济学批判〉导言》中所说的："人体解剖对猴体解剖是一把钥匙。低等动物身上表露的高等动物的征兆，反而只有在高等动物本身已被认识之后才能理解。"按照这一方法，除了把《文心雕龙》创作论去和我国传统文论进行比较和考辨外，还需要把它去和后来更发展了的文艺理论进行比较和考辨。这种比较和考辨不可避免地也包括了外国文艺理论在内。但从事这项工作的时候，自然不能抹杀其间的历史差别性，而只应该是由此更深入地去究明《文心雕龙》创作论的实质，更鲜明地去显示我国传统文论的民族风格。笔者在这方面根据自己的能力，或提出一些自己的看法，或只是提供一些资料，进行剖析，以供读者参考。现把它们放在释义正文之后，作为附释。过去，阎若璩撰《古文尚书疏证》，于每篇正文之后，附有若干条札记，有人曾认为著书体例不严谨，但我以为这种办法也有可取之处，它的优点就是行文活泼，不受拘束，可以使作者的意见从多方面得到发挥。因此，笔者也采取了同样的方式。

释义是掌握了清理和批判的原则对《文心雕龙》创作论进行剖

析的。不过在论述方面，释义的正文和附释各有其不同的重点。正文侧重于清理，因为正如前面所说，正文的任务是按照刘勰理论的本来面目忠实地揭示它的原有意蕴，这样就不宜在这个重点之外，另生枝节，干扰阐述的主要线索，分散读者的注意。所以释义就把批判划归附释，作为附释的重点之一。自然，就研究方面来说，清理和批判不能截然分割。只有经过了批判才能真正清理出刘勰理论的原来面目。同时也只有真正辨清了刘勰理论的原来面目之后，对它的批判才是中肯的、实事求是的、具有科学性的。但是，在表述研究的成果时，仍不妨使正文和附释各有侧重的一面。不过，我们应该把正文所侧重的清理，理解作经过了批判的清理，把附释所侧重的批判，理解作经过了清理的批判。

附释另外还侧重于通过剖析刘勰的创作论，对其中涉及的艺术规律和艺术方法问题作出进一步探讨。严格地说，这已不属释义的范围，而进入专题研究和专题讨论的领域。不过，它和释义也并非完全没有关系。因为批判继承古典文艺理论遗产的目的，除了说明它的原来面目"如何"，也必须进一步弄清问题本身，究明它到底应该"怎样"。为了实现这一目的，笔者在附释中有时也选择了某些具有代表性的外国文艺理论来加以论述。自然，这样做是有一定限度的，那就是只限于刘勰创作论八说所涉及的问题范围之内。

总之，释义企图在批判地继承我国古典文艺理论遗产方面提供一些新的研究方法。同时，笔者还怀有这样一个愿望：经过清理批判之后，使我国古典文艺理论遗产更有利于今天的借鉴，也更有利于使它在世界文学之林中取得它本来应该享有的地位。像《文心雕龙》这部体大虑周的巨制，在同时期中世纪的文艺理论专著中还找不到可以与之并肩的对手，可是国外除了少数汉学家外，它的真正价值迄今仍被漠视。这原因除了中外文字隔阂，恐怕也由于还没有把它的理论意蕴充分揭示出来。释义仅仅是这方面的初步尝试，但愿望并不等于事实，笔者衷心期待释义能得到读者的检验和批评。

最后还要说明一下，用科学观点去清理前人理论是一项困难的工作。笔者认为《费尔巴哈与德国古典哲学的终结》在这方面留下了一个范例。这部著作对黑格尔的"一切现实的皆是合理的，一切合理的皆是现实的"命题作了阐发。阐释中提出的一些观点是黑格尔本人所没有确定而鲜明地说出来的，它们是经过清理之后才得出的结论。这样的清理方法，表面看来似乎已越出了原著的界限，可是事实恰恰相反，它却是完全必要的。因为不这样做，就不能真正揭示出隐藏在黑格尔哲学内核中的合理因素。我们不应该把这种用科学观点清理前人理论的方法，和拔高原著使之现代化的倾向混为一谈。自然，运用这种方法而要做到适如其分是很不容易的。笔者在释义中是不是有做得过头或做得不足的地方，也希望得到读者的批评和指正。

# 释《神思篇》杼轴献功说
## ——关于艺术想象

我国古典文艺理论经常接触到想象问题。"言有尽而意无穷",几乎是每个诗人都懂得的常识。"意到笔不到",几乎是每个画家都熟悉的方法。"手挥五弦,目送飞鸿",几乎是每个音乐师都能体会的情趣。诗人往往根据这些道理,创造了意在笔外的艺术作品,激起了读者由此及彼的联想,进入了有着无穷回味的境界。《神思篇》一开头就说:"古人云:形在江海之上,心存魏阙之下。神思之谓也。"这是刘勰对想象所作的定义。所谓"形在江海之上,心存魏阙之下",语出于魏中山公子牟,是指"身在草莽而心存好爵"的一种人生态度,本来带有贬义。刘勰引用这句话时已舍去了它的本义,借以规定"神思"具有一种身在此而心在彼、可以由此及彼的联想功能。从这里我们可以清楚看出,刘勰所说的"神思"也就是想象。

艺术作品含有诱导读者想象活动的机能,作家往往在作品中对于某些应该让读者知道的东西略而不写,或写而不尽,用极节省的笔法去点一点,暗示一下,这并不是由于他们吝惜笔墨,而是为了唤起读者的想象活动。这种在文艺作品中经常出现的现象,用刘勰的话说,就是"思表纤旨,文外曲致,言所不追,笔固知止"。尽管作家笔有藏锋，含而不露，可是对于读者并无妨害。他们可以运用自己的想象，从作品所提供的一个片段、一条线索、一点暗示去补充，去进行艺术的再创造，以便找出其中的来踪去迹，补成一幅完整而生动的图画，从而获得了更大的满足。

陆机在《文赋》中曾把这种想象活动说成是"观古今于须臾，抚四海于一瞬"，"恢万里而无阂，通亿载而为津"。刘勰《神思篇》加以引申说："寂然凝虑，思接千载；悄焉动容，视通万里。吟咏之间，吐纳珠玉之声；眉睫之前，卷舒风云之色。"这些话都说明想象活动具有一种突破感觉经验局限的性能，是一种不受身观限制的心理现象。这也正是刘勰把想象称作"神思"的主要原因。

"神思"一词大约最早是刘勰提出来的。后来，这个词逐渐为人采用。萧子显《南齐书·文学传论》称："属文之道，事出神思，感召无象，变化不穷。"这里所说的"神思"显然完全符合刘勰所指出的那种意蕴。不过，萧子显并不是简单地继承陆机和刘勰的想象理论，他所说的想象是用带有某种神秘色彩的心理活动去说明的。例如，《南齐书·文学传论》说："文章者，盖情性之风标，神明之律吕也。蕴思含毫，游心内运，放言落纸，气韵天成。莫不禀以生灵，迁乎爱嗜，机见殊门，赏悟纷杂。"按照这里的说法，想象活动只以情性和神明为依据，纯粹是一种"游心内运"的心理现象。至于陆机和刘勰则在一定程度上看到了作为这种心理现象的想象活动和客观实际生活（自然，他们所理解的客观实际生活大抵偏重于自然界这一方面）有着一定的联系。《神思篇》说："思理为妙，神与物游。"就是阐明此旨。陆机《文赋》也同样说："伫中区以玄览，颐情志于典坟，遵四时以叹逝，瞻万物而思纷。"这里指出了"思"的产生是有感于"物"，而"物"的变化则引起了"思"的变化。

不过，陆机仅仅到此就停止了，直到刘勰才开始对于这个问题给予了说明。《神思篇》"拙辞或孕于巧义,庸事或萌于新意,视布于麻,虽云未贵('贵'字依《范注》校改),杼轴献功,焕然乃珍",就是对于什么是想象问题所作的回答。

注释家往往把这里说的"杼轴献功"一语解释为"文贵修饰"。黄侃《札记》云:"杼轴献功,此言文贵修饰润色。拙辞孕巧义,修饰则巧义显;庸事萌新意,润色则新意出。凡言文不加点,文如宿构者,其刊改之功,已用之平日。练术既熟,斯疵累渐除,非生而能然者也。"

我以为这种看法是不能解释刘勰在这段话里所提出的"视布于麻"的比喻的。刘勰并不特别强调修饰润色的作用。相反,《文心雕龙》倒是以反对"饰羽尚画,文绣鞶帨"这类雕藻浮艳倾向的地方居多。反对雕琢就不会夸大修饰润色的作用,就会把修饰润色仅仅视为调整形式方面的一种手段。在这种意义上,如果内容本身是"庸事",那么仅在形式上进行修饰润色,也不能使它萌生"新意"。如果内容本身就已孕有"巧义",那么也用不着以瑰丽的华词去代替朴讷的"拙辞"。总之,使庸事可以萌新意,使拙辞可以孕巧义,不是用修饰润色所能收功奏效的,它必须通过想象活动所起的作用。刘勰在这段话里所提出的"视布于麻,虽云未贵,杼轴献功,焕然乃珍",即针对这一点而发。

案:用"杼轴"一词来表示文学的想象活动,原出于陆机。《文赋》"虽杼轴于予怀,怵他人之我先",是刘勰所本。在这里,"杼轴"具有经营组织的意思,指作家的构思活动而言。不过,陆机说的"虽杼轴于予怀,怵他人之我先",是把重点放在想象的独创性上面,而刘勰说的"视布于麻,虽云未贵,杼轴献功,焕然乃珍",则是把重点放在想象和现实的关系上面。

在这里,刘勰提出了一个耐人寻味的比喻,这就是用"布"和

"麻"的关系来揭示想象和现实的关系。(《陔馀丛考》:"古时未有绵布,凡布皆麻为之。记曰:治其麻丝,以为布帛是也。"南朝时虽已有绵布,但"麻""布"二字仍时常混用不分,如当时书家多称布纸为麻纸,所以这里所说的"布"实际上即指"麻布"。《正纬篇》:"丝麻不杂,布帛乃成",亦言布帛乃由丝麻杼轴而成,更可作为佐证。)照刘勰看来,"布"是由"麻"纺织而成的,两者质地相若,纤维组织不变,从这方面来看,"布"并不贵于"麻",但经过纺织加工以后,就变成"焕然乃珍"的成品了。没有"麻",纺不出"布",没有现实素材,就失去了想象活动的依据。就这一点来说,想象与现实的关系,正犹如"布之于麻"的关系一样。

我们一旦明白刘勰所说的"视布于麻,虽云未贵,杼轴献功,焕然乃珍"是什么意思,那么对于他在上文所说的"拙辞或孕于巧义,庸事或萌于新意",也就可以迎刃而解了。这句话正是针对作家运用想象而言。怎样才能使看来并不华丽的"拙辞"蕴含着意味深长的"巧义"呢?怎样才能使大家都熟悉的"庸事"萌生出人所未见的"新意"呢?作家并不需要把看来朴讷的"拙辞"变成花言巧语,并不需要把大家熟悉的"慵事"变成怪谈奇闻。作家在作品中所写的仍旧是生活中常有的"拙辞"(如陆机所谓"榛楛勿剪"、钟嵘所谓"言在耳目之内"——指用通常语),仍旧是生活中常见的"慵事"(如刘勰所谓"用旧合机""言庸无隘"),他只是凭借想象作用去揭示其中为人所忽略的"巧义",为人所未见的"新意"罢了。关于这一点,后来金圣叹也提出过类似的看法。他所谓"人人心中所有,笔下所无",就是说明创造的想象活动应该从大家所熟悉的事物中去揭示别人所未理解的意蕴。"人人心中所有"就是指大家所熟知的"庸事"和"拙辞","笔下所无"就是指被大家所忽略或未能领会的"新意"和"巧义"。作家运用自己的想象活动,一旦从"庸事"中揭示出新意,从"拙辞"中引申出"巧义",创造出"人人心中所有,笔下所无"的文艺作品,那么就好像"麻"经过了"杼轴献功",产生出"焕然乃珍"的"布"一样,使人耳目为之一新了。

[附释一]
## "志气"和"辞令"在想象中的作用

刘勰在《神思篇》中关于想象活动的性质问题还提出了另外一个论点,这就是他所说的"神居胸臆,而志气统其关键;物沿耳目,而辞令管其枢机。枢机方通,则物无隐貌;关键将塞,则神有遁心"。刘勰在这里把"志气"当作指导想象活动的"关键",把"辞令"当作支配想象活动的"枢机",这种看法同样十分值得注意,现申论如下,以补前文之未备。

先说"志气统其关键"问题。"志气",在这里泛指情志与气质。就想象活动的性质来说,它是受到思想感情的指引的。思想感情不但鼓舞了想象活动,并且也成为想象活动的动力。举个例子来说,"杯弓蛇影"这个成语就是想象活动和思想感情紧密结合在一起的最好的说明。只有在十分恐惧和紧张的情况下,才会产生把杯内弓影变成蛇影的想象活动。陆机《文赋》:"思涉乐其必笑,方言哀而已叹",就已开始感觉到了这一点。(刘勰《夸饰篇》曾把陆机的话加以引申说:"谈欢则字与笑并,论戚则声共泣偕。")一切想象活动都被作家的一定思想感情所指引、所鼓舞。离开了思想感情的引导,作家的想象活动就要变成刘勰所说的"关键将塞,则神有遁心"了。《神思篇》赞曰"神用象通,情变所孕",也是说明同一道理。

"神"即"神思",是指想象活动;"象"即"意象",相当于艺术的境界或形象;"情"即"情志",用来表示思想感情。总的来说,这句话的意思就是阐明想象的运用使艺术的境界或形象得以构成("通"有达成、贯彻之义),而这种构成境界或形象的想象活动又是由思想感情的变化所孕育出来的。我们把这句话和上面那段话对勘起来,就可以更清楚地看出刘勰所谓"志气统其关键"的意思了。

此外,我们在这里还要补充一点意见:一方面思想感情鼓舞了、指导了想象活动,另一方面想象活动也可以加深并加强思想感情的内容。这种情况在文艺欣赏方面最为明显。一篇作品的思想内容越是能够感染我们,引起我们的共鸣,就越能激起我们的想象。使我们的想象活跃起来。反过来,我们越能运用自己的想象去体验、去补充一篇作品,就越能深刻而强烈地去理解它的思想内容。

其次,关于"辞令管其枢机"问题。"辞令"指语言或语词。想象活动以语言作为媒介或手段。没有赤裸裸的思想,各种思想活动都是通过语言来进行的。我们在头脑中所形成的"物"的表象是和"词"密切联系在一起的。"这是一片绿色的叶子","那是一盆燃烧的炭火"……这一切"物"的表象,都只有凭借语词的媒介才能构成。只有正确的语词才能正确地反映物象。所以,刘勰说:"枢机方通,则物无隐貌。"这种看法无疑也是合理的。

还有一点需要附带说明。《神思篇》又说:"方其搦翰,气倍辞前;暨乎篇成,半折心始。"《范注》认为这是说明"语言不能完全表彰思想",或"文字与思想之间有不可免之差殊"。如果真是这样的话,那么它就和上文"枢机方通,则物无隐貌"形成明显的矛盾了。诚然,文学创作中经常会出现这种构思时"气倍辞前",写作时"半折心始"的现象,可是,这或是由于构思本身的问题所引起的,或是由于表达方面的问题所引起的,我们不能把它归到"语言不能完全表彰思想"上面去。如果一个作家的构思本身是不明确的，那么不管他自己觉得如何新鲜动人，当他把这种连自己也还没有彻底弄清楚的思想写到纸上去的时候，就会感到处处不顺心，好像打了一个折扣了。另一方面，一个作家虽然确实清楚地理解了自己构思中的思想，可以把这种思想用语词对自己表达出来，但是一旦写到纸上去，仍旧会发生不满的现象，这是什么缘故呢？我们必须分辨清楚这样一种差别：只有自己明了的思想表达是一回事，让别人也能明了的思想表达却是另一回事。心理学家把前者称为"内部语言的思想表达"，把后者称为"外部语言的思想表达"。如果作家不善于把他自己理解的"内部语言的思想表达"，转移到"外部语言的思想表达"，让别人也同样理解，那么，当他一旦把思想写到纸上去的时候，也就会同样觉得好像打了一个折扣了。前一种情况是属于构思本身问题，后一种情况则属于表达方面问题。两者都不足以证明"语言不能完全表彰思想"的论点。

[附释二]

## 玄学言意之辨撮要

语言能不能表彰思想是魏晋以来的一个重要名理问题，列为当时玄学家所谓"三理"之一。《世说新语·文学篇》："旧云王丞相（王导）过江左，止道声无哀乐、养生、言尽意三理而已。"这里所说的"言尽意"，即指当时关于语言能不能表彰思想的讨论。这个问题原来是由于对《易·系辞上传》"圣人立象以尽意，系辞焉以尽言"这句话所作的不同解释而引起的。就其性质来说，本不属于文学范围，而涉及当时玄学的本体论方面。但是由于刘勰在《神思篇》

所提出的某些主张（如"物沿耳目，而辞令管其枢机，枢机方通，则物无隐貌""方其搦翰，气倍辞前；暨乎篇成，半折心始""意授于思，言授于意，密则无际，疏则千里"等等说法），往往使人想到当时玄学的言意之辨上去，从而把它们联系起来，一律看待，因此这里想要作一些简略的说明。

魏晋以来探讨名理的学者除欧阳建主张"名逐物而迁，言因理而变，此犹声发响应，形存影附，不得相与为二"的"言尽意论"外（《世说》称：东晋王茂弘亦尝道之），其他玄学家大抵都从"体无"的唯心主义世界观出发，利用以儒合道的办法把儒经加以牵强附会的解释（《论语皇疏》引王弼以"修本废言"之旨去附会"子曰予欲无言"一语最为明显），以便抬出所谓"性与天道"的玄理从事于本末体用之辨，从而几乎毫无例外地属于言不尽意一派。因为言不尽意正是根据本无末有的玄学原则引申出来的必然结论。这里可以举出几个具有代表性的例子。

《魏书·荀彧传注》引何劭《荀粲传》称："粲诸兄并以儒术论议，而粲独好言道，常以为子贡称夫子之言性与天道不可得闻，然则六籍虽存，固圣人之糠秕。粲兄俣（据百衲本）难曰：'《易》亦云，圣人立象以尽意，系辞焉以尽言，则微言胡为不可得而闻见哉？'粲答曰：'盖理之微者，非物象之所举也。今称立象以尽意，此非通于意外者也；系辞焉以尽言，此非言乎系表者也。斯则象外之意，系表之言，固蕴而不出矣。'"在这里，荀粲企图说明性道之学的"微理"是蕴而不出的象外之意、系表之言，因而无法用名言来诠释。（案：荀氏治《易》者颇多，均主旧学，本之汉儒。如荀爽、荀颢、荀崧、荀融等皆是。粲宗玄学，独标新义。）这种言不尽意的主张是十分露骨的。而当时名士，如欧阳坚石所言："通才达识，咸以为然。"玄学代表人物王弼也提出过同样见解，不过采取了比较迂回曲折的说法。他在《周易略例·明象篇》中说："意以象尽，象以言著。故言者所以明象，得象而忘言；象者所以存意，得意而忘象。犹蹄者所以在兔，得兔而忘蹄；筌者所以在鱼，得鱼而忘筌也。然则，言者，象之蹄也；象者，意之筌也。是故存言者，非得象者也；存象者，非得意者也。象生于意，而存象焉，则所存者乃非其象也；言生于象，而存言焉，则所存者乃非其言也。"照王弼看来，言、象、意三者有联系又有区别。言生于象，象生于意，因此可以寻言以观象，寻象以观意。但这只是问题的一方面，另一方面他又认为言对于象或象对于意，只是一种为了认识上的方便而设立的"象征文字"式的符号（即所谓"重画"），而不是真实的反映，所以终于作出了"存象则所存者非其象，存言则所存者非其言"的辩解。实质上这和荀粲的言不尽意论并无二致。（有人以为王弼之说"介乎"言尽意与言不尽意两派之间，并非确论。）王弼的"寄言出意"之义与何晏"无名论"颇为类似，在当时留下了极大的影响。魏晋玄学家大抵都持此说。郭象注《庄子》称："要其会归，遗其所寄"，支遁论《逍遥游》云："庄子建言大道，而寄指鹏鷃"，都显示了承袭王说的痕迹。再如另一系玄学家嵇康著《声无哀乐论》明言"和声无象"，并谓"圣人识鉴不借言语"，亦与得意无言之旨合轨。

这种玄风自然也波及佛学方面。据《高僧传》载：晋释僧肇著《涅槃无名论》云："夫涅槃之为道也，寂寥虚旷，不可以形名得，不可以有心知，所以释迦掩室于摩竭，净名杜口于毗耶，须菩提唱无说以显道，释梵绝听而雨化。斯皆理为神御，故口为缄默。岂曰无辩？辩所不能言也。经曰：'真解脱者离于言数。'"宋释竺道生在回答王弘诸人问道时，更直接袭取了王弼的说法称："夫象以尽意，得意则象忘；言以诠理，入理则言息。若忘筌取鱼，始可与言道矣。"稍晚,梁释慧皎在《高僧传·义解论》中亦云:"夫至理无言,玄致幽寂。幽寂故心行处断,无言故言语路绝。言语路绝,则有言伤其旨;心行处断,则作意失其真。所以净名杜口于方丈,释迦缄默于双树,将知理致渊寂,故圣为无言。但悠悠梦境,去理殊隔;蠢蠢之徒,非教孰启?是以圣人资灵妙以应物,体冥寂以通神,借微言以津道,托形像以传真。故曰:兵者不祥之器,不获已而用之;言者不真之物,不获已而陈之。故始自鹿苑,以四谛为言初;终至鹤林,以三点为圆极。其间散说流文,数过八亿。象驮负而弗穷,龙宫溢而未尽。将令乘蹄以得兔,借指以知月;知月则废指,得兔则忘蹄。经云:依义莫依语,此之谓也。"

上述种种说法显然都采用了大量玄学语言来给佛经经义作注。僧肇的"道不可以形名得",竺道生的"执象迷理""彻悟言外",慧皎的"言者不真之物",都是认为语言与思想之间存在着不可避免的差殊。他们都喜用玄学家常常援用的"得鱼忘筌,得兔忘蹄"的《庄子》故典,来宣扬所谓"理为神御"的神秘思想,可以说与玄学重道遗迹的见解如出一辙。这在当时玄佛合流、二方同趣的情况下,并不是什么奇怪的事。无论玄学家或佛学家,他们都是从"体无"出发。以无为或空无作为绝对的本体,把无为或空无放在宇宙万物之上。形名既是有,自然是不真之物,从而也就不能反映寂寥虚旷、神秘难测的"道"或"理"了。

这就是刘勰以前(或同时代)玄学家对于语言和思想关系的大致看法。自然刘勰不能完全离开前人留下的思想资料;不过,他只是利用了这些思想资料所提供的形式,而注入了不同的内容。所谓"物沿耳目,而辞令管其枢机,枢机方通,则物无隐貌",是他对于语言与思想关系问题的根本观点。他在分析具体作品时,也同样贯彻了这种主张。《物色篇》称《诗经》"皎日嘒星,一言穷理;参差沃若,两字连形",清楚地说明了语言文字是可以穷理穷形的。此外,《夸饰篇》亦云"谈欢则字与笑并,论戚则声共泣偕",显然与作为"三理"之一的《声无哀乐论》(嵇康)形成鲜明对照。从言尽意观点出发,必然认为文学艺术的内容与形式的统一。从言不尽意观点出发,则必然得出文学艺术的内容与形式"殊途异轨,不相经纬"的结论。如嵇康的《声无哀乐论》就说:"然则心之与声,明为二物,二物诚然,则求情者不留观于形貌,揆心者不借听于声音也。"刘勰的上述见解和玄学家的言不尽意论,显然朱紫别。即使在术语方面,他所用的"思""意""言"三词,也与王弼附有玄学意蕴的"意""象""言"三词含义各殊,不得混同。

[附释三]

## 刘勰的虚静说

魏晋以来的文学理论家在谈到构思问题的时候,多主虚静说。陆机《文赋》已有"收视反听,耽思傍讯""罄澄思以凝虑"等等说法。刘勰《神思篇》则更进一步标明:"陶钧文思,贵在虚静。"

历来注释家往往把《神思篇》的虚静说和道家思想联在一起。黄侃的《札记》就是引《庄子》"惟道集虚"以及《老子》"三十辐共一毂,当其无,有车之用",来阐释"陶钧文思,贵在虚静"一语的。

从实质方面来看,老庄的虚静说完全是以虚无出世的消极思想为内容。在老子方面,虚静就是意味着"无为自化,清静自正"。在庄子方面,虚静就是意味着"彻志之勃,解心之缪,去德之累,达道之塞"。他们把虚静理解为一种绝圣弃智、无知无欲的混沌境界,并以这种境界作为养生的最高目标。老庄的虚静说对后代论者确有一定影响。例如,《淮南子·精神训》云:"使耳目精明玄达而无诱慕,气志虚静恬愉而省嗜欲,五脏定宁充盈而不泄,精神内守形骸而不外越;则望于往世之前,而视于来世之后,犹未足为也,岂直祸福之间哉!"魏晋以来,玄佛并用的学者亦多采老庄的虚静说。梁武帝《净业赋》云:"有动则心垢,有静则心净。"他认为目随色而变易,眼逐物而转移,六尘同障善道,使人沉沦苦海终不觉悟。倘要去此患累,只有"外去眼境,内净心尘,不与不取,不爱不嗔"。显然这些说法都是发挥老庄以虚为主、由实返虚的理论。但是刘勰的虚静说却与此完全不同。他只是把虚静作为一种陶钧文思的积极手段,认为这是构思之前的必要准备,以便借此使思想感情更为充沛起来。《养气篇》赞中所说的"水停以鉴,火静而朗",正可作为他的虚静说的自注。水停才能清楚地映物,火静才能明朗地照物。所以水停火静都是以达到明鉴的积极目的为出发点的。这正和前人所谓"明镜不疲于屡照"的道理一样。据此,刘勰的虚静说与老庄的虚静说恰恰成了鲜明的对照。老庄把虚静视为返璞归真的最终归宿,作为一个终点;而刘勰却把虚静视为唤起想象的事前准备,作为一个起点。老庄提倡虚静的目的是为了达到无知无欲、浑浑噩噩的虚无之境;而刘勰提倡虚静的目的却是为了通过虚静达到与虚静相反的思想活跃、感情焕发之境。一个消极,一个积极,两者的区别是显而易见的。

先秦诸子提倡虚静说的,并不止于道家,除老庄外,尚有荀子。荀子在《解蔽篇》中提出"虚壹而静"之术,用来作为以心知道的一种手段:"人何以知道?曰:心。心何以知?曰:虚壹而静。"

"虚壹而静"一词虽然最早出于宋钘、尹文的著作,但是荀子却赋予了它新的含义。《解蔽篇》明言"宋子蔽于欲而不知得",足见荀子的"虚壹而静"是不会毫无批判地套用被他视为蔽于一曲的宋、尹之学的。宋、尹学派创造了一套主观思维的认识过程，即所谓心治之术。他们提出"专于意，一于心"的主观认识论，反对掌握外界的一定现象，而把感觉或心官的感应活动限制在"自充自盈，自生自成"的范围之内，从而作出了"无以物乱官，毋以官乱心"的命题。尽管荀子的解蔽可视为宋、尹的别宥的引申，可是事实上荀子却舍弃了宋钘、尹文通过"虚壹而静"这个用语所表示的静以制动、静以养心、去知去欲、无求无藏的消极目的，而提出了截然相反的规定。什么是荀子所说的"虚壹而静"呢？照他看来，虚的对面是臧；臧者，藏也；含有积藏之义。壹的对面是异；异者，指心兼知也。静的对面是动；动者，指心自动运行也。从心的本性来说，它是有臧、异、动的特点的。也就是说，心往往积藏了许多固定看法，包含了许多纷杂不一的成分，并且又往往是不由自主地运行着的。倘要以心知道，那么就必须由臧而虚，由异而壹，由动而静。心固然具有臧异而动的特点，但是未尝不能达到虚壹而静的境界。要做到这一步，首先，"不以己所臧，害所将受"。这就是说，不以自己心中原来积存的固定看法去损害将要准备接受的东西。这就叫作虚。其次是"不以夫一害此一"。这就是说，不要以彼一事理去损害此一事理；或者更确切地说，不要用片面的观点去损害全面的观察。《解蔽篇》所举"墨子蔽于用而不知文""庄子蔽于天而不知人"，就是蔽于一曲的片面观点的例证。倘能克服这种片面观点，从一元论的立场把纷杂互异的万物统一起来观察，这就叫作壹。最后是"不以梦剧乱知"。这里所说的梦，是指心的不由自主的运行，如人在梦中一样。一切凌乱杂念，下意识的心理活动均可归入梦的范畴。倘能克服这种现象，役心而不为心役。使思想集中起来，这就叫作静。荀子认为：虚则入——能虚，才能摄取万物万理；壹则尽——心能壹，才能穷尽万物万理；静则察——心能静，才能明察万物万理。以上就是"虚壹而静"的大概内容。

荀子的"虚壹而静"之说也是作为一种思想活动前的准备手段而提出的，这与刘勰把虚静作为一种构思前的准备手段并无二致。荀况、孟轲本有齐名之誉，自汉文帝列孟于学官，扬孟抑荀，轩轾始判。刘勰生于汉季以后，他在《诸子篇》中丝毫不受这种偏见的影响，仍以荀、孟并举，宣称："研夫孟、荀所述，理懿而辞雅。"就这一点来看，刘勰或吸取了荀子的某些思想，或受到荀子的某些影响，大概不是完全不可能的吧？

# 释《体性篇》才性说
## ——关于风格：作家的创作个性

《体性篇》是我国最早论述风格问题的专著。体指的是文体，性指的是才性。篇末《赞》曰："才性异区，文辞繁诡。"就是说明作家的不同创作个性形成了作品风格的差异。

远在刘勰以前，《尚书·皋陶谟》就已谈到人的性行有九德，曰："宽而栗，柔而立，愿而恭，乱而敬，扰而毅，直而温，简而廉，刚而塞，强而义。"这九德是为了择人而官所提出来的。汉代选士，首为察举，鉴识人伦，考课核实，则有所谓"月旦人物"，从性行方面进行人物的品评。到了魏晋，玄风昌炽，才性说成了风靡一时的论题。《世说新语·文学篇》称：钟会撰《四本论》。据刘孝标注，所谓"四本"是指当时论者可判分为才性同（傅嘏）、才性异（李丰）、才性离（王广）、才性合（钟会）四派。人在性行或才性上的差异必然会流露于语言文字之间，从而由此形成了一种因言观人之法。《易》称："将叛者其辞惭，中心疑者其辞枝，吉人之辞寡，躁人之辞多，诬善之人其辞游，失其守者其辞屈。"就是从修辞学的角度接触到语言风格问题。陆机《文赋》："夸目者尚奢，惬意者贵当，言穷者无隘，论达者惟旷。"则更进一步把风格问题引进了文学理论。刘勰的才性说正是在前人所提供的资料上建立起来的。《才略篇》从史的角度论述九代作家的才性，可与《体性篇》相映发，其中曾引"皋陶六德"之说。《总术篇》称："精者要约，匮者亦尠；博者该赡，芜者亦繁；辩者昭晰，浅者亦露；奥者复隐，诡者亦曲（'曲'字从杨明照校改）。"这可以说是《易》的修辞学风格论和《文赋》的艺术风格论的引申。至于《体性篇》的才性说就更显出和魏晋以来的《四本论》有着某种相似之处。

钟会的《四本论》已亡佚，究竟包含怎样的具体内容，除《世说新语·文学篇》和刘孝标注留下一些片断资料外，现已无法详考。但就大体推之，"四本"属玄学论题之一，当时有关才性的讨论，专在辨析才性的离合同异，它和玄学的本体论有着密切的联系。所谓"性言其质"，似即以性为实、为体。所谓"才言其名"，似即以才为名、为用。从《世说新语·文学篇》称傅嘏"善言虚胜"以及注引《傅子》"情理识要""原本精微"这些话来看，作为当时讨论才性离合同异的代表人物傅嘏，显然就是一位玄学家。近来论者或以刘勰的才性说源于玄学家的才性说，并据《体性篇》"才性异区""因性练才"之语，判定他属于才性异的一派，这是不确切的。因为《体性篇》才性说并不涉及才性的离合同异问题。具体地来说，《体性篇》才性说也不仅仅限于论述才和性这两个概念，而是通过这两个概念统摄了更广泛的内容。这在本篇一开头就说得十分清楚："夫情动而言形，理发而文见，盖沿隐以至显，因内而符外者也。然才有庸俊，气有刚柔，学有浅深，习有雅郑，并情性所铄，陶染所凝，是以笔区云谲，文苑波诡者矣。"这段话里包含有下面几层意思：首先，在于申明内外之旨，即文学的内容与形式关系。其次，这种内外关系，即由隐以至显和因内而符外，是专就作家的创作个性和由此所形成的作品风格而言。再其次，就作家创作个性的构成因素来说，包括才、气、学、习四个方面。才与气是情性所铄，属于先天的禀赋；学与习是陶染所凝，属于后天的素养。才、气、学、习这四种因素，或约为情性所铄与陶染所凝这两个方面，构成了作家的创作个性。最后，作家的创作个性按照由隐以至显和因内而符外的艺术规律，就形成了笔区云谲、文苑波诡的无限多样化的不同艺术风格。本篇下文又称"吐纳英华，莫非情性"，并历举贾生等十二家为例，以证明创作个性和艺术风格"表里必符"的原则。这种观点颇近似于布封《关于文章风格的演说》中的名言："风格就是人本身。"

《体性篇》才性说的内容包括了才、气、学、习四事，这显然与魏晋玄学家的才性说异趣。其间最大的分歧就是刘勰把"气"这一概念引进了他的才性说中。《体性篇》除才性外，又用才气一词。这两种说法异语同义，是可以互通的。篇中所谓"触类以推，表里必符，岂非自然之恒姿，才气之大略哉！"此处"才气"一词正可视为"才性"的异名。《文心雕龙》书中往往论及才性或才情与气的关系。《乐府篇》称魏之三祖"气爽才丽"。《杂文篇》称宋玉《对问》"放怀寥廓，气实使之"。《才略篇》评骘前修，或称"才颖"，或称"气盛"，或称"力缓"，或称"情高"，虽用字甚杂，但都可归入才性或才气的范围。所谓"嵇康师心以遣论，阮籍使气以命诗"，更是明显地运用才性或才气之说来阐明魏末晋初的文章风格。照刘勰看来，才性或才情是由气所决定的。《体性篇》"才力居中，肇自血气"，即申明此旨。从这里我们看到刘勰的才性说大抵是受到王充的自然元气论的一定影响。王充《论衡》也认为"人禀元气于天"，从而把气视为先天禀赋的基因，构成性格内容的根本要素。《论衡·无形篇》称："人禀气于天，气成而形立，则命相须以至，终死形不可变化，年亦不可增加。"这是说体质的强弱取决于禀气之厚薄。元气不仅决定了人的体质,并且也决定了人的性情。《论衡·率性篇》:"禀气有厚泊,故性有善恶。""人之善恶,共一元气。气有少多,故性有贤愚。"由于禀气不同,不但在善恶贤愚上显出了分歧。而且在性情作风上也表现了差异。《率性篇》所举"齐舒缓,秦慢易,楚促急,燕戆投"就是这方面的例证。

　　王充这种观点对于后来论者具有相当大的影响。魏任嘏作《道论》称:"木气人勇,金气人刚,火气人强而燥,土气人智而宽,水气人急而贼。"(据《御览》引)刘劭《人物志》也是论述"人禀气生,性分各殊"之理。他在《九征篇》中说:"夫容之动作,发乎心气。心气之征,则声变是也。夫气合成声,声应律吕,有和平之声,有清畅之声,有回衍之声。夫声畅于气,则实存貌色。"刘昞注《人物志》曰:"心气于内,容见于外。"又曰:"非气无以成声,声成则貌应。"曹丕则更进一步,开始把气这一概念引进了文学领域。他在《典论·论文》中说:"文以气为主,气之清浊有体,不可力强而致。"论孔融,则说他"体气高妙"。论徐幹,则说他"时有齐气"。所谓"齐气",亦即王充说的"齐舒缓",在这里是指文章的气势所形成的风格特征。《典论·论文》所标示的"引气不同,巧拙有素,虽在父兄,不能以移子弟",正是指明气是形成作家创作个性的基本元素。曹丕为了把这一点说清楚,曾以之譬诸音乐。他认为尽管曲度虽均,节奏同检,但由于引气各殊,演奏者仍会表现出不同的风格来。这一看法很得到刘勰的赞赏,他在《总术篇》中说:"魏文比篇章于音乐,盖有征矣。"后来,李卓吾也说"声色之来,发乎情性,由乎自然"。他在《读律肤说》中同样用音乐去说明创作个性所形成的不同风格:"性格清彻者音调自然宣畅,性格舒徐者音调自然舒缓,旷达者自然浩荡,雄迈者自然壮烈,沉郁者自然悲酸,古怪者自然奇绝。有是格,便有是调,皆情性自然之谓也。"这种说法正可视为《体性篇》"各师成心，其异如面"，"吐纳英华，莫非情性"，"岂非自然之恒姿，才气之大略哉"的进一步发挥。以上种种说法都是以音乐的格调来说明艺术风格的。就作家的创作个性来说，"气"相当于气质，属于天资禀赋，不可力强而致。就作品的风格表现来说，"气"相当于气韵或语气，可以比之为音乐中的格调音色。语气、格调或音色是作家的气质在创作对象上的情绪投影，它显示了作家观察生活时自然而然流露出来的为他个人所独有的特征。所以，我们可以说由作家创作个性所形成的个人风格体现了不同作家内在气质的差异性。

照刘勰看来，作家的创作个性并不完全来自先天的禀赋。《体性篇》举出才、气、学、习四事，把它们说成"并性情所铄，陶染所凝"，就是认为只有使来自天资的才气再经过学习的陶染之功，才构成作家的创作个性。本篇所谓"摹体以定习，因性以练才"，以及《神思篇》"积学以储宝，酌理以富才"，《事类篇》"才自内发，学以外成"，都是说明先天的禀赋还需经过后天的锻炼。《体性篇》篇末还特别提出："才由天资，学慎始习；斫梓染丝，功在初化；器成彩定，难可翻移。"这些说法同样是继承了王充的观点。《论衡·率性篇》说："《诗》曰：'彼姝者子，何以与之。'传言：譬如练丝，染之蓝则青，染之丹则赤。十五之子，其犹丝也。其有所渐，化为善恶，犹蓝丹之染练丝，使之为青赤也。青赤一成，其色无异，是故杨子哭歧道，墨子哭练丝也。盖伤离本不可复变也。"王充和刘勰都十分重视教训之功，渐积之力。《体性篇》赞中说的"习亦凝真，功沿渐靡"，就是以为习惯一旦养成就很难翻改，渗透在性格中成为定型。这种情况在作品里面就会由作家的创作个性形成一种特殊的作风。因此，倘不在学习过程一开始就注意"摹体以定习，因性以练才"，那么这种作风就会变为不好的习气。例如《体性篇》所举八体中的"新奇"和"轻靡"两体，前者"摈古竞今，危侧趣诡"，后者"浮文弱植，缥缈附俗"，就是这种情况。

　　作家的创作个性基于才、气、学、习的差异，因人而殊，由此所形成的风格也就形成了笔区云谲、文苑波诡的无限多样化。《体性篇》总其归途，约为八体："一曰典雅，二曰远奥，三曰精约，四曰显附，五曰繁缛，六曰壮丽，七曰新奇，八曰轻靡。"这是根据当时文学作品的撮要举统的分类，而并非意味着除此再没有其他的差殊。《文心雕龙》在论述具体作家或作品的风格时剖分极细。刘永济《文心雕龙校释》曾据《辨骚》《诠赋》《乐府》《诔碑》《哀吊》《杂文》《封禅》诸篇，列出刘勰胪述了各种不同的风格，名目极为纷繁，并由此推论说：《体性篇》"虽约为八体，而变乃无穷。但雅者必不奇，奥者必不显，繁者必不约，壮者必不轻。除极相反者外，类多错综"。这一方面说明了约为八体是总其统的分类，可以概括当时作家作品风格的基本趋向，因而是有必要的。另一方面也说明了八体之中每一体还可以有更细致的分别，而其变化乃至无穷。刘氏此说基本上揭示了八体分类的要旨。

　　至于《校释》下文所云："即一人之作，或典而不丽，或奥而且壮，或繁而兼丽，或密而能雅，其异已多。"这里却需要加一点补充说明。在风格问题中，除了作家创作个性这种主观因素外，还有客观因素存在。同一作家在写作不同体裁作品的时候，会显示出不同的风格来，这是由于不同的体裁从其自身出发，要求作者顺应体裁本身所需要的风格。《定势篇》把这种情况叫作"即体成势"或"形生势成"。"势"即体势。如果我们把"体性"称为风格的主观因素，那么，"体势"就可称为风格的客观因素。《典论·论文》所说的"奏议宜雅，书论宜理，铭诔尚实，诗赋欲丽"，《文赋》所说的"诗缘情而绮靡，赋体物而浏亮，碑披文以相质，诔缠绵而凄怆，铭博约而温润,箴顿挫而清壮,颂优游以彬蔚,论精微而朗畅,奏平彻以闲雅,说炜晔而谲诳",以及《定势篇》所说的"章表奏议,则准的乎典雅。赋颂歌诗,则羽仪乎清丽。符檄书移,则楷式于明断。史论序注,则师范于核要。箴铭碑诔,则体制于弘深。连珠七辞,则从事于巧艳。此循体而成势,随变而立功者也",都是说明不同的体裁具有其本身所要求的不同风格,作家的创作不能违反风格的客观因素,这是使他在写作不同体裁的作品时表现了不同风格的主要原因。不过,体裁只是规定结构的类型和作品风格的基本轮廓。不同作家由于创作个性的差异,在写同一体裁作品的时候,仍然会烙印下每个作家的创作个性特征,显示了他所独具的风格的共同基调。因此,在艺术风格上有其异中之同——它表现在时代风格上、流派风格上、体裁风格上的大体一致性;同时也有其同中之异——它是作家的创作个性在作品中所显示出来的独创性。正因为这缘故,博学的考古学者和有眼力的艺术鉴定家,可以分毫不爽地从古人的艺术品(绘画、书法、雕刻和文学等)中鉴别这是哪一时代、哪一流派以至哪位作者的作品。

[附释一]

## 刘勰风格论补述

《体性篇》专门阐述作为风格主观因素的作家创作个性,是刘勰风格理论的骨干。但是《文心雕龙》中还有一些有关的篇章,也涉及风格问题,这里想再作一点补充说明。

过去关于《定势篇》的讨论最多歧义。论者或把"势"释作文章中的气势,从而把它归入修辞学范围。这种说法失之于笼统。有人更从字源学方面去探讨"势"字的来源，或谓势，埶也，埶又臬之假借，与艺通，训为法度。或谓势本之《孙子兵法》，是孙子论势的引申。但是，我认为更重要的却是怎样去理解《定势篇》的基本命意所在。《定势篇》把体和势连缀成词，称为"文章体势"，这是值得注意的。刘勰提出体势这一概念，正是与体性相对。体性指的是风格的主观因素，体势则指的是风格的客观因素。

黄侃释《定势篇》，言简意赅，颇得篇中要领，现援引如下："其开宗也，曰：因情立体，即体成势。明势不自成，随体而成也。申之曰：机发矢直，涧曲湍回，自然之趣；激水不漪，槁木无阴，自然之势。明体以定势，离体立势，虽玄宰哲匠有所不能也。"这里明白指出势不自成，随体而成；势不离体，只能依体立势，从而说明了体势相须之理。作家的创作个性，无论通过怎样的渠道，终究要在作品中表现出来，形成一种独有的风格，这是风格的主观因素。作品的体裁规定了结构的类型，从这种体裁本身出发，要求作家必须顺应它的特定风格，而这种特定风格不以作家的意志为转移，因而是排斥主观随意性的，这是风格的客观因素。风格的主观因素与风格的客观因素，不是坚硬对立、毫无关联的。前者正是通过后者表现出来。《明诗篇》说："诗有恒裁，思无定位，随性适分，鲜能圆通。"这"随性适分"四字，正可说明不同作家由于才性异区，在写作同一体裁作品的时候，虽然必须顺应这一体裁所要求的风格特点，但仍旧会流露出各自不同的创作个性，显示独具一格的风格的主观因素来。刘勰虽然没有明确作出上述的阐述，但从他的具体论述中是可以完全合理地推出这种结论的。

黄侃《札记》由于没有区分风格的主观因素和客观因素，并从其间的相互关系去分析《定势篇》，而只是把势理解作"文势"。因此，他一方面作出了势不离体、体以定势的正确结论，但另一方面却又提出了相当含混的看法。例如,《札记》说:"彼标其篇曰《定势》,而篇中所言,则皆言势之无定也。"这就很容易使人产生误解。倘使《定势篇》在于阐明势之无定,那么,怎样来解释篇中所说的"圆者规体,其势也自转。方者矩形,其势也自安"的依体定势的原则?怎样来解释篇中所举出的"章表奏议,则准的乎典雅。赋颂歌诗,则羽仪乎清丽。符檄书移,则楷式于明断。史论序注,则师范于核要。箴铭碑诔,则体制于弘深。连珠七辞,则从事于巧艳",难道这不恰恰是说明文章的体裁要求具有顺应这种体裁的一定风格吗?同时,又怎样和《札记》本身阐释《定势篇》在于申明势不自成,随体而成,势不离体,体以定势的说法相一致?《札记》反对"执一定之势,以御数多之体"的颠倒本末的倾向,这是正确的。但是由于纠正"专标文势妄分条品",以致趋于另一极端,把刘勰的定势说成是"势之无定",则未免矫枉过正了。

实际上,刘勰不但认为体裁有体裁的一定风格,而且还认为时代也有时代的一定风格。《时序篇》就是专论时代风格问题的专著。本篇阐述了自上古至两晋的文风流变。全篇宗旨可以用"文变染乎世情,兴废系乎时序"二语来概括。篇中剖析了"蔚映十代,辞采九变"的风格变迁。所谓"歌谣文理,与世推移,风动于上,而波震于下",就是说明社会的变化,必然会反映到文学上来,形成一代文风。就以同一文学体裁的作品来说,不同时代也会显示不同的风貌。《时序篇》曾举我国早期歌谣为例:陶唐世质,产生了朴野的民谣。有虞继作,政阜民暇,心乐声泰,因此文有雍容之美。禹汤文王德盛,则多歌功颂德之作。幽厉昏暴,于是出现了《板》《荡》这类怒诗。平王式微,于是出现了《黍离》这类哀诗。这些都有力地说明了同一体裁是有不同时代风格的。再如,《时序篇》论及魏初以来的文学和元帝南渡后东晋以来的文学的差异,也是从时代的风格这种角度去分析的。关于前者,他说:"观其时文,雅好慷慨,良由世积乱离,风衰俗怨,并志深而笔长,故梗概而多气也。"关于后者,他说:"中朝贵玄,江左弥盛,因谈余气,流成文体。是以世极迍邅,而辞意夷泰,诗必柱下之旨归,赋乃漆园之义疏。"这里对这两个不同时代的文学风格作了钩玄提要的说明。刘勰的这种论点直到今天仍值得我们借鉴。过去,鲁迅在《魏晋风度及文章与药及酒之关系》一文中,曾借用《才略篇》"嵇康师心以遣论,阮籍使气以命诗"二语,来说明当时文学的时代风格的特点。鲁迅指出:"这'师心'和'使气'便是魏末晋初的文章的特色。正始名士和竹林名士精神灭后,敢于师心使气的作家也没有了。"师心使气亦即《体性篇》才性一词的另一说法,指的是创作个性。魏末晋初是一个思想比较活跃的时代,在一定程度上摆脱了礼教的束缚,因此作家在作品里敢于抒发自己的真情实感,从而比较充分地表现了自己的创作个性,这就形成了当时文学的时代风格的另一种特征。

  此外,《通变篇》申明"设文之体有常,变文之数无方",揭示文理有常有变。这个问题也是和风格有关联的。所谓"常"指的是作品的体裁和文则,即篇中所说的"凡诗赋书记,名理相因,此有常之体也"。所谓"变"指的是作家的才性或独创性,即篇中所说的"文辞气力,通变则久,此无方之数也"。《通变篇》针砭竞今疏古、风味气衰的时弊,提出"矫讹翻浅,还宗经诰"的主张,有积极的一面,也有消极的一面。倘使剔除其中局限的地方,就总的趋向来看,《通变篇》所揭示的文理有常有变的原则还是比较合理的。照刘勰看来,尽管作品的体裁或文则有常,但作家应该在这有常之体中"凭情以会通,负气以适变",从而在这同一体裁的作品里表现出自己的创作个性,形成独有的风格。刘勰把这种情况比喻作"骋无穷之路,饮不竭之源",就是说明不同作家由自己的创作个性所显示的风格特征是无限丰富和多样性的。因此，他认为有常之体虽然规定了风格的一定类型，但并不妨碍作家的独创性，并不妨碍作家表现自己创作个性的特殊风格。这一点，我们从他对于"循环相因，虽轩翥出辙，而终入笼内"这类作品的批评，就可以清楚地看出来。

参照刘勰的通变说再来分析刘勰的风格理论，我们可以推出这样几点看法：以诗赋书记所概括的各种文学体裁，名理相因，是有常之体，具有一定的稳定性。由作家的创作个性所表现出来的文辞气力，纷纭杂沓，是无方之数，具有无限的多样性。——实际上，这也就是作家的独创性。陆机《文赋》"收百世之阙文，采千载之遗韵。谢朝华于已披，启夕秀于未振"，也是申明此旨。但是刘勰更进一步指出，常中有变，变中有常，常和变是互相渗透的。从变的方面来说，虽然同一体裁的作品要求作家顺应这一体裁的共同的风格类型，但这同一风格类型也会因作者和时代的不同而各有异彩。从常的方面来说。虽然作家写作不同体裁的作品时会表现出不同的风格，但由于出自一人手笔，而在这不同的风格中仍旧会表现出他的创作个性所具有的一贯特征。

自刘勰的风格论出，后来的论者开始注意到这一问题。释皎然《诗式》用高、逸、贞、忠、节、志、气、情、思、德、诚、闲、达、悲、怨、意、力、静、远十九字以括诗体；遍照金刚《文镜秘府论》本《体性篇》八体之说，稍加改易，约为博雅、清典、绮艳、宏壮、要约、切至六目；司空图《诗品》则剖分较繁，罗列了二十四种品目。关于风格的分类究竟以哪一家为长，这里且置而不论。不过，我以为刘勰以后的古代风格理论，总不及刘勰对风格问题的剖析那样具有丰富的内容和深刻的见解了。这是他给我们留下的一份值得重视的遗产。

[附释二]

## 风格的主观因素和客观因素

德国的理论家威克纳格在《诗学·修辞学·风格论》一文中,也论述了风格的主观因素和客观因素问题。这里不准备过多地阐述笔者本人的意见,只是想把威克纳格的风格理论作一简括的介绍,以备参考。文中所引用的威克纳格的原文是笔者根据古柏的英译本转译的。

威克纳格这篇文章共分四节,各冠以小标题:《修辞学和风格论的区别》《散文概况》《风格学》(Stylistic)和《风格概说》。这里只着重介绍后面两节中与风格的主观因素和客观因素有关的论点。

威克纳格认为风格理论所探讨的对象是"语言表现的外表"。他说:"有人也许会这样设想:诸如此类的外在事物是可以一教即会、一学便知的。可是,老实说,风格并不是机械的技法。与风格有关的语言形式完全必须被内容或意义所决定。风格并非安装在思想实质上面的没有生命的面具,它是面貌的生动表现,活的姿态的表现,它是由含蓄着无穷意蕴的内在灵魂产生出来的。或者,换言之,它只是实体的外服,一件覆体之衣;可是衣服的褶襞却是被衣服覆盖着的肢体的意态所形成的。灵魂,再说一遍,只有灵魂才赋予肢体以这样或那样的动作。"

威克纳格认为在全部艺术领域内,风格总是意味着通过特有的标志在外部表现中显示自身的内在特性。我们就是在这种意义上说到罗马的建筑风格、拉斐尔的风格、赛白斯坦·巴哈的风格等等。他指出风格的构成是被两种因素所决定的:一方面是被表现者的心理特征,即我们所说的作家的创作个性所决定的,这也就是构成风格的主观因素。另一方面则被作品所表现的内容和意图所决定（内容指的是主题思想以及围绕在主题思想周围的全部思想材料。意图则指的是赢得读者来赞同并支持这个思想），这也就是构成风格的客观因素。为了说明这一点，威克纳格以赫德的地理学学术报告为例。就客观因素来说，赫德报告的整体是具有地理学学术报告风格的。这篇报告在一定程度上跟所有那些其他同类报告有着类似的东西。但是，使赫德的报告同所有其他同类报告区别开来的是风格的主观因素，这种主观因素包括他的独特的思想与训练，以及他所生活的特定时代。这些因素促使他运用他的方式去表现并修饰自己的观念，去安排、拆散并连缀自己的字汇。

威克纳格对于风格的主观因素和客观因素的论述比较含混。古柏曾经指出他的缺陷，并作了进一步的补充。古柏认为风格的主观因素在客观上是由三种方式所规定，从而客观因素也就相应地应该表现在三个方面。作为主观因素的个人风格，首先，（甲）随着作家所隶属的（一）种族、（二）国家、（三）方言或文学流派、（四）家族而变化。如果假定赫德出于（四）某个其他家族而不是他自己的家族，或者属于（三）巴威而不是东普鲁士，或者属于（二）法国而不是德国，或者属于（一）亚洲而不是欧洲，那么，他所表现的最初倾向即令不变，但是在上述每种情况下，他的写作方面的合成的风格都会完全异样了。因此，在客观上也就相应地可以区分（甲）为种族的风格、国家的风格、方言或流派的风格、家族的风格。这是在地理或空间方面所作的划分。其次，（乙）这是属于时间方面的划分，即各个历史阶段所形成的风格演变。假定赫德活在路德时代，或者活在现代，他的风格尽管仍旧保存那些显示在他本国文学全部历史时期中的某些特色，可是必然会流露出或是现代的德国习惯语法，或是路德时代的德国习惯语法。最后，（丙）个人风格在客观上随着作者意图创作的不同文学种类或样式的作品而转移。在戏剧中或在其他以想象为特点的艺术作品中，赫德的风格虽然保持了（甲）种族、国家、方言或流派、家族，以及（乙）时代的标志，但是毕竟跟他的地理学报告不同。古柏批评威克纳格过分强调上述第三个条件，似乎认为只有这个条件才是客观因素，而把种族、时代等都归之为赫德自己的人格的主观因素方面去，这是不正确的。古柏提出："个人风格（即风格的主观因素）是当我们从作家身上剥去所有那些并不属于他本人的东西，所有那些为他和别人所共有的东西之后所获得的剩余或内核。"

以上说明确实可以弥补威克纳格的风格理论的不足之处，但它本身也存在一些缺点。首先是根本没有涉及阶级的风格这一带有关键性的问题。其次，古柏没有从常和变或同和异之间的有机关系来分析风格的主观因素和客观因素。民族的风格、阶级的风格、时代的风格、流派的风格是常或同的一面，个人风格则是变或异的一面。这两方面是互相渗透的，呈现了复杂错综的现象。在分析具体作家的风格时更要注意同中之异或异中之同，从常中有变或变中有常的角度去加以仔细的分辨和剖析。这一点，威克纳格的说法就比较合理一些。他说，风格的主观因素和客观因素这两方面必然联在一起，它们不能够也不应该被割裂开来，因为它们是合二而一的事物——语言的外在形式只能从不同角度去观察，同时，在一篇健全而酝酿周密的文章中，任何一方面都不可能独立存在。假使谁能读到一篇仅仅具有风格客观因素的文章（不幸这类文章太多了），那么，就会形成像缺乏个性所造成的那种不满足的印象。两方面都必须参与其间。两方面是在正确的有机关系中结合在一起的，有时这一方面比较突出，有时另一方面比较突出，但在任何情况下，这两方面都取决于内容，根据内容较多主观因素或较多客观因素的性质而定。换言之，风格的主观性或客观性的或多或少只是依此为准。就史诗诗人来说，由于他的观点要求最大的客观性，由于他并不是从内部提取他的观念和材料，而是完全从外部把它们吸取到自身里面来，所以当主观因素减至最低限度时，我们就可以发现外在的表现——风格——也是值得赞赏的；因为这个因素只有在诗人带有浓厚的主观色彩的情况下才能广泛地显示出来。相反，没有人会去责备一位抒情诗人，如果在他那具有个人抒情色彩的诗歌特点里找不到一切诗人的共同风格。他愈有个性，就愈接近他的内在气质；或者换句话说，他愈是真正抒情的，就愈应该赋予自己思想的外在表现以同样强烈的主观性。

　　威克纳格把风格的主观因素和客观因素的有机结合称为"风格的混成因素"。虽然，风格的混成因素根据不同的性质，有时主观方面占优势，有时客观方面占优势，呈现了纷纭互异的表现形态，但它必须保持一定的平衡，适应作品本身的内在要求，而不能容许主观任意性。一旦脱离了表现对象的基础，纯粹由作家的癖好、任性和积习出发，就会形成风格的混成因素的失调。威克纳格把这种现象叫作"矫饰作风"（mannerism）。在国外的文艺理论或美学著作中有时把矫饰作风直接称作"作风"（manner）。这里说的作风和我们通常所说的作风不同，是具有贬义的。例如，黑格尔《美学》就把风格和作风做了严格的区分。他说："艺术家有了作风，他就只是在听任他个人的单纯的狭隘的主观性所摆布。"黑格尔认为作风是一种特殊的处理方法或表现方法，由某一个个别作家所创造，经过他的模仿者或门徒的仿效，往复沿袭，僵化为呆板的习惯，这是伤害艺术风格的。因此，他认为"作风愈特殊，它就愈易退化为一种没有灵魂的，因而是枯燥的重复和矫揉造作，再见不出作家的心灵和灵感了"。这种看法和威克纳格的看法是基本一致的。

关于矫饰作风，威克纳格援引阿里斯托芬的《蛙》对于希腊三大悲剧家作了这样的评价：埃斯库罗斯——矫饰作风，欧里庇得斯——缺乏个性，索福克勒斯——真正的风格。严格说来，阿里斯托芬在《蛙》中借埃斯库罗斯和欧里庇得斯的互相指摘，实际上都是在批评矫饰作风的。例如：埃斯库罗斯指斥欧里庇得斯总是喜欢在诗句中第五缀音后面停顿，于是用开玩笑的办法在欧里庇得斯每行诗句的停顿处，替他加上了一个子句"丢掉了一个小油瓶"，以挖苦欧里庇得斯的诗句平板单调。另一方面，欧里庇得斯也指斥埃斯库罗斯喜欢滥用大言壮语的叠句。他嘲笑了埃斯库罗斯在《密耳弥冬人》中总是毫无必要地在许多诗句后面插上一句："这打击！哎呀呀，怎么不来救呢？"以此来讥讽埃斯库罗斯的矫揉造作。威克纳格通过这个例子说明纵使在伟大作家身上也难免有矫饰作风的现象。他认为风格的混成因素，即主观因素和客观因素的融合，必须遵守一个原则，这就是作家必须使自己的气质服从于对象，而不能使对象屈服于自己的个人气质。一旦后一种情况占了上风，成为作品的主要倾向，那么就会形成矫饰作风之弊。

## 释《比兴篇》拟容取心说
——关于意象：表象与概念的综合

根据刘勰的说法，比兴含有二义。分别言之，比训为"附"，所谓"附理者切类以指事"；兴训为"起"，所谓"起情者依微以拟议"。这是比兴的一种意义。还有一种意义则是把比、兴二字连缀成词，作为一个整体概念来看。《比兴篇》的篇名以及《赞》中所谓"诗人比兴"，都是包含了更广泛的内容的。在这里，"比兴"一词可以解释作一种艺术性的特征，近于我们今天所说的"艺术形象"一语。

"艺术形象"这个概念取得今天的意义是经过了逐渐发展和丰富的过程，我们倘使追源溯流，则可以从早期的文学理论中发现"艺术形象"这个概念的萌芽或胚胎，尽管这些说法只是不完整、不明确地蕴含着现有的艺术形象的概念的某些成分。例如 image 一词，在较早的文学理论中就用来表示形象之意。这个词原脱胎于拉丁文 imago。它的本义为"肖像""影像""映像"，后来又作为修辞学上"明喻"和"隐喻"的共同称谓。"像"是诉诸感性的具体物象，"明喻"和"隐喻"则为艺术性的达意方法或手段，因而这里也就显示了今天我们所说的艺术形象这个概念的某些意蕴。我国的"比兴"一词，依照刘勰"比显而兴隐"的说法（后来孔颖达曾采此说），亦作"明喻"和"隐喻"解，同样包含了艺术形象的某些方面的内容。《神思篇》"刻镂声律，萌芽比兴"，就是认为在"比兴"里面开始萌生了刻镂声律、塑造艺术形象的手法。

《比兴篇》是刘勰探讨艺术形象问题的专论，其中所谓"诗人比兴，拟容取心"一语，可以说是他对于艺术形象问题所提出的要旨和精髓。

事实上，在刘勰以前，陆机已经开始接触到艺术形象问题了。《文赋》中曾经提到过"虽离方而遁圆，期穷形以尽相"的说法。过去注释家对陆机这句话的训释，语多汗漫。如李善《文选注》："方圆谓规矩也，言文章有方圆规矩也。"细审原文，这种说法颇近穿凿。倘方圆解释作规矩，则陆机明明提出"离方遁圆"的主张。"离""遁"二字同作避开之意，照理这应该是说抛弃方圆规矩，而绝不会表示相反的意思"言文章有方圆规矩"的。何焯引南齐张融《门律》"夫文岂有常体，但以有体为常"来注释这句话，也是比较迂晦，令人费解的。按"离方遁圆"一语，实寓有运用比喻之意。这句话直译出来就是：方者不可直言为方，而须离方去说方；圆者不可直言为圆，而须遁圆去说圆。我国传统画论中经常提到的"不似之似"，也就是"离方遁圆"的另一种说法。如果作文的时候，不懂运用比喻，以曲折的笔致给读者留下弦外之音、言外之意，而只是一味地平铺直叙，正面交代，那么也就不合于"离方遁圆"之旨了。前人往往把这种直线式的作文法称为"骂题"，这正是陆机所反对的。照陆机看来，"离方遁圆"是塑造艺术形象所必须采取的手段，而"穷形尽相"则是塑造艺术形象所必须达到的目的。因此，运用比喻是为了更生动地把对象的丰富形貌充分表现出来。《比兴篇》所谓"比类虽繁，以切至为贵，若刻鹄类鹜，则无所取焉"，正与此旨相同。"切至"也就是"穷形尽相"的意思。《诠赋篇》："拟诸形容，则言务纤密；象其物宜，则理贵侧附。""侧附"也近于"离方遁圆"之义。

不过，陆机所提出的"离方遁圆，穷形尽相"的说法，只接触到艺术形象的形式问题，这种理解还是十分原始、十分粗糙的。比较起来，刘勰可以说向前跨进了一大步，他不仅从形式方面去探讨艺术形象问题，而且还从内容方面去探讨艺术形象问题。"诗人比兴，拟容取心"一语，就是他对艺术形象这两个不可偏废方面的阐明。如果我们同时参阅《神思》《物色》《章句》《隐秀》（残文）诸篇，把其中有关论点互相印证，我们就可以清楚地理解他所说的"拟容取心"是什么意思了。

"拟容取心"这句话里面的"容""心"二字，都属于艺术形象的范畴，它们代表了同一艺术形象的两面：在外者为"容"，在内者为"心"。前者是就艺术形象的形式而言，后者是就艺术形象的内容而言。"容"指的是客体之容，刘勰有时又把它叫作"名"或叫作"象"；实际上，这也就是针对艺术形象所提供的现实的表象这一方面。"心"指的是客体之心，刘勰有时又把它叫作"理"或叫作"类"；实际上，这也就是针对艺术形象所提供的现实意义这一方面。"拟容取心"合起来的意思就是：塑造艺术形象不仅要模拟现实的表象，而且还要摄取现实的意蕴，通过现实表象的描绘，以达到现实意蕴的揭示。现实的表象是个别的、具体的东西，现实的意蕴是普遍的、概念的东西。而艺术形象的塑造就在于实现个别与普遍的综合，或表象与概念的统一。这种综合或统一的结果，就构成了刘勰所说的艺术形象的"称名也小，取类也大"——个别蕴含了普遍或具体显示了概念的特性。

陈应行《吟窗杂录》载旧题白居易《金针诗格》称："诗有内

外意。内意欲尽其理；理谓义理之理，美刺箴诲之类是也。外意欲尽其象；象谓物象之象，日月山河虫鱼草木之类是也。"旧题贾岛《二南密旨》亦有内外意之说："外意随篇目白彰，内意随入讽刺。"这些说法很可以借用来解释刘勰的"拟容取心"说。"外意"正是刘勰所说的"容"，内意正是刘勰所说的"心"。从外意方面来说，艺术形象所提供的现实表象必须是完整的、逼肖生活的。从内意方面来说，艺术形象所提供的现实意蕴必须是深刻的、具有普遍性的。正因为艺术形象不仅是现实生活外在现象的生动再现，而且也是现实生活内在本质的深刻揭示，所以艺术形象才可能是思想内容的体现者，艺术作品的形象才可能发挥思想作用。《物色篇》所说的"志惟深远，体物为妙，功在密附"，《章句篇》所说的"外文绮交，内义脉注"，《隐秀篇》所说的"情在词外，状溢目前"，都是为了说明艺术形象的内意和外意的相互结合。

刘勰认为，只有容和心或现实表象和现实意蕴的统一，才能构成完整的艺术形象。代表现实意蕴的"心"是通过现实表象的"容"显现出来的，而代表现实表象的"容"又是以揭示现实意蕴的"心"取得生命的。有"心"无"容"就会使现实表象湮没在抽象的原则里面；有"容"无"心"则会使现实意义消灭在僵死的躯壳里面。优秀的艺术家都是通过鲜明生动的艺术形象诱导读者去认识现实和理解生活的。

可是，为什么《比兴篇》题云比兴，实则侧重论比呢？前人曾以"兴义罕用"来解释这个问题。实际上，刘勰论比多于论兴的原因却并不在此。如果说，仅仅因为汉魏以来"兴义罕用"就不去重视它，或者就用不着再去详细剖析它，这种理由是不充分的。论者的阐述不能以某个问题是否得到普遍重视为准则，而应当以其重要性为标的。刘勰既然把比兴作为代表艺术形象的整体概念看待，自然不会有所轻重。他在分论比、兴的时候,并没有割裂两者之间的有机联系,仍旧是从艺术形象的整体概念出发的。他认为比属于描绘现实表象的范畴,亦即拟容切象之义;兴属于揭示现实意蕴的范畴,亦即取心示理之义。后来,释皎然《诗式》云:"取象曰比,取义曰兴,义即象下之意。"这种看法也是把比兴作为整个艺术形象的两个有机方面。刘勰正是根据整体观念去胪述诗人、辞家运用比兴的具体问题的。由于他坚持比、兴必须综合在一起,因此他肯定了"讽兼比兴"的《离骚》,而批评了"用比忘兴"的辞赋。他侧重论比的原因正是针对了汉季以来"兴义销亡"的现象而发的。这不但不是对兴义的忽略,相反,倒是对兴义的重视。《比兴篇》说:"炎汉虽盛,而辞人夸毗,诗刺道丧,故兴义销亡。于是赋颂先鸣,故比体云构,纷纭杂遝,倍('倍'字据《范注》校改)旧章矣。"分明含有贬责的意思。至于下文说到魏晋以来的辞赋"日用乎比,月忘乎兴,习小而弃大,所以文谢于周人也",就可以作为这一点的明证。照刘勰看来,艺术形象如果不能通过现实表象去揭示现实意义,而仅仅把艺术形象作为描绘外在现象的单纯手法,那么,这就变成一种"习小而弃大"的雕虫小技了。"用比忘兴"也就是徒知切象而不知示义,徒知拟容而不知取心的意思。

自然,刘勰并不抹煞拟容切象的意义,例如《比兴篇》所列举的王褒以慈父爱子的优柔温润比作洞箫之声(《洞箫赋》),张衡以蚕茧抽绪的轻盈摇曳喻为郑舞之容(《南都赋》)。诸如此类的用比取象,可以说都获得了一定艺术成就。但是,艺术形象的意义毕竟还是在于通过拟容切象的手段去达到取心示义的目的。作家用喻于声、方于貌、譬于事的手法去进行现实表象的描绘,单凭借自己的知觉就可以胜任了。可是,如果他要把现实表象和现实意蕴融会贯通起来,用个别的、具体的"容"去显示普遍的、抽象的"心",

那么就非得具有更大的才能不可。因此,"用比忘兴"的艺术形象和"讽兼比兴"的艺术形象是不能列于同一水平的,它们显示了两种不同的艺术创造力和两种不同的写作态度。

## [附释一]
## "离方遁圆"补释

何焯引张融《门律自序》"夫文岂有常体,但以有体为常"来诠释"虽离方而遁圆,期穷形以尽相"的说法不能成立,主要是因为两者所接触的问题并不属于同一范畴。张融的话是就文体问题而说的,意谓文章虽无拘于一格的体制,但文章之有体制终是不变的常理。而陆机的话却是针对形象问题而发。

"离方遁圆"上文提出了"体有万殊,物无一量",下文又提出了诗、赋、碑、诔、铭、箴、颂、论、奏、说十种文体,因而论者往往容易把上下文连起来串讲,一律当作文体问题看待。不过,我们只要进一步加以推敲,立即可以发现这种联系的不当。第一,《文赋》不是一篇通常的文论,而是一篇用赋体写成的文论,在形式上受到赋体的严格局限。刘勰就曾经指出过《文赋》"巧而碎乱"的弊病。它缺乏整齐的层次和分明的条贯,往往把不同范畴的问题放在一起论述,时常呈现出反复交错的情况,从而在同一段话里,下文讨论文体问题,上文并不一定也同样是讨论文体问题的。第二,"离方遁圆"上文"体有万殊,物无一量,纷纭挥霍,形难为状",事实上并不是指文体而言。在这句话里,"体有万殊""物无一量"二语互文足义,都是指审美客体,以引出下面的艺术形象问题。我们如果把它们当作文体问题看待,那么只能认为作者的意思是在说明文体是千变万化、无法形容的。如果真是这样的话，为什么《文赋》紧接着又把文体判为十种，并且全部予以明确的界说呢？既然文体可以分为十种并分别予以界说，难道还是什么"纷纭挥霍，形难为状"、千变万化、无法形容的东西吗？这种明显的矛盾是为任何具有推理常识的论者所不取的。第三，何焯援《门律》的说法仍无法解释"方圆"一词。显然，何焯对《文选注》本《孟子》"方圆谓规矩"之义来强作解释一定感到不妥，可是他又找不到适当的说明，于是就索性撇开这两个字不了了之了。

其实，我们只要抛开何焯的附会，不去把《文赋》的交错论点混为一谈；我们只要抛开李善的曲解，不去把"方圆"拘泥于"规矩"的旧训，就可以看出"离方遁圆"一语分明是说明形象问题。《文赋》所用"方圆"一词，是颇接近于尹文的"命物之名"的。《尹文子》上篇云："名有三科，法有四呈。曰命物之名，方圆黑白是也；二曰毁誉之名，善恶贵贱是也；三曰况谓之名，愚贤爱憎是也。"根据尹文所指出的名的三种逻辑意义来看，命物之名是属于具体的，毁誉之名是属于抽象的，况谓之名是属于对比的。"方圆"这个词在古汉语中本有泛指物名之义。陆机正是在这个意义上，用"方圆"一词来代表文学的描写对象。

## ［附释二］

## 刘勰的譬喻说与歌德的意蕴说

在艺术形象问题上，歌德的"意蕴说"也包含着内外两个方面。外在方面是艺术作品直接呈现出来的形状，内在方面是灌注生气于外在形状的意蕴。他认为，内在意蕴显现于外在形状，外在形状指引到内在意蕴。歌德在《自然的单纯模仿·作风·风格》一文中，曾经把"艺术所能企及的最高境界"说成是"奠基在最深刻的知识原则上面，奠基在事物的本性上面，而这种事物的本性应该是我们可以在看得见触得到的形式中去认识的"（据古柏英译本移译）。歌德把艺术形象分为外在形状和内在意蕴，似乎和刘勰的"拟容取心"说有着某种类似之处，不过，它们又不尽相同，其间最大区别就在于对个别与一般关系的不同理解上。

《比兴篇》："称名也小，取类也大。"这一说法本之《周易》。《系辞下》："其称名也小，其取类也大，其旨远，其辞文，其言曲而中。"韩康伯《注》云："托象以明义，因小以喻大。"孔颖达《正义》云："其旨远者，近道此事，远明彼事。……其辞文者，不直言所论之事，乃以义理明之，是其辞文饰也。……其言曲而中者，变化无恒，不可为体例，其言随物屈曲，而各中其理也。"从这里可以看出，前人大抵把《系辞下》这句话理解为一种"譬喻"的意义，这种看法和刘勰把比类当作"明喻""隐喻"看待是有相通之处的。（首先把《系辞下》这句话运用于文学领域的是司马迁，他评述《离骚》说："其称文小而其旨大，举类迩而见义远。"这一说法也给予刘勰以一定影响。）

刘勰的形象论可以说是一种"譬喻说"。《比兴篇》"称名也小，取类也大"，《物色篇》"以少总多，情貌无遗"，是两个互为补充的命题。"名"和"类"或"少"和"多"都蕴涵了个别与一般的关系。刘勰提出的拟容切象和取心示义，都是针对客观审美对象而言，要求作家既模拟现实的表象，也揭示现实的意蕴，从而通过个别去表现一般。然而，这里应该看到，刘勰对个别与一般关系的理解不能不受到他的思想体系的制约，以致使他的形象论本来可以向着正确方向发展的内容受到了窒息。由于他认为天地之心和圣人之心是同一的，因此，按照他的思想体系推断，自然万物的自身意义无不合于圣人的"恒久之至道"。这样，作家在取心示义的时候，只要恪守传统的儒家思想就可以完全揭示自然万物的内在意义了。自然，刘勰的创作论并不是完全依据这种观点来立论的。当他背离了这种观点时，他提出了一些正确的看法。可是他的拟容取心说却并没有完全摆脱这种观点的拘囿，其中就夹杂着一些这类糟粕。例如，《比兴篇》开头标明"诗文弘奥，包韫六义"，接着又特别举出"《关雎》有别，故后妃方德。尸鸠贞一，故夫人象义"作为取心示义的典范。（《金针诗格》也同样本之儒家诗教，把"内意"说成是"美刺箴诲"之类的"义理"。）从这里我们可以看出，尽管刘勰在理论上以自然界作为取心示义的对象，但是他的儒家偏见必然会在实践意义方面导致相反的结果。因为在儒家思想束缚下，作家往往会把自己的主观信条当作现实事物的本质。因此，很容易导致这种情况：作家不是通过现实的个别事物去表现从它们自身揭示出来的一般意义，而是依据先入为主的成见，用现实的个别事物去附会儒家的一般义理，把现实事物当作美刺箴诲的譬喻。因而，这里所反映出来的个别与一般的关系，也就变成一种譬喻的关系了。（例如《诗小序》说"关雎，后妃之德也。鹊巢，夫人之德也"，就是这方面的一个典型例证。）

歌德的"意蕴说"并不像刘勰的"譬喻说"那样夹杂着主观色彩。他曾经这样说："在一个探索个别以求一般的诗人和一个在个别中看出一般的诗人之间，是有很大差别的。一个产生出譬喻文学，在这里个别只是作为一般的一个例证或例子，另一个才是诗歌的真正本性，即是说，只表达个别而毫不想到或者提到一般。一个人只要生动地掌握了个别，他也就掌握了一般，只不过他当时没有意识到这一点罢了，或者他可能在很久之后才会发现。"（《歌德文学语录》第十二节）歌德这些话很可以用来作为对于"譬喻说"的批判。歌德反对把"个别只是作为一般的一个例证或例子"的譬喻文学，强调作家首先要掌握个别，而不要用个别去附会一般，表现了对现实生活的尊重态度。这一看法是深刻的，对于文学创作来说也是有重要意义的。事实上，一般只能从个别中间抽象出来。作家只有首先认识了许多个别事物的特殊本质，才能进而认识这些个别事物的共同本质。就这个意义来说，歌德要求作家从个别出发，是可以避免"譬喻说"以作家主观去附会现实这种错误的。

不过，我们同时也应该看到，歌德的"意蕴说"是存在着过去现实主义理论多半具有的共同缺陷的。他对于个别与一般关系的理解带有一定的片面性。在作家的认识活动中，他只注意到由个别到一般这一方面，而根本不提还有由一般到个别这一过程。人类的认识活动，由特殊到一般，又由一般到特殊，是互相连接的两个过程。人类的认识总是这样循环往复地进行。歌德恰恰是把这两个互相连接的过程分割开来。他在上面的引文中赞许"只表达个别而毫不想到或者提到一般"的诗人，以为这样的诗人在掌握个别的时候，没有意识到一般，或者可能在很久以后才会发现一般。但是，由个别到一般，又由一般到个别，这两个互相连接的过程是不可分割的。事实上，完全排除一般到个别这一过程的认识活动是并不存在的。作家不是抽象的人，他在掌握个别的时候，他的头脑并不是一张白纸，相反，那里已经具有一般的烙印了。在作家的具体认识活动中，这一阶段由个别到一般的过程，往往是紧接着上一阶段由个别到一般的过程。在这种情况下，不论作家自觉或不自觉，他必然会以他在上一阶段所掌握到的一般，作为这一阶段认识活动的指导。因此，这一阶段由个别到一般的过程，也就和由一般到个别的过程互相连接在一起了。作家的认识活动总是由个别到一般，又由一般到个别这两个互相连接的过程,循环往复地进行着。只有这样,他的认识活动才可能由上一阶段过渡到这一阶段,再由这一阶段过渡到下一阶段,形成不断深化运动。

事实上,作家的创作活动同样不能缺少由一般到个别的过程。作家的创作活动是把他在认识活动中所取得的成果进行艺术的表现。他在动笔之前,已经有了酝酿成熟的艺术构思,确立了一定的创作意图。因此,他的全部创作活动都是使原来存在于自己头脑中的创作意图逐步具现。创作意图是普泛的、一般的东西,体现在作品中的人物和事件是具体的、个别的东西。任何作家的创作活动,都不可能像歌德所说的那样"只表达个别而毫不想到或者提到一般"。作家总是自觉地根据自己的创作意图去进行创作的。人类劳动并不像蜜蜂造蜂房那样,只是一种本能的表现,而是自觉的、有目的的、能动的行为。作家的创作活动也具有同样的性质。否认作家的创作活动是根据自己的创作意图出发,就会否定作家的创作活动的自觉性和目的性。

艺术和科学在掌握世界的方式上是各有其不同特点的。艺术家不像科学家那样从个别中抽象出一般,而是通过个别去体现一般。科学家是以一般的概念去统摄特殊的个体,艺术家则是通过特殊的个体去显现它的一般意蕴。艺术形象应该是具体的,科学概念也应该是具体的,科学家在作出抽象规定的思维进程中必须导致具体的再现,正像《〈政治经济学批判〉导言》所说的,由抽象上升到具体的方法是唯一正确的科学方法。不过,这里所说的具体是指通过逻辑范畴以概念形态所表述出来的具有许多规定和关系的综合。科学家把混沌的表象和直观加工,在抽出具体的一般概念之后,就排除了特殊个体的感性形态。而艺术家的想象活动则是以形象为材料,始终围绕着形象来进行。艺术作品所呈现的一般必须呈现于感性观照，因此，艺术家对现实生活进行艺术加工，去揭示事物的本质，并不是把事物的现象形态抛弃掉，而是透过加工以后的现象形态去显示它们的内在联系。不过，在艺术作品中所表现的现象形态已不同于原来生活中的现象形态，因为前者已经使直观中彼此相外、互相独立的杂多转化为具有内在联系的多样性统一。这就是由个别到一般与由一般到个别这一认识规律体现在艺术思维中的特殊形态。艺术形象的具体性就在于它既是一般意义的典型，同时又是特殊的个体。它保持了现实生活的细节真实性，典型性即由生活细节真实性中显现出来，变成可以直接感觉到的对象。在这里，由个别到一般，再由一般到个别，这两个认识过程不是并列的。作家的认识活动只能从作为个别感性事物的形象出发。在全部创作过程中，并不存在一个游离于形象之外从概念出发进行构思的阶段。因此，由一般到个别的认识功能，不是孤立地单独出现，而是渗透在由个别到一般的过程之中，它成为指导作家认识个别的引线或指针。对于由个别到一般、再由一般到个别这一认识规律，可以有两种不同的理解：一种理解是把它们截然分割为孤立排他的两个互不相干的独立过程。例如，所谓表象——概念——表象的公式，就是意味着在艺术创作过程中存在着一个摒弃形象的抽象思维阶段，而艺术创造就在于把经过抽象思维所获得的概念化为形象。这可以说是一种"形象图解论"，它是反对形象思维的。另一种理解则相反，认为由个别到一般，再由一般到个别，不是孤立排他的，而是互相连接、互相渗透的。后一种理解才是辩证的观点。

[附释三]

## 关于"由抽象上升到具体"的一点说明

马克思在《〈政治经济学批判〉导言》中提出"由抽象上升到具体"的科学方法是方法论中的一个重要问题。二十世纪六十年代前期,我国哲学界曾就这一问题展开讨论。当时有人认为这个提法很难纳入认识由感性到理性的共同规律,于是援引《资本论》第二版跋所提出的"研究方法"和"叙述方法"的区别来加以解释,认为"由抽象上升到具体"是指"叙述方法"。最近哲学界在有关分析和综合问题的讨论中,又重新涉及这个问题。有的文章仍沿袭此说。《文史哲》一九七八年第四期发表的《与李泽厚同志商榷》一文,就曾经这样说:"事实上,马克思所说的这个方法,在这里仅仅是指叙述方法(重点系原文所加),而叙述方法是不能完全包括研究方法和认识方法的。"我以为,此说不能成立。把"由抽象上升到具体"的科学方法排除在"研究方法"之外,认为它不属于认识领域,这是不符合马克思提出这一方法的原旨的。按照马克思的意思,"由抽象上升到具体"这一方法正是"掌握世界"的一种思维活动方式。诚然,马克思并没有说过,政治经济学的方法应以抽象为发端。相反,他在《〈政治经济学批判〉导言》中明确地指出,政治经济学的方法存在着"把直观和表象加工成概念这一过程"。不过,我以为政治经济学的科学方法正如艺术思维一样,是以它的特定形态来体现由感性到理性的认识共同规律的。艺术思维以形象为材料,始终围绕着形象来进行。政治经济学的方法则以范畴为材料,始终围绕着范畴来进行。

马克思在《〈政治经济学批判〉导言》中曾经阐述了政治经济学的科学方法的全部过程："如果我从人口着手，那么这就是一个混沌的关于整体的表象，经过更切近的规定之后，我就会在分析中达到越来越简单的概念，从表象中的具体达到越来越稀薄的抽象，直到我达到一些最简单的规定。于是行程又得从那里回过头来，直到我最后又回到人口，但是这回人口已不是一个混沌的关于整体的表象，而是一个具有许多规定和关系的丰富的总体了。"我们可以把这一过程概括为三个阶段：从混沌的关于整体的表象开始（感性的具体）—经过理智的区别作用作出抽象的规定（理智的抽象）—通过许多规定的综合而达到多样性的统一（理性的具体）。在这里，马克思指出政治经济学的方法有两条道路：在第一条道路上，把完整的表象蒸发为抽象的规定。这是十七世纪古典经济学家所采取的知性分析方法。在第二条道路上，使抽象的规定在思维行程中导致具体的再现。这是历史唯物论者所采取的辩证方法。马克思对于十七世纪古典经济学家的批判，实质上也就是辩证观点对于知性观点的批判。和启蒙学派有着密切关联的十七世纪古典经济学家，是以"思维着的悟性（知性）"作为衡量一切的尺度。他们像早期的英国唯物论者一样，坚执着理智的区别作用，从完整的表象中找出一些有决定意义的抽象的一般关系就停止下来，以为除此以外，"认识不能有更多的作为"（洛克）了。这种知性的分析方法正如歌德在《浮士德》第一部中所说的那样："化学家所谓自然的化验，不过嘲笑自己，而不知其所以然。各部分很清楚地摆在他面前，可惜就只是没有精神的联系。"

但是，马克思认为，科学上的正确方法，不能停留在单纯的分析上，而必须由抽象上升导致具体的再现。这就需要由分析而进入综合。辩证方法并不排斥理智的区别作用，它囊括了理智的区别作用于自身之内。知性方法由于坚执理性的区别作用，所以只知分析，而不知综合；只是从完整的表象中抽象出一些简单的要素，并且把这些要素孤立起来，当作"永恒的理性"所发现的真理原则，而不能找出这些要素之间的内部联系，进而使抽象的规定在思维行程中导致具体的再现。这最后一个步骤就是马克思所提出的"由抽象上升到具体"的方法的要旨所在。

最后还要说明一下：作为政治经济学科学方法起点的感性认识是一种"混沌的关于整体的表象"，这和作为艺术思维起点的感性认识是现实生活的可感觉的具体形象有着显著的区别。虽然两者都属于感性范畴的表象，但是这两种表象的性质是各异其趣的。作为政治经济学科学方法起点的表象也是外界所给予的感性材料，不过这些外界感性材料所构成的表象往往采取了思想的形式。例如，上面提到马克思所说的"人口"这一"混沌的关于整体的表象"就是一个显明的例子。此外，我们还可以举出忿怒、希望等等。这些表象都是我们感觉所熟悉的，但它们也都是以普遍的思想形式呈现出来。至于文学艺术家从外界所摄取的表象，却并不采取这种普遍的思想形式。人物形象的表情、姿态、举止、谈吐……种种外在的特征，思想感情的复杂微妙的表达方式，以及他们的经历、遭遇、周围环境、和别人接触时所产生的形体反应等等这类具体的细节，对于政治经济学家来说，都是无关宏旨的。他们无须详细记下这类凭借感觉形式出现的表象，多半只是勾勒出一个大概的轮廓，或者干脆用统计方式来表达。纵使在恩格斯所写的调查报告《英国工人阶级状况》这种著作中，我们也很少发现这类表象的描述。可是，对于文学艺术家来说，这种凭借感觉形式出现的表象却正是不可少的，甚至往往是最重要的东西。我们必须区分以思想形式出现的表象和以感觉形式出现的表象的不同性质。倘使我们不去探讨这两种不同表象的区别，而只是简单地用从感性到理性的认识共同规律笼统地把艺术和科学的思维活动一律相绳，那么就不可能对形象思维的探讨再深入一步。

[附释四]

## 再释《比兴篇》拟容取心说

《释〈比兴篇〉拟容取心说》作为单独的一章发表后，曾引起了一些争论。有的文章认为比兴仅仅是一种手法，和现在说的形象思维或艺术形象虽有联系，毕竟是不同的概念。因此不同意我把刘勰的拟容取心说作为"'艺术形象'这个概念的萌芽或胚胎"（即"不完整、不明确地蕴含着现有的艺术形象的概念的某些成分"）。并且，认为我没有严格地按照刘勰所用术语的本来含义进行阐述，很可能歪曲了古人的论点，或者把它们改变为今天的观点，从而断言这是违反历史主义的。

我觉得这里的问题关键在于究竟应该怎样看待比兴这一概念。我认为我们首先应该扫除先入为主的孔颖达的三体三用说（朱熹的三经三纬说是孔说的进一步发挥），不要把它作为唯一准绳，去套前人具有分歧含义的种种不同说法，而应该按照历史的发展观点，探源溯流，看看这一概念在不同历史时期和不同作者那里，具有怎样不同的特定含义，经过了怎样的发展和变化，这样才可以作出比较切合实际的论断。我不能同意用孔颖达的体用说去解释刘勰的比兴概念，尽管前者从后者那里吸取了某些成分，但是两者显然存在着差异。孔颖达仅仅把比兴视为一种手法，而刘勰在体用——即诗体和诗法的问题上,却并不像孔颖达那样划出严格的界限。

为了说明这一点,这里且对比兴说的源流作一简括的概述。《周礼·春官·大师》:"教六诗:曰风、曰赋、曰比、曰兴、曰雅、曰颂,以六德为之本,以六律为之音。"《诗序》亦云:"故诗有六义焉:一曰风、二曰赋、三曰比、四曰兴、五曰雅、六曰颂。"《周礼》的六诗说和《诗序》的六义说究竟应该怎样来理解?是不是可以像那篇评论文章所说的那样,笼统地认为"历来解释这所谓六义的人,大抵都认为风雅颂是《诗经》的诗的分类,赋比兴是作诗的三种手法"呢?我认为是不可以的。就《周礼》和《诗序》本身来看,首先存在着一个排列的次序问题。如果说风、雅、颂是诗体的分类,赋、比、兴是诗法的分类,那么,《周礼》和《诗序》为什么不把它们按照风、雅、颂、赋、比、兴的先后次第编排在一起?只有这样才顺理成章。可是,无论《周礼》的六诗也好,或是《诗序》的六义也好,都是把赋、比、兴排在风和雅、颂之间。这种排列法显然是一个不可忽视的问题。因此,汉人解释六诗或六义,都没有明确作出风、雅、颂是诗之体,赋、比、兴是诗之法的结论。他们对这个问题是采取了审慎的态度的。虽然他们也涉及诗的表现方法问题,但这是由于从诗体的探讨必然会涉及诗法的问题上去,所以他们往往从诗法的分类来说明诗体的分类。这种情况在《诗序》本身中就已见端倪。按照三体三用说的观点,"风"是诗体之一,而不是作诗的表现方法。可是《诗序》对"风"的解释说:"上以风化下,下以风刺上,主文而谲谏,言之者无罪,闻之者足以戒,故曰风。"显然这是兼赅体、法两方面而言。郑玄注六义不会不顾及这一点,他说:"风言圣贤治道之遗化也。赋之言铺,直铺陈今之政教善恶。比见今之失,不敢斥言,取比类以言之。兴见今之美,嫌于媚谀,取善事以劝喻之也。雅,正也,言今之正者以为后世法。颂之言诵,容也,诵以美之。"这里并没有在诗体、诗法之间划出严格界限,指出其间有着体和用的区别。

那么,怎样来解释《诗经》中何以只有风、雅、颂三种诗体呢?对于这个问题,前人的解释不够明确。《孔疏》引:"《郑志》张逸问:何诗近于比、赋、兴?答曰:比、赋、兴,吴札观诗已不歌也。孔子录诗,已合于风、雅、颂中,难复摘别。篇中义多兴。"这种含糊的说法给后人留下了种种附会的可能。直到晚近章炳麟的《六诗说》出,才比较合理地解决了这个问题。按照章氏的说法,风、赋、比、兴、雅、颂都是诗体,但有入乐和不入乐之分。由于赋、比、兴三体,"不被管弦""不入声乐",所以在孔子录诗时被删掉了。最近,郭绍虞《六义考辨》采章氏之说,加以取舍和发挥,认为"其入乐者则称为风,还有许多不入乐者则称为赋比兴。那么,赋比兴都可以说是民歌。由于民歌的数量太多,所以再用不同的手法,分为数类,那么列为风类之后也就很恰当,而《周礼》的六诗与《毛诗》的六义,也就可以统一起来了"。这种解释对于说明《周礼》的六诗之名和风、赋、比、兴、雅、颂的排列次序都是恰然理顺的。不过,这里只是要说明汉人对六诗或六义的理解尚未作出诗体、诗法的区别。在诗体、诗法上划出严格界限是后来的事,那就是唐人孔颖达的三体三用说。

《孔疏》是在《郑笺》的基础上撰写而成的,向来被认作是申明郑义的可靠资料。其实我们不必过于拘泥,被前人所谓"疏不破注"的说法所束缚。孙诒让曾据《礼记正义》称"皇侃时乖郑义",又据《左传正义》称"刘炫习杜义而攻杜氏",认为六朝义疏家多破坏家法,逞臆妄说,而独于《孔疏》则未敢非议。他自己在解释《周礼》的六诗说时,也每有曲从《孔疏》之处。事实上,《孔疏》对于六义的说法,虽号称本之郑义,但往往疏不应注,语不衷本。

《孔疏》创三体三用之说，谓："风、雅、颂者，诗篇之异体。赋、比、兴者，诗文之异辞耳。大小不同，而得并为六义者，赋、比、兴是诗之所用，风、雅、颂是诗之成形。用彼三事，成此三事，是故同称为义。非别有篇卷也。"这和上引郑玄对于六义的说法，不仅不能互相映发，而且可以说是以意增益之论。

《孔疏》之说，构画虽精，而其病亦在是。它所碰到的最大麻烦，就是六义的一曰风、二曰赋、三曰比、四曰兴、五曰雅、六曰颂的排列次序问题。《孔疏》对这个问题无法回避，只得强为之解云："风之所用，以赋、比、兴为之辞，故于风之下即次赋、比、兴，然后次以雅、颂。雅、颂亦以赋、比、兴为之。既见赋、比、兴于风之下，明雅、颂亦同之。"表面看来，这似乎也言之成理，但用来诠释六义冠以数词的一曰风、二曰赋、三曰比、四曰兴、五曰雅、六曰颂，则未免过于牵强。倘使赋、比、兴既次于风下，同时又次于雅下，进而更次于颂下，那么，能够用一到六的数词去排列它们吗？《孔疏》为了坚持自己所立的三体三用说，在疏解"《郑志》张逸问"那段引文时，也是强前人以从己意。郑答赋、比、兴，吴札观诗已不歌，多少意味着在此以前赋、比、兴还是单独存在过的，只是孔子录诗时才将它们合于风、雅、颂中，所以已经难复摘别了。可是这段原文一经《孔疏》的疏解，就完全变了样。《孔疏》是这样解释"《郑志》张逸问"这段文字的："逸见风、雅、颂有分段，以为比、赋、兴亦有分段。谓有全篇为比，全篇为兴，欲郑指摘言之。郑以比、赋、兴者，直是文辞之异，非篇卷之别，故远言以从本来不别之意。言吴札观诗已不歌，明其先无别体，不可分也。元来合而不分，今日难复摘别也。"这分明是三体三用说的发挥，哪里还是疏解"《郑志》张逸问"的本义？这里仍举章炳麟的《六诗说》为例。章氏在这篇文章中一开头就援引了"《郑志》张逸问"

原文，可是他的解释恰恰与《孔疏》相反："此谓比、赋、兴各有篇什，自孔子淆杂第次，而毛公独孴表兴，其比、赋俄空焉。圣者颠倒而乱形名，大师偏帮而失邻类，何其悟忘遂至于斯焉？"我以为章氏所谓"比、赋、兴各有篇什"是切合"《郑志》张逸问"本旨的。

我们作了以上的考辨是为了说明郑注六义是兼赅诗体、诗法而言，《孔疏》六义则是把诗体、诗法严格区别开来，从而指明两者区别所在。然而，这并不等于说要否定《孔疏》的价值。从探讨六诗或六义的原始意义方面来看，自然当以《郑笺》为长，《孔疏》是不足为训的。不过问题并不这么简单。在我国长期封建社会中，古代文论自有它的复杂曲折的发展过程。某一时期的某种理论往往会发生失之东隅收之桑榆的功效。撇开诠释六义的原旨这一点不论，单就阐述诗的表现方法来说，《孔疏》自有它的积极意义。它更明确地提出了诗法问题，把赋、比、兴列为三种表现方法（实际上也就是兼综了叙述和描写两方面），对后人有着很大影响，开启了此后对于诗的表现方法越来越深入的研究，这都是不容抹煞的。

刘勰生于南朝，是汉代以后唐代以前的人物。他对六义的看法，可以说是《郑笺》《孔疏》之间的过渡环节，起着承前启后的作用。他比《郑笺》更进一步侧重于诗法的探讨，但又不像《孔疏》那样把诗体和诗法截然区分开来。总的来说，他仍保持了《郑笺》那种体即是用、用即是体、诗体与诗法相兼的观点。他根据《诗经》以来文学发展的实际情况，把赋、颂列入《文心雕龙》文体论。但《诠赋篇》的释名以彰义云："诗有六义，其二曰赋。赋者，铺也。铺采摛文，体物写志也。"《颂赞篇》的释名以彰义云："四始之至，颂居其极。颂者，容也，所以美盛德而述形容也。"从这些说法可以看出，刘勰仍袭汉人六义说的旧训，显示了体用相兼观点的痕迹。同时，他为了探讨文学创作方法问题，把比兴列入创作论。但《比兴篇》也同样是以本之体用相兼的观点来立说。本篇中一称"比体"("比体云构"),两称"兴体"("毛公述传,独标兴体""起情故兴体以立"),可为明证。《比兴篇》列入创作论,自然把重点放在创作方法上,但由于刘勰仍保持着汉人体法相兼的观点,既把比兴当作艺术方法看待,又把比兴当作由艺术方法所塑造的艺术形象看待,所以篇中才有"比体""兴体"之称。

但是,那篇评论文章指摘我的上述观点说:"古代的刘勰虽然还不能科学地说明'形象思维'的规律,却懂得赋比兴是一种表现方法。他在《文心雕龙·神思篇》中说:'神用象通,情变所孕。物以貌求。心以理应。'就是指作家认识、思考以及进行构思的思维过程,而下所谓'刻镂声律,萌芽比兴',则是用什么手法去表现他在头脑中业已构成的映象。在《文心雕龙》中,刘勰没有把《比兴篇》和《神思篇》放在一起,而把它和《丽辞篇》《夸饰篇》并列,这说明在刘勰心目中,'比兴'也仅仅是一种手法。至于'艺术形象'这一概念,那是指的创作过程完成以后在作品中再现出来的人物或生活现象。它和作家在创作过程中的思维活动或使用的表现手法,更不是同样的概念。"

我觉得这段话所以不确切,第一,在于没有从历史的发展观点,探索比兴这一概念在不同时代、不同作家那里具有不同的含义,从而把《孔疏》的三体三用说当作唯一的标准,以致把它和唐人以前的体用相兼的观点混淆起来。(如说刘勰"懂得赋比兴是一种表现方法"就是一例。其实,把赋、比、兴三法作为诗之用和风、雅、颂三体区别开来,是孔颖达的主张,刘勰当时并不懂得这种分类法。)因此,由这种三体三用的观点来看,法只能是法,体只能是体。殊不知就诗体、诗法相兼的观点来说,体即是用,用即是体。有时可偏重于诗法方面,把比兴当作艺术方法;有时也可以由法及体,把比兴当作通过这一艺术方法所塑造的艺术形象。我所说的"艺术形象"并不是指"在作品中再现出来的人物或生活现象",而是指一种凝聚在作品中的艺术性的特征。这一点,我在释义中已经指明:"比兴一词可以解释作一种艺术性的特征,近于我们今天所说的'艺术形象'一语。"这应该不至于把它误会到"在作品中再现出来的人物或生活现象"上去的。如果我把刘勰的比兴概念去比附当时作品所没有而《文心雕龙》全书也根本未涉及的今天所说的"人物"——这种意义上的艺术形象,那么也未免太荒谬了。那篇评论文章由于认为刘勰已经"懂得赋比兴是一种表现方法",所以在另一处地方指摘我"把'比兴'和'艺术形象'等同起来,那就等于说'赋'法不能创造艺术形象,从而摈斥于形象思维之外"。这也是不符合事实的。我并没有做过这样的等同。至于刘勰没有按照三体三用说把赋、比、兴联在一起,我不能在释义中违反历史事实,把这个观点硬加给他,虽然这样做可以使他的理论更完整一些,和我们今天所说的"形象思维"更接近一些。但是,我在释义中同样曾经指明:"'艺术形象'这个概念取得今天的意义是经过了逐渐发展和丰富的过程,我们倘使追源溯流,则可以从早期的文学理论中发现'艺术形象'这个概念的萌芽或胚胎,尽管这些说法只是不完整、不明确地蕴含着现有的艺术形象的某些成分。"我在这种意义上提出"《神思篇》'刻镂声律,萌芽比兴'",就是认为'比兴'里面开始萌生了刻镂声律、塑造艺术形象的手法。这怎么可以说是"把'比兴'和'艺术形象'等同起来"呢?这里顺便说一下,我在本书《小引》中曾援引马克思的话"人体解剖对猴体解剖是一把钥匙"来说明写作本书的缘起和方法问题。现在再补充几句。我们一旦从猴体的某些器官和组织上发现人体的某些器官和组织的征兆,这并不等于说两者是等同的。那么,为什么要做这种考辨呢?对于动物解剖学来说,是为了探索动物机体的进化历史。对于文艺解剖学（如果可以这样比喻的话）来说，则是为了探索文学"机体"的发展历史。我以为，文学从它诞生的那一天起，作为文学特征的形象性就已存在。如果说，有着悠久历史的我国古代文论对这一客观存在的事实竟会茫然无知，那是不可能的。今天文艺理论工作者的任务就在于实事求是地把它揭示出来。

第二，那篇评论文章所援引的《神思篇》赞曰："神用象通，情变所孕。物以貌求，心以理应。刻镂声律，萌芽比兴。结虑司契，垂帷制胜。"我以为是概括作为艺术想象活动"神思"的要旨，它一气贯串说明"结虑司契"的内容，而不能拦腰斩断，把"神用象通，情变所孕。物以貌求，心以理应"看作是"指作家认识、思考以至进行构思的思维过程"，而把"刻镂声律，萌芽比兴"看作在上述领域以外，"指的是用什么手法去表现他在头脑中业已构成的映象"。为什么呢？《比兴篇》赞中所谓"诗人比兴"的"拟容取心"，恰恰是《神思篇》赞中"物以貌求，心以理应"的呼应，两者异语同义，都是申明同一观点。为什么这同一观点在《神思篇》中是"指作家认识、思考以至进行构思的思维过程"。而在《比兴篇》中就不是"指作家认识、思考以至进行构思的思维过程"呢？这里顺便说一下，一般把塑造艺术形象的表现方法划在艺术思维之外，认为它只是把作家头脑中已有的映象表现出来的一种单纯技法这种观点，我以为并不正确。我觉得黑格尔在《美学》中所说的"形象的表现的方式正是他（艺术家）的感受和知觉的方式"，"艺术家这种构造形象的能力，不仅是一种认识性的想象力、幻想力和感觉力，而且还是一种实践性的感觉力，即实际完成作品的能力。这两方面在真正的艺术家身上是结合在一起的""按照艺术的概念，这两方面——心里的构思与作品的完成（或传达）是携手并进的"，这些说法值得借鉴，至少比那种把塑造艺术形象的表现方法视为游离于艺术思维之外或之后的单纯技巧观点，是更正确一些的。

第三，那篇评论文章根据"刘勰没有把《比兴篇》和《神思篇》放在一起，而把它和《丽辞篇》《夸饰篇》并列"，来断定"在刘勰心目中，'比兴'也仅仅是一种手法"。这是由于没有辨析《文心雕龙》创作论的体例，所以才没有认识到《比兴篇》和《神思篇》之间的有机联系。《神思篇》是统摄创作论诸篇的纲领，这一点我在《释〈镕裁篇〉三准说·附释一》中曾列表示意，以说明"前者埋伏了、预示了后者，后者则进一步说明了、发挥了前者"。我认为《神思篇》"物以貌求，心以理应。刻镂声律，萌芽比兴"和《比兴篇》"诗人比兴，触物圆览。物虽胡越，合则肝胆。拟容取心，断辞必敢"，正是表明这种关系的明证。倘使我们只从创作论诸篇的并列方面去分析其间的关系，而看不到刘勰以《神思篇》为总纲以笼罩创作论其余诸篇的内在联系，那么就还不懂得刘勰的命意所在。刘勰以《神思篇》作为统摄创作论诸篇的总纲，正是体现了他把作为想象活动（神思）的艺术思维看作是贯串全部创作过程的观点，这是一种卓识。这里顺便说一下，创作活动始终是通过形象思维来实现的。它并不像有的文章所说那样，先把作为感性材料的表象抽象成为概念，再把这抽象概念通过艺术表现手法化为艺术形象，即所谓：表象—概念—表象（这个公式实际上是：表象—概念，概念—表象）这种"形象图解论"（抗战前有位日本作家企图按照这种"形象图解论"，把《资本论》改写成为一部小说，但是失败了）。艺术思维是以形象为材料，始终围绕着形象来进行。作家的理性认识是他剖析生活的指针，可以使他对于生活达到"理解之后的更深刻的感觉"。它作为一根引线错综交织在作家把握形象的过程中，形成逐步深化的运动。可是，照"形象图解论"看来，艺术思维并不是以它的特殊形态体现由感性到理性的认识规律，而是把它和理论思维一律相绳，其间差别仅仅在于后者只是实现表象—概念这一步就告结束，而前者却在这一步之后还有概念—表象这一过程。这样一来，试问还有什么形象思维（这是就思维这个词的本义来说的）？形象思维只剩下一个形象化的表现手法了。创作活动中自然存在着一个表现手法问题，表面看来，它似乎出现于创作过程的后一阶段，但实际上它也潜在于作家的整个构思活动中，和作家的构思活动有着千丝万缕的联系。黑格尔认为形象的表现方式就是作家的感受和知觉的方式，构造形象既属于对生活的观察和感受的认识性范畴，又属于对生活的表现或传达的实践性范畴，从而要求作家使这两方面结合在一起，携手并进。我以为这个说法比较合理。因为"形象图解论"把作家创作活动的认识性和实践性分割开来，企图用形象化的表现手法去传达排除了生活感性形态的赤裸裸的概念，正是造成模式化的一个主要原因。

以上是我对于那篇评论文章的答辩。现在要谈谈另一篇商榷文章。这篇商榷文章和那篇评论文章有些论点相反，可以说是从不同角度对我的释义进行了批评。这篇商榷文章认为我"把比兴和塑造艺术形象联系起来是很正确的"，但又指出我把比、兴作为一个概念，是把"比、兴两法"割裂开来，对立起来。因为刘勰并没有把比、兴当作一回事，他在解释比时并没有说只"取象"，而忽视"埋"；在解释兴时，也没有说只"取义"，而忽视"象"。最后断言："我们在研究古代文艺理论家对比兴的解释时，不能简单地把前人的解释和我们今天运用马克思列宁主义对艺术形象或形象思维的解释等同起来。"

除了最后的断言，和那篇评论文章批评我"违反历史主义"一样，由于没有举出任何例证，从而使我无从答辩以外，我觉得，这里的关键问题也还是在于对刘勰的比兴概念究竟应该怎样理解？在回答这个问题之前，我认为我们首先应当注意我在本书上篇中援引的这句话："把一个专门名词用在不同意义上是容易引起误会的，但没有一种科学能把这个缺陷完全免掉。"（《资本论》）除了这种情况，我们还需注意另一情况，这就是我在本书《小引》中曾举出刘勰撰《文心雕龙》一书把"史""论""评"兼综在一起的写作方法。因此《比兴篇》同样贯串着这三方面的内容，有文学史的论述、文学批评的分析和文学理论的阐发。根据上述两种情况，我们再来分析《比兴篇》的内容，就应该考虑下面两个问题：第一，刘勰是不是在不同含义上使用比兴概念？第二，刘勰是不是根据不同历史时期剖析比兴概念的发展演变？我觉得只有首先解决了这两个问题，才能对《比兴篇》作出比较切合实际的剖析。

我在释义中一开头曾指出："根据刘勰的说法，比兴含有二义。分别言之，比训为'附'，所谓'附理者切类以指事'；兴训为'起'，所谓'起情者依微以拟议'。这是比兴的一种意义。还有一种意义则是把比、兴二字连缀成词，作为一个整体概念来看。《比兴篇》的篇名以及《赞》中所谓'诗人比兴'，都是包含了更广泛的内容的。"那篇商榷文章只承认这里提出的头一种解释，不同意后一种解释。认为"毛主席不仅没有把比兴当作是一回事来看待，刘勰也没有把比兴当作是一回事来看待"。诚然，毛主席说的是"比兴两法"，但这并不是在阐释刘勰的观点。问题在于刘勰除了分论比、兴外，是不是也把比、兴连缀成词，作为一个整体概念？如果回答是肯定的，根据又在哪里？我在释义中提出的理由是《比兴篇》的篇名和《赞》中"诗人比兴"的说法。这同样涉及《文心雕龙》的体例问题。创作论诸篇的篇名，往往把两个具有不同意蕴的字组合成为一个词。单独来看，每个字具有特定的含义；合起来看，则两个字组合成为一个完整的新概念。例如,《体性篇》:体,文体也;性,才性也;体性合称则指风格。《风骨篇》:风,情或思也;骨,事或义也;风骨合称则指文学内容的生气灌注。《通变篇》:通言文理之常,变言文理之变,通变合称则指变今法古之术。《情采篇》:情言述情,采言敷采,情采合称则申明文附于质及质待于文的内容与形式的统一关系。《镕裁篇》:镕谓规范本体,裁谓剪裁浮词,镕裁合称则指命意谋篇之法。《章句篇》:章,明也;句,局也;宅情曰章,位言曰句,章句合称则谓文章组织结撰之法。《隐秀篇》:隐言情在词外,秀言状溢目前,隐秀合称大致是申明言有尽而意无穷之旨(本篇为残文,姑以意推之)。我觉得上述定篇命名之法是创作论诸篇篇名的通例。刘勰把两个具有不同(有时甚至相反)含义的词组合成为一个新的概念,说明他已经认识到其间的辩证关系,尽管这还仅仅是一种朴素的观点。我认为《比兴篇》篇名亦从此例。若问刘勰把比、兴连缀成词构成一个新的概念,这个概念的新的内容是什么?我以为本篇《赞》曰"诗人比兴"一段话就是它的新意,而"拟容取心"一语尤可称为其中的精髓。这种论点发前人所未发,而且成为开导后来《金针诗格》《二南密旨》的内外意说以及皎然《诗式》的取象取意说的先河,为我国古代文论增添了新的颗粒。这是不容抹煞的。至于"诗人比兴"是把比兴合称作为一个整体概念,正如上引创作论各篇诸《赞》是把篇名两个字连缀成一个概念来论述一样。这只要看看上引各篇诸《赞》的内容就可以明白,匆烦多赘了。

此外,关于刘勰是不是根据史的观点剖析比兴概念在不同时代的发展演变从而具有不同的意蕴?我的回答同样是肯定的。很显然,《比兴篇》把诗人之比和辞人之比作了严格的区分。所谓"附理者切类以指事"以及"比则蓄愤以斥言"(那篇商榷文章未提后一点,其实它更重要），是指诗人之比而言。可是，照刘勰看来，辞人之比日渐丧失了"蓄愤以斥言"的积极意义，沉醉在喻于声、方于貌之类的手法方面，终于趋向于形式主义倾向上去了。《比兴篇》特地举出大量例子，并加以总括说："若斯之类，辞赋所先，日用乎比，月忘乎兴，习小而弃大，所以文谢于周人。"请注意这里所谓"日用乎比"的比义是什么？难道可以用"附理者切类以指事""比则蓄愤以斥言"去诠释，或者把它们等同起来吗？用马克思列宁主义现有概念去附会自然不对，强前人从己意也不可取。我只能根据这里所谓"日用乎比，月忘乎兴，习小而弃大"，去诠释刘勰把比、兴对举并对它们加以或褒或贬的评定。这恐怕不能成为我逞臆妄说，"把'比、兴两法'割裂开来，对立起来"，并定它们有"高低、好坏之分"的一种理由。《比兴篇》下文更举出"扬班之伦，曹刘以下，图状山川，影写云物，莫不纤（织）综比义，以敷其华，惊听回视，资此效绩"，更说明这些仅仅从事现实状貌描写的比类和诗人之比泾渭分途、朱紫各别。如果不分时间、环境、条件，把刘勰所说的诗人之比的"附理者切类以指事"当作固定标准，认为"比和'附理'是分不开的"，那么就无法解释上举这些比类客观存在的事实，也无法解释刘勰说的"日用乎比，月忘乎兴，习小而弃大，所以文谢于周人"是什么意思。我在释义中说"作家用喻于声、方于貌、譬于事的手法去进行现实表象的描绘，单凭借自己的知觉就可以胜任了"，正是指这些比类，明明含有贬义。可是那篇商榷文章却把它说成是我的正面主张："他把比说成是描写'个别的、具体的东西'，只要知觉就行了，而兴是摄取'现实意义'，才是理性的认识，这不仅把'比、兴两法'割裂开来，对立起来了，而且实际上就是把典型化的个别化和概括化割裂开来，对立起来了。典型化过程中的个别化和概括化是在文艺创作从感性到理性认识过程中交织进行的，把个别化简单地理解为感性认识阶段,把概括化简单地归入理性认识阶段,认为作家在创作过程中实现个别化时可以不要理性认识,概括化时可以排斥感性材料,这不仅不符合文艺创作规律,用这个办法来套用'比、兴两法'也是不恰当的。"

我是否提出过这类典型化的主张,可从我那篇文章本身去追究,这里不想多作辩解。我只想说明这种误解是由于不仅把刘勰所说的诗人之比和辞人之比混为一谈,并且把我对刘勰所举那些只知描绘现实表象的比类的批评,和我根据刘勰把比、兴作为一个整体概念而提出的拟容取心说所作的阐发纠缠在一起了。造成这种误解的原因,则在于那篇商榷文章有两个不可动摇的原则:第一,比、兴只能是两法。第二,比和理是分不开的。(为了坚持此说,甚至把《诠赋篇》"象其物宜,理贵侧附"的"理"字也当作取心示义的"理"讲,殊不知这个"理"字只是说明"象其物宜之理",和取心示义的"理"是毫不相干的。这是没有顾及古汉语一词多义的特点。)

在创造典型过程中,"把个别化简单地理解为感性认识阶段,把概括化简单地归入理性认识阶段"。这种话我并没有说过。我从那篇商榷文章中才知道有这种提法。我认为把创造典型过程分为个别化和概括化的提法并不科学。我在自己那篇文章的附释二中只是提出:"由个别到一般,又由一般到个别,这两个互相连接的过程是不可分割的。""作家的认识活动总是由个别到一般,又由一般到个别这两个互相连接的过程,循环往复地进行着。"不过,那篇商榷文章既然提到感性认识和理性认识问题,这里我也想谈谈我自己的一点看法。我认为对个别事物的感性认识,并不是和理不可分的。固然,对于任何具体事物的感性认识所构成的感觉或印象——比如"这朵花是红的""这火炉是热的""这个球是圆的"等等都可构成"个别是一般"的直接判断形式。"这朵花"是个别的,"红"是一般的,因为红不仅仅适用于这朵花，还有许多别的花、别的东西也是红的，从而"红"成为一种共相。我们的感性认识所以能构成具有"个别是一般"的共相内容，是由于人类在儿童时期就已在头脑中形成了概念，它作为一根引线潜在于对个别事物的感性认识中。但是，尽管如此，我们仍旧把这种具有直接判断形式的感觉或印象叫作感性认识，而不能把它叫作理性认识。因为理性认识必须凭借思想的抽象作用，从感性事物抽绎出其中的本质和各种属性间的内在联系。可是在"这朵花是红的"这种可以构成直接判断形式的感觉里，"红"仍属一种可感觉的外在属性，这种外在属性无须通过思想的抽象作用，只要单凭知觉就足够了。因此，这里作为谓词的共相仍是感性的。其间的主词和谓词的关系并不是实在和概念的关系。而在理性认识的判断里，主谓关系则必须是实在和概念的关系。我们必须注意：具有个别是一般的认识内容是一回事，知道个别是一般的认识内容又是一回事。我们必须把两者加以严格的区别。前者属于感性认识，而后者才属于理性认识。根据上述理由，我认为刘勰所批判的那些"习小而弃大"，只知模山范水、影写云物、一味描写现实图貌的作家只凭自己的知觉就可胜任了。这种比类并不是和理不可分的。

至于那篇商榷文章说："刘勰在解释比时，并没有说只是'取象'而忽视'理'；在解释兴时，也没有说只'取义'而忽视'象'。"这意思说刘勰认为比是取义取象，兴也是取义取象（义、理二字可通），比、兴在这一点上完全一样，只是一种同义反复。这不仅违反了《比兴篇》侧重于论述辞人之比徒知取象的事实，而且也无法解释篇中针砭时弊，关于"兴义销亡"、"比体云构"的感叹，以及颂扬屈原"三闾忠烈""讽兼比兴"的赞词。如果再对照上面援引过的"日用乎比，月忘乎兴，习小而弃大"，以及《赞》

中的"拟容取心"等等说法,我以为我在释义中阐述刘勰的观点是从取象方面去说比义,从取义方面去说兴义,并不是没有根据的。刘勰赋予比兴的这种意蕴,用马克思列宁主义的现有观念去比附自然不行,用我们认为妥切的比兴概念去强解也解不通,我以为只能实事求是地探讨刘勰的原旨,尽可能把它的本来面目揭示出来。如果说刘勰认为比、兴在取义取象上完全一样,只是一种同义反复,那么,怎样去解释我作为根据的上述种种说法呢?所谓"兴义销亡""比体云构",明明是在批评轻内容重形式的倾向。所谓"三闾忠烈""讽兼比兴",明明是把比、兴视为两个不同概念,而这两个概念不能是同义反复的。所谓"日用乎比,月忘乎兴,习小而弃大",更是清楚说明比兴是有高下之分的。我以为"习小"就是指徒知取象这方面,"弃大"就是指舍弃取义这方面。因此,对于《赞》中提出的"拟容取心",我在释义中作了这样的解释:"'容'指的是客体之容,刘勰有时又把它叫作'名'或叫作'象';实际上,这也是针对艺术形象所提供的现实表象这一方面。'心'指的是客体之心,刘勰有时又把它叫作'理'或叫作'类';实际上,这也就是针对艺术形象所提供的现实意义这一方面。'拟容取心'合起来的意思就是:塑造艺术形象不仅要模拟现实的表象,而且还要摄取现实的意蕴,通过现实表象的描绘,以达到现实意蕴的揭示。现实表象是个别的、具体的东西,现实的意蕴是普遍的、概念的东西,而艺术形象的塑造就在于实现个别与普遍的综合,或表象与概念的统一。这种综合或统一的结果,就构成了刘勰所说的艺术形象的'称名也小,取类也大'——个别蕴含了普遍或具体显示了概念的特性。"这是就刘勰把比、兴连缀成词,构成一个整体概念,提出"拟容取心"说所作的阐述。

最后我想作些说明:我那篇《释〈比兴篇〉拟容取心说》,题名曰释，顾名思义，自然属于释义性质。它的任务在于阐明刘勰原旨。在阐述过程中，也有我自己的意见，但这种意见只限于剖析和考辨范围（我把自己对它的批判写在附释中，而这种批判也仅仅限于艺术方法方面。因此，不能把揭示刘勰原旨的释义作为我的主张。例如：那篇评论文章既不能否定我阐释刘勰的"比显而兴隐"具有明喻、隐喻的意蕴，却又把它说成好像是我现在提倡的主张，而不顾及我在附释中对刘勰的譬喻说的批判）。也不能因为我为《比兴篇》作释义就认为我"把'比兴'和'形象思维'等同起来"，或者认为我把刘勰对于比兴的阐发看作是前人论述中的典范。那篇评论文章和那篇商榷文章都用朱熹关于赋、比、兴的解释作为衡量我的释义的尺度，我以为就含有这种意思。我那篇文章只是全书中的一章，它的目的在于阐发刘勰的理论在我国古代文论史的长河中所具有的意义，不能要求它包括我国古代文论的全部内容。现在可以顺便说一下，我认为较《文心雕龙》晚出的朱熹的赋、比、兴说，在阐述作诗的表现方法问题上把叙述和描写联系起来，是更完满一些。但如果因为毛主席援引朱说，就把朱熹的三经三纬说句句奉为圭臬，以为一字不可更易，那也不是科学的态度。那篇评论文章和那篇商榷文章都重复或援引了我在附释中关于刘勰"恪守传统的儒家思想"以及他曲解《关雎》《鹊巢》的批判（但关于后者我不同意那篇评论文章所说的"完全是上了《毛诗》和《郑笺》的当"，因为如果承认刘勰本人恪守儒家思想，那就谈不到他上当不上当的问题），并且以此作为批判刘勰的比兴说的一个理由。可是对于朱熹的三经三纬说连一个字也不去碰。我觉得这也不是科学的态度。固然，朱熹在一定程度上打破了汉代经生解《诗》的框框，从而在客观上廓清了笼罩在《诗经》民歌上的某些迷雾（不过，朱熹除了把"风"解作"风谣"，指出哪些是所谓"淫诗"，并没有正面肯定

《诗经》民歌的价值),但他也是儒家的一位道学夫子,他释《关雎》说:"周之文王生有圣德,又得圣女姒氏以为之配。宫中之人,于其始至,见其有幽闲贞静之德,故作是诗。"释《鹊巢》说:"南国诸侯被文王之化,能正心修身以齐其家,其女子亦被后妃之化,而有专静纯一之德。故嫁于诸侯,而其家人美之曰:维鹊有巢,则鸠来居之,是以之子于归,而百两迎之也。"(《诗集传》)试问这和刘勰说的"《关雎》有别,故后妃方德。尸鸠贞一,故夫人象义",又有什么区别呢?朱熹解赋、比、兴,简要明快,在前人诸说中通俗易晓,可为一家言(这是就作诗的表现方法而论,并不指它对六诗或六义原旨的考辨)。但这也并不等于说他的三经三纬说完满无缺,就再不容有讨论的余地。相反,我们应该在前人的基础上,使这个问题的研究更向前发展才对。关于朱熹对比、兴的界说,清人姚际恒《诗经通论》曾谓:"郝仲舆驳之,谓'先言此物'(兴)与'彼物比此物'(比)有何差别!是也。"我觉得,这种意见也可以讨论。至于朱熹用他给赋、比、兴所作的界说去解释《诗经》,确实往往有解不通的地方。前人和近人关于这方面都有大量的论述,我觉得同样也可讨论。这对于我们更进一步弄清六诗或六义说,以及更进一步探讨我国古代文论中作诗表现方法问题,都是有益的。这些问题不是一两篇文章就可解决,而需要大家共同努力,不断深入探讨。

# 释《镕裁篇》三准说
## ——关于创作过程的三个步骤

《镕裁篇》说:"履端于始,则设情以位体;举正于中,则酌事以取类;归余于终,则撮辞以举要。"刘勰在这里借用《左传》"始""中""终"(见"文公元年")的说法,以表明文学创作过程可分为"设情""酌事""撮辞"三个步骤。

黄侃《札记》论述"三准说"云:"舍人本意,非立一术以为定程,谓凡文必须循此所谓始中终之步骤也,不可执词以害意。舍人妙达文理,岂有自制一法,使古今之文必出于其道者哉?……章实斋《古文十弊》篇有一节论文无定格,其论闳通,足以药拘挛之病,与刘论相补苴。"

黄侃向来是反对以"意在求胜"的态度去讥弹昔作、诋呵先士的。他曾经在《札记》中说:"后生评论前贤,若非必不得已,原不必妄肆诋媒,载之素笔。"因此,他对于刘勰的"三准说"小心地回避作正面的批评,采取了一种弥补方式去抉摘其误。他并不说刘勰揭橥的"三准说"近于刻板的定程,而只是说刘勰自己也没有把"三准说"作为普遍的规律看待。他并不说刘勰的"三准说"和章实斋的"文无定格论"相矛盾,而只是说倘用后者补苴前者就足以救治"拘挛之病"了。这种善意的回护,苦心的指摘,虽然为了表示论者的谦逊,但是反而使问题模糊起来。刘勰把创作过程的三个步骤命名为"三准","准"也就是准则的意思。

文学的创作过程是作家的艺术思维活动,它是内在的,不像物质生产过程那样清晰、明白。一匹布的生产从采集原料,机器操作,直到变为成品,这一系列的工序都可以看得见。但是一首诗最初如何在诗人的心里面受胎、成熟,却是看不见的。我们只能看到作家已经写在纸上的创作成果,而看不见作家在内心进行着的创作过程。因此,过去许多人一直把文学的创作过程看作是不能加以科学分析的神秘现象,黄侃就是本着这种看法去评述刘勰的"三准说"的。

但是,刘勰却并不否定文学创作的方法。《总术篇》曾经明言:"文场笔苑,有术有门。"又说:"执术驭篇,似善弈之穷数;弃术任心,如博塞之邀遇。"在这里,刘勰以下棋和赌博对举,来说明文学创作的两种态度。"借巧傥来"的"博塞之文",不讲究方法,只是碰运气下注。相反,"术有恒数"的"善弈之文",虽然也随机应变,下法着着不同,并不遵循刻板的定程,但这正是掌握了方法,从而得心应手、运用自如的结果。刘勰说"心总要术""应机立断","因时顺机,动不失正",就是要求作家把方法融会于心,加以灵活运用。这种看法和章实斋的"文无定格论"并不相悖。章实斋固然反对文章作法式的刻板定程,提出了"文成法立,未尝有定格"的主张;但他同时接着又说"无定之中有一定焉",并不抹煞方法的存在。

刘勰也具有同样见解。《总术篇》"思无定契,理有恒存",即申明此旨。照刘勰看来,不同作家在创作过程中尽管有着千变万化、各自不同的特点,但是,归根到底,都可以用"设情""酌事""撮辞"三个步骤去加以说明。

首先，从"设情"方面来说。作家是在创作冲动的推促下去进行创作的。刘勰认为，人类生来就有不学而能的"人情"（此说《刘勰的文学起源论与文学创作论》一章中曾作过剖析），作家以此为根本，在和大自然的接触中得到一种深刻感受，盘踞在自己的心田里，排遣不掉，驱散不开，这就是推动作家行动起来的动力。《物色篇》开头有一段描写说明了这种情况："春秋代序，阴阳惨舒，物色之动，心亦摇焉。盖阳气萌而玄驹步，阴律凝而丹鸟羞，微虫犹或入感，四时之动物深矣。若夫珪璋挺其惠心，英华秀其清气，物色相召，人谁获安？"作为创作行动的感受，也就是刘勰所说的"设情以位体"。在这里，"情"是指经过了作家长期孕育、酝酿产生出来的情志。作家心中洋溢着某种情志，渴望把它表现出来，使人人都能像自己一样清楚地感受到，这就是创作过程的第一个步骤。

其次，从"酌事"方面来说。紧接着上面一步，作家凭借生活中的记忆唤起了想象活动，逐步摆脱了开头萌生在自己心中的情志的普泛性和朦胧性，使之依次转化为具体的事类，然后再听从情志的指引，把它们熔铸成鲜明生动的意象，使"事切而情举"。这就是刘勰所说的"酌事以取类"。所谓"酌事以取类"，意思也就是说，作家经过"权衡损益，斟酌浓淡"的过程，把原来分散开来的纷纭杂沓的事件，变成"首尾圆合，条贯统序"的意象。《事类篇》曾就这方面提出如下的原则："是以综学在博，取事贵约，校练务精，捃理须核，众美辐辏，表里发挥。""故事得其要，虽小成绩，譬寸辖制轮，尺枢运关也。"这些意象是个别的"事"，又是普遍的"类"。最初萌生在作家心中的情志是普泛性的（刘勰称为"思绪初发，辞采苦杂"），作家扬弃了它的普泛性和朦胧性，使之转化为具体的事类，再重新过渡到普遍性方面来（刘勰称为"情固不繁，辞运不滥"）。不过，后一种普遍性却与个别性结合在一起了（刘勰称为"称名也小,取类也大")。到了这时候,作家虽然还没有把这些意象写到纸上,但已成竹在胸,水到渠成。他可以清楚地看到它们以各种生动的姿态呈现在自己面前。陆机《文赋》说"情瞳昽而弥鲜,物昭晰而互进",即指这个阶段而言。这就是创作过程的第二个步骤。

最后,从"撮辞"方面来说。这也就是作家如何把自己酝酿成熟的构思表现出来的问题。作家应该根据"以少总多"的艺术表现原则,以从容不迫的态度去直抒胸臆,而用不着任何人工的雕琢。这就是刘勰所说的"撮辞以举要"。只要作家的构思是成熟的、充实的、明确的,他就可以自然而然地赋予它以恰当的形式。《神思篇》"驯致以绎辞"("绎"字据黄叔琳校改),要求作家顺自然之致发为文词,即阐明此旨。因此,作家不能离开内容去追求独创的风格,因为这只会带来矫揉造作;不能用华丽的辞句去掩饰内容的空虚,因为这只会造成以艰深文浅陋的后果。用刘勰的话来说,这就是"采滥辞诡,则心理愈翳。固知翠纶桂饵,反所以失鱼"(《情采篇》)。所以,在整个创作过程中,这最后一个步骤是被前面两个步骤所决定的。《神思篇》"意授于思,言授于意,密则无际,疏则千里",就是为了阐发此旨。在这里,"思"相当于"情志";"意"应解释作"意象"(亦即《神思篇》上文所说"独照之匠,窥意象而运斤"的"意象"),相当于"事类";"言"相当于"文辞"。照刘勰看来,作家如果做到"因内而符外""依经以正纬",那么辞就可以达理,言就能够尽意,从而使"思""意""言"三者之间产生一种"密则无际"的紧密联系。相反,作家如果本末倒置,为文造情,言与志反,不能循序而进,违反了创作过程的应有步骤,那么就会使"思""意""言"三者之间发生矛盾,从而变成"疏则千里"的现象了。

从"情志"转化为"事类",再由"事类"发挥为"文辞",这就是刘勰所标明的文学创作过程中的三个步骤。自然，上述创作过程是一种概括出来的抽象，只能作为实际创作活动的大体描摹，实际创作活动要复杂得多。不同作家的创作过程在体现这三个步骤的时候有着千变万化的表现。从另一方面来说，实际创作活动也不像上面所揭示的步骤那样整齐有序。有时它会呈现为某种局部的、交错进行的现象，有时它会形成为某种表面上的反复深化过程。

[附释一]

## 思意言关系兼释《文心雕龙》体例

过去注释家对《神思篇》"意授于思，言授于意，密则无际，疏则千里"四语，多未遑细审，没有给予明确的解释。表面看来，"密则无际""疏则千里"是两个截然相反的判断。刘勰究竟认为"思""意""言"三者可以沟通一致，还是格格不入呢？仅仅根据这几句话本身是不能作出答案来的。但是，我们倘使能够明白上文所说"物沿耳目，而辞令管其枢机。枢机方通，则物无隐貌"是刘勰对于思想和语言关系的根本看法，那么就可以推断他认为"思""意""言"三者是可以沟通一致了。

"密则无际"是就"思""意""言"关系的正常状态而言。"疏则千里"是就"思""意""言"关系的反常状态而言。在这里，刘勰正是用"思"（情志）—"意"（意象）—"言"（文辞）来预示他后来提出的"三准说"，以表明"设情以位体"—"酌事以取类"—"撮辞以举要"三个步骤。这两种说法异语而同义，事实上，它们都代表刘勰对于文学创作过程的同一看法，亦即他经常提到的"因内而符外"或"依经以正纬"的主张。照刘勰看来，一个作家如果能够在创作过程中遵循"设情以位体"——"酌事以取类"——"撮辞以举要"的正常步骤，就可以使"思""意""言"三者"密则无际"。反之，如果打乱了这三个步骤的正常秩序，就必然会出现"疏则千里"的反常现象了。

我认为"意授于思，言授于意"预示了《镕裁篇》"设情以位体"——"酌事以取类"——"撮辞以举要"三个步骤，是根据我对于《文心雕龙》一书的体例和方法作出的判断。这里可以附带说明一下。《神思篇》是《文心雕龙》创作论的总纲，几乎统摄了创作论以下诸篇的各重要论点。前者埋伏了、预示了后者，后者则进一步说明了、发挥了前者。范文澜《文心雕龙注》曾经列表阐明《文心雕龙》以《神思篇》作为创作论总纲的体系，指出其间脉络联系，剖析极为分明，读者可以查考。下面我再举几个例子来详细说明：

| 《神思篇》 | 创作论其他各篇 |
|---|---|
| "思理为妙，神与畅游。" | "物色之动，心亦摇焉。""岁有其物，物有其容；情以物迁，辞以情发。""是以诗人感物，联类不穷，流连万象之际，沉吟视听之区；写气图貌，既随物以宛转；属采附声，亦与心而徘徊。"（《物色篇》） |
| "秉心养术，无务苦虑；含章司契，不必劳情。" | "心虑言辞，神之用也。率志委和，则理融而情畅；钻砺过分，则神疲而气衰，此性情之数也。""是以吐纳文艺，务在节宣，清和其心，调畅其气，烦而即舍， |

"博见为馈贫之粮，贯一为拯乱之药，博而能一，亦有助乎心力矣。"

"情数诡杂，体变迁贸。"

"物以貌求，心以理应。刻镂声律，萌芽比兴。"

"心总要术，敏在虑前，应机立断。"

"神用象通，情变所孕。"

勿使壅滞。"（《养气篇》）

"是以将赡才力，务在博见，狐腋非一皮能温，鸡蹠必数千而饱矣。是以综学在博，取事贵约，校练务精，捃理须核，众美辐辏，表里发挥。……用事如斯，可称理得而义要矣。故事得其要，虽小成绩，譬寸辖制轮，尺枢运关也。"（《事类篇》）

"摹体以定习，因性以练才。"（《体性篇》）

"诗人比兴，触物圆览。物虽胡越，合则肝胆。拟容取心，断辞必敢。"（《比兴篇》）

"是以执术驭篇，似善弈之穷数。""善弈之文，则术有恒数。按部整伍，以待情会，因时顺机，动不失正。数逢其极，机入其巧，则义味腾跃而生，辞气丛杂而至。"（《总术篇》）

案：这句话指出"神思""情采""比兴"三者之间的关系。"神用象通"是说意象由想象的运用而形成。"情变所孕"是说运用想象所以能够形成意象，关键在于情志（因为它们是由情志孕育出来的），从而归结到《情采篇》所说的"为情造文"上去。

[附释二]

## 文学创作过程问题

在外国文艺理论家方面,别林斯基曾论述过文学创作过程问题,兹摘录如下,以备参考。

别林斯基在《论俄国中篇小说和果戈理君的中篇小说》中说:"艺术家感觉在自身里面有一种被他所感受(conçue)的概念,可是如一般所说,不能够明显地看到它,由于要使它对己对人变得可被触知而感到十分痛苦,这便是创作的第一步。……他关切而痛苦地把它保持在自己感情的幽秘殿堂里,像母亲怀着胎儿一样;这概念逐渐呈现在他的眼前,化为生动的形象,变成典范。……这些形象,这些典范,挨次地胚胎、成熟、呈现;最后,诗人已经看见了它们,和他们谈话;熟知他们的言语、行动、姿态、步调、容貌,从多方面整个儿看见他们,亲眼目睹,清楚得如同白昼迎面相逢。……这便是创作的第二步。然后诗人再把一切人都能看见并了解的形式赋予创作;这便是创作的第三步,也是最后一步。这一步不十分重要,因为它是前二步的结果。"(用满涛译文,引用时略加删节。)

别林斯基在他的三个步骤说中认为整个创作过程的起点是"概念"。他在其他地方又把创作过程概括为"从概念出发又回到概念上去"这样一个公式。至于这"概念"是怎样发生的呢?据他解释是由创作的要求所引起的,而创作的要求却是"突然地、出乎意外地、不得许可并且完全跟艺术家意志无关地降临到他身上来的,因为他不能指定哪一天、哪一小时、哪一分钟来进行创作活动"。别林斯基把这种情况说成是"神秘的灼见、诗的梦游病",而没有指出作为创作过程起点的"概念"来自何处。在这一点上,他似乎受到黑格尔所谓美是"理念在感性事物中显现"的美学观点的影响。

不过,这里需要顺便说一下,别林斯基始终不是一个正统的黑格尔派。纵使在他早期的时候,他的许多观点也是和黑格尔的美学背道而驰的。他曾经在写给友人的信中说过,当问题涉及艺术的真理时,"我的勇敢和大胆甚至达到了这种地步,就是黑格尔的权威也不能加以约束……"事实上也的确如此。黑格尔美学强调矛盾的和解,认为真正的艺术只应该给我们一种本身和谐、宁静的印象,而不应在读者心中唤起破坏这种和谐、宁静的诸如仇恨之类的感情。因此,他认为《雅典的泰门》是莎士比亚的失败之作。黑格尔十分推崇希腊悲剧人物式的坚强性格。虽然泰门也具有坚强性格,但他是一个愤世嫉俗的人,他的主要情欲是仇恨。照黑格尔看来,仇恨是破坏和谐、宁静的,所以是不美的。不仅如此,黑格尔也不赞成艺术去表现平凡的生活,他把平凡的生活称为"枯燥的散文"。可是别林斯基所揭橥的自然派理论,却猛烈地抨击了艺术是装饰自然的传统观点,主张艺术必须批判现实生活中的邪恶。他和黑格尔恰恰相反,对《雅典的泰门》表示了赞美,而且更重要的是他强烈要求把那些从不许混迹于艺术之宫的平凡的"下等人"引进艺术领域。他抛弃了传统美学中的陈腐观点,包括黑格尔也遵循的艺术只应表现美的对象在内。别林斯基对于文艺理论所作出的贡献,在于他独立地总结了普希金、莱蒙托夫、果戈理等人的艺术成果而建立起自然派的文艺理论。他也接受了黑格尔的巨大影响,但遗憾的是这反而成了他的束缚,因为他所吸取的往往更多的是黑格尔的思辨结构。我们也许可以把这一点归因于他只是通过友人的转述,而不能直接读到黑格尔的著作。

别林斯基把创作过程规定为"从概念出发又回到概念上去"这样一个公式，无疑是从黑格尔那里来的。黑格尔美学的思辨结构是建筑在理念的自我综合、自我深化和自我运动上面。别林斯基的这个公式正是套用了黑格尔美学的思辨结构，因此他把创作过程也规定为概念的自我运动过程。不过，别林斯基正像他在吸取黑格尔美学时经常显露出的弱点那样，他的这个公式只是对黑格尔美学的粗糙的模仿，而并没有透过他的思辨形式去探讨其中的现实内容。

黑格尔的《美学》没有正面阐述艺术的创作过程，但他在《理想的定性》中详细地阐述了理念经过了怎样自我发展的过程而形成具体的艺术作品。他把这一过程也规定为三个步骤，即：情况—情境—情节。黑格尔认为情况即"一般世界情况"，是人物动作（情节）及其性质的前提。他认为艺术的理想不能停滞在作为普泛概念的普遍性上，而必须转化为具有实体性内容的普遍力量。普遍性实现其自身于特殊的个体中，这就是理想的定性。这种实体性的普遍力量怎样才能成为可供感性观照的艺术作品呢？它必须实现自己，通过动作及一般运动和活动展示出来。这种动作或活动的场所或前提就是"情况"。他说："情况只能形成个别形象表现的可能性，还不能形成个别形象表现本身。所以我们所看到的只是艺术中有生命的个别人物所借以出现的一般背景。"黑格尔关于情况的论述是很晦涩的。他认为只有在古希腊史诗时代，具有实体性内容的普遍力量才完全体现在个人的活动中，从而显现了个体的独立自足性，而在现代的散文生活中，普遍性与个体性形成了分裂状态，个性只有在局限的狭窄范围内才显出自由自在。所以他认为古希腊史诗时代是体现艺术理想的楷模。总的说来，他对情况的说明是从和谐、宁静这种观点出发的。这应归因于他的思辨结构，因为照他看来，情况在三个环节中尚处于最初的自在阶段，其发展尚未明显，其涵蕴尚未显露，因此还只是混沌的统一体。可是，事实上作为普遍性的情况只能形成个别形象表现的可能性，而不能成为激发人物动作的直接推动力，原因并不在于一般世界情况并不存在矛盾，而是在于这情况是最根本、最普遍的矛盾。虽然每个社会成员都受到这同一普遍矛盾的影响和支配，但只有当它体现为特殊矛盾时，才能成为激发人物行动的直接因素。

　　只有在情境中，才能把情况所规定的人物及其行动表现的可能性转化为现实性。黑格尔说：情境就是"情况的特殊性，这情况的定性使那种实体性的统一发生差异对立面和紧张，就是这种对立和紧张成为动作的推动力——这就是情境及其冲突"。在这里，黑格尔把情境作为混沌统一体发生差异对立面的结果是不正确的。不过，他把情境作为情况的特殊性，把情境及其冲突作为个别人物动作的推动力，这种见解是深刻的。因为艺术创作如果只从一般世界情况去把握人物，而不从具体的情境去把握人物，只着眼于矛盾的普遍性，而无视矛盾的特殊性，那么这往往是造成概念化倾向的根源之一。就人物性格表现来说，冲突只能发生在特殊性的规定情境之中。黑格尔说："发现情境是一项重要工作，对于艺术家也往往是件难事。"人物性格离开规定情境就不能得到表现。怎样选择适当的特定情境及其冲突恰到好处地来显示人物性格，使人认识到这是怎样一个人，确是不容易的。情境克服了情况的普泛性，和人物的具体处境、生活、遭遇结合起来，成为激发人物行动的机缘和动力。所以，情境及其冲突对于人物来说，是使他不得不行动起来的必然趋势。在情况中，具体的、特定的冲突尚未定型，情况只是冲突的基础和根据。在情境中，冲突的必然性变成了人物的内在要求，和他的心情紧密地结合在一起。

　　但是，情境只是激发人物行动起来的机缘和动力，情境本身还不是行动。发出行动的是人。动作的蓄谋、最后决定和实际完成都要依靠人来实现。在情境及其冲突的激发下,人究竟怎样行动起来?性格的差异往往在相同的情境中使他们发生千差万别的动作和反动作。在这里,人物的个性起着决定作用。所以,必须再由情境进入"情节"。情节即动作,是以人物性格为中心的。人物性格属于个体性范畴。按照黑格尔的说法,个体性就是"主体"和"基本","包含有种和类于其自身"。矛盾的个别性包含着矛盾的普遍性(种)和矛盾的特殊性(类)于自身之内。倘使把黑格尔这个说法加以阐发,那就是人物一方面体现着作为社会关系的总和,另一方面也体现着表现时代矛盾的特定冲突和纠纷。这两方面都要通过主体的动作或反动作显现出来。黑格尔把冲突激起人物行动起来的内在要求,借用古希腊人所说的 παθos 一词来表达。大体说来,黑格尔用这个词以表明特定时代的具有普遍性的伦理观念,但这种观念在人物身上不是由理智,而是由渗透着理性内容的感情表现出来。关于 παθos(《美学》中译本译作"情致",也有人据此词的转译 Pathos 译作"激情"或"动情力",均不够妥切,笔者觉得译作"情志"似较惬恰)这个概念黑格尔作出了精辟的阐述,是值得我们注意的。黑格尔有时又把这个概念称为"神圣的东西""神的内容"或索性就是"神"。这些神秘说法往往使人难以索解。细绎其旨,我们可以看出:这是黑格尔从他认作是艺术理想时代的希腊艺术中概括出来的。因为在古希腊艺术中,无论是雕刻、史诗或悲剧,神纵然不是唯一的,也是最主要的艺术表现内容。古希腊人正是用神来表现他们时代具有普遍性的伦理观念的。这样我们就不难理解黑格尔说的下面这段话:"无论把神们(案:这是指希腊诸神,黑格尔把这些神视为各种人格化的情志——引者)看成是外在于人的力量,或是把他们看成只是内在于人的力量,都是既正确又错误的。因为神同时是这两种力量。"表面看来，这似乎近于戏论，但是如果把它那披着神秘外衣的晦涩语言翻译出来，它的意蕴还是可以理解的。反映时代精神的、具有普遍性的伦理观念，不是由个别人所形成，并不以他的意志为转移，所以对他来说是外在的。但是个别人不能脱离他的时代，他的性格被他那时代具有普遍性的伦理观念所浸染，形成他自己的情志，所以对他来说又是内在的。通过情志，黑格尔使人物性格和他的社会时代联系为一有机的整体。

以上我们综述了黑格尔论述艺术作品形成的三个环节的内容要旨。在综述过程中经过了清理和批判，以便尽量使其合理的内容得到科学的表现。至于黑格尔本人却并没有作出这样明确的论断。有些观点是从他的辩证逻辑必然引出的结论。对于其中必须扬弃的某些思辨成分，我们在综述过程中有的已经指出过了。这里再总括地说明一下：贯串在黑格尔三个环节中的主线是理念的自我深化运动。按照他的思辨结构，艺术理想（理念）要实现自己，取得定性的存在，必须否定自身作为普泛概念的普遍性，转化为具有实体性的内容，这就是"情况"。情况发生了差异对立面，揭开了冲突和纠纷，从而否定了原来的混沌的统一，这就是"情境"。在情境中，作为主体的人物发出反应动作，使差异对立面的斗争得到解决，达到矛盾的消除，这就是"情节"（或动作）。不难看出，在这三个步骤中，每一步骤都是对前一步骤的否定，而每一否定都使艺术理想自我深化运动前进一步，从而构成自在—自为—自在自为这样一个逻辑公式。黑格尔为了把艺术理想的自我深化运动纳入这个公式中，使用了思辨哲学的强制手段，因而使他在叙述每一环节的过渡时都显得牵强而晦涩。可是，只要用科学的观点打破他的体系，我们就可以发现在黑格尔思辨结构的框架中蕴含着某些辩证观点，从而包含了某些非思辨的现实内容。这一点，我们只要把黑格尔的三个环节和别林斯基的三个步骤作一比较就可以看出。虽然两者都是把理念的自我深化运动作为艺术作品的形成过程,但别林斯基的论述不仅比黑格尔贫乏,而且后者所含有的某些合理因素也是前者所没有的。最突出的一点,就是黑格尔始终从社会时代背景上来考察人物性格,把人物和环境联系在一起。

黑格尔关于普遍性、特殊性和个别性三范畴辩证关系的论述是他的逻辑学概念论(或译为总念论)中的精华。

他在《小逻辑》中曾用一句概括的话说:"一切事物都是一推论(或译推理)。"意思是指任何事物都蕴含着普遍性、特殊性和个别性的辩证关系。他根据这一原理阐明了形成艺术作品的三个环节:情况(普遍性)、情境(特殊性)、情节(个别性)。对于黑格尔的这一理论,这里总括地说明以下几点:一、黑格尔由客观唯心主义思想体系出发,把这三个环节作为理念的自我深化运动。与黑格尔相反,我们必须把被黑格尔头脚倒置的关系颠倒过来,使这三个环节建立在现实基础上,即把情况、情境和情节正确地理解作现实世界的普遍性矛盾、特殊性矛盾和个别性矛盾。它们不是任何精神的外化,而是客观社会存在。二、黑格尔美学的思辨结构采取强制手段,把这三个环节硬性规定作由情况到情境再到情节的刻板定程。但是,事实上作家进行创作并不一定依循这种先后次序。作家在酝酿构思的时候,可能以表现时代社会普遍矛盾的情况为起点,也可能以表现某一事件特殊矛盾的情境为起点,或者也可能以表现某种性格个别矛盾的情节(人物动作)为起点。恐怕最后一种情形反而更符合大多数作家的创作经历。这一点,如果说像黑格尔这样博学深思的思想家竟然未能察觉,显然是难以令人置信的。他所以没有顾到这样简单的事实,只能归咎于他固执地为了构成自己的体系的缘故。三、黑格尔提出的三个环节是辩证地联系在一起的。作家酝酿构思时以哪一个环节为起点，这要根据每个作家的具体情况来决定。但是有一点必须明确，作家无论以哪一个环节为起点，都必须以这个环节作为中介，来沟通其他两个环节。例如，倘他以情况为起点，那么他就必须以情况作为表现某一事件特殊矛盾的情境和表现某种性格个别矛盾的情节的中介，使三个环节融为有机的整体。如果以情境作为构思的起点，或者以情节作为构思的起点，也都同样必须以这个起点作为中介，来沟通其他两个环节，把三者融为有机的整体。这样，作家在文学创作中才不至于使人物和环境脱节，形成只是空泛地去表现时代的重大事件而把人物变成丧失个性的模糊影子，或者相反，只是孤立地从事性格分析而不能通过人物去反映社会的宏伟背景。

## 《文心雕龙创作论》第二版跋

本书重版时我作了一些修订。我曾经说过,我不赞成章太炎晚年手定文集时一再刊落删定的办法。这是出于存真的考虑:这样可以使作者在特定历史条件下所写的文字保留原有风貌,以便读者参照作者前后不同时期的文字以窥其演变之迹。

这本书是在"文革"前基本完稿的。一九七九年出版时我在《后记》中说,我没有做过什么修改。现在本书将印行第二版,我仍本初衷,除在少数文字上做了一些修订,所有的观点,纵使有错误,我也未动,让它们照原来样子重印。不过,在这三四年中,《文心雕龙》的研究取得了不少进展,我的思想也有所发展,不可能仍停留在原处。凡某些必要加以补充或说明或纠正的,我都以"二版附记"的形式附于篇末。这也是仿照本书《小引》所举阎若璩《古文尚书疏证》的体例。

回顾四年多前,本书的一章先以单篇论文在杂志上发表时,虽然得到一些至今使我感念不已的默默支持,但也遭到不少苛刻的挑剔吹求。某些责难因其无理地上纲上线、戴帽穿靴而难以令人心折,可是由于没有击中要害,却也并不使我怎么懊丧。这本著作是企图在《文心雕龙》的研究上(或者可以说,在我国古代文论的研究上），采用新方法，作出一点尝试。为此，我曾经过多年的思考。当我让它走入世间与广大读者见面的时候，我是有充分心理准备的。对于我们文论研究领域内的因袭成见，我深有体会。对于我自己可能碰到的困难，我也并非茫然无知。我期待实践的检验，渴望听到读者的认真批评。纵使这批评是毫不容情的，我也将心悦诚服地用来进行自我反省，因为我知道这种批评出于对真理的追求。但是，对于那种舆论偏见，或者如黑格尔所指摘的那种愈是空疏，愈是理智上衰竭无能，就愈显出一种压倒千古大哲的虚骄之气的评论，我觉得，我当以那些坚贞的理论工作者为楷模，无论是现在或将来，绝不对之妥协让步。但我也不准备纠缠在无助于推动理论前进、只是为了逞强好胜的无谓争论之中。

近两三年来，这本著作逐渐得到了一些不怀偏见的评论。不少读者、同行和前辈来信给我以勉励。报刊上除披载了几篇评论本书的专文外，有些文章虽不以本书为对象，却附带涉及本书的观点和方法，予以奖饰。自然，也有些文章和我进行认真的商榷。我感到欣慰的是，我提出的某些观点逐渐为人所探讨。例如，在论述刘勰身世问题时，我提出刘勰属于庶族（在此以前均称刘勰为士族）。对于这一说法，季羡林先生于一九八一年曾来信表示赞同，并提供了进一步研究的线索。他在信中说："讲到刘勰身世，从士庶区别方面立论，很有卓见。我忽然想到陈寅恪先生在几篇文章中都谈到天师道的问题。看刘勰家世好像也信奉天师道。刘穆之、刘秀之，两辈都用'之'字排行，与王羲之家及其他许多家相似。天师道对刘勰的思想是否也有关系？颇值得探讨。"天师道问题确实值得研究，它不仅关系到刘勰家世（刘勰一支无排行"之"字者。范老曾注意这一点而未申论。倘进一步探讨，甚至可能推翻本传所述刘勰的世系），而且也关系到刘勰的思想。但我因事冗少暇，对这一问题未加深究，而其他研究者也未论及。这里附带提一笔，希望这一问题可以得到注意。此外，关于刘勰属于庶族的看法，更早还得到了周振甫先生的肯定。一九七九年尾，他来信说："大著论刘勰出身庶族，掌握极为丰富的材料，论证极为有力，使人信服，极好。"后来他和牟世金先生都在各自的著作中采纳了此说（前者见一九八一年人民文学出版社《文心雕龙注释·前言》，后者见一九八二年齐鲁书社《文心雕龙译注·引论》）。又如我据一九六九年江苏句容出土的《刘岱墓志》在刘勰世系上增添了刘勰的远祖刘抚及其堂叔刘岱的名字，后来也被人采入自己著作中。再如考定《灭惑论》撰于梁时并由此划分刘勰的前后期思想，这一论证虽至今尚存分歧，但也得到较多人的肯定，如李庆甲、李淼先生等均基本赞同拙说，并对我的一些论据加以补充，作出了比我更精确的论证。至于本书《创作论八说释义》，更引起了较多的反响。这里就不一一赘举了。

我很高兴，有几位评论者细心地注意到我在本书试图采取的科研方法。一九八一年《读书》第二期赵毅衡先生撰文说："一九七九年，或许是我国比较文学研究进入'自觉期'的一年：钱钟书《旧文四篇》《管锥编》前四卷，杨绛《春泥集》，范存忠《英国文学语言论文集》，王元化《文心雕龙创作论》，这些解放后出版物中中西比较文学内容最集中的书籍，都出现于一九七九年。"季羡林先生也是搞比较文学的，他在一九八一年给我的另一信中也说："我常常感到中国古代文论有一套完整的体系，只是有一些名词不容易懂。应该把中国文艺理论同欧洲的文艺理论比较一下，进行深入的探讨，一定能把中国文艺理论的许多术语用明确的科学语言表达出来。做到这一步真是功德无量。你在这一方面着了先鞭，希望继续探讨下去。"

老实说，我对比较文学没有研究。在撰写本书时，我也没有想到采取比较文学的方法（例如比较文学的平行研究法等）。我自以为我采用的方法在本书《小引》中已经交代得十分清楚了。可是，除了钱仲联先生评论本书的那篇专文接触到这一点外（见《文学遗产》一九八〇年第三期《〈文心雕龙创作论〉读后隅见》），它很少被人谈到。我在六十年代的头一二年开始酝酿并撰写本书的时候，正是学术界自由探讨的空气比较活跃的时候，报刊上时或出现一些有关科研方法的文章。那时涉及由抽象上升到具体等有关科学规律方面的理论、边缘科学、科学杂交、科研方法（类推法、向未知方面的设想法、对比法、归纳法）、文献和文物结合研究等等。其中大多数问题是长期被忽视、甚至被摒斥的，这种活跃的学术空气带来的清新气息，不仅给人鼓舞，也使人的头脑从僵滞狭窄的状态变得开豁起来。它打开我的思路，使我想在《文心雕龙》的研究方面作些新的尝试。我首先想到的是三个结合，即古今结合、中外结合、文史哲结合。尤其是最后一个结合，我觉得不仅对我国古代文论的研究，就是对于更广阔的文艺理论研究也是很重要的。我国古代文史哲不分，后来分为独立的学科，这在当时有其积极意义，可说是一大进步，但是今天在我们这里往往由于分工过细，使各个有关学科彼此隔绝开来，形成完全孤立的状态，从而和国外强调各种边缘学科的跨界研究的趋势恰成对照。我认为，这种在科研方法上的保守状态是使我们的文艺理论在各个方面都陷于停滞、难以有所突破的主要原因之一。文史关系难以分割是容易理解的，因为我国古代向来以文史并称，至于文学与哲学之间的密切关系，却往往被忽视。事实上，任何文艺思潮都有它的哲学基础。美学作为哲学的一个分支，就说明两者关系的密切。但这样简单的事实，我们却认识不足。由于从事文艺理论工作的人，不在哲学基础上从美学角度去分析文艺现象，以致不能触及这些现象的根底，把道理说深说透。我们在阐述文学史的问题时,更很少从哲学方面去揭示它的思想根底,像车尔尼雪夫斯基论述果戈理时期俄国文学概况那样,揭示那一时代的理论家都和哲学有一定的血缘关系。例如:波列伏依以法国的库靖哲学为基础,纳杰日丁以德国的谢林哲学为基础,别林斯基以德国的黑格尔哲学为基础,而车尔尼雪夫斯基本人的文艺思想则是以费尔巴哈哲学为基础。关于这些问题的思考逐渐使我认识到在研究上把文史哲结合起来的必要。

至于把古今中外结合起来的想法,是萌生于马克思在《〈政治经济学批判〉导言》中所说的:"人体解剖对猴体解剖是一把钥匙。低等动物身上表露的高等动物的征兆,反而只有在高等动物本身已被认识之后才能理解。因此,资产阶级经济为古代经济提供了钥匙。"这几句话给我极大启发,使我首先想到,对于萌芽形态尚未成熟的文学现象,只有用后来已经成熟的发达形态的文学现象才能加以说明。不过,这里涉及几个必须注意的问题:文学的范畴、概念以至法则,不是永恒的,而是变化的。但是作为文学最普遍、最根本的规律和方法,却并没有随着时间的流逝而消亡。不过某些这类范畴和概念本身也在发展,并非停滞不变。例如从萌芽形态发展为成熟形态,从低级阶段发展到高级阶段,而且这种发展变化过程多半呈现了极为复杂的形式。有时甚至是很难辨察的。因此,一方面我们必须把那些随着历史进展而消亡的范畴、概念、方法、法则和最普遍、最根本的范畴、概念、方法、规律严格地区别开来,另一方面又必须把后者的萌芽形态和成熟形态与低级阶段和高级阶段所变化了的形式与性质严格区别开来,而不能一律相绳,采取简单比附的办法。这样,我们就需要把古与今和中与外结合起来,进行比较对照,分辨同异,以便找寻出在文学发展上带有规律性的东西。我曾把这种方法称作"综合研究法"(参见最近出版的拙著《文学沉思录》五十五页至六十一页）。我要再说一遍，我考虑到这种方法主要是受到上引《〈政治经济学批判〉导言》中马克思说的那段话的启示。

关于季羡林先生在上引来信中说的，通过中外文艺理论的比较，"一定能把中国文艺理论的许多术语用明确的科学语言表达出来"，我觉得这话很重要。自然，我们不应把它简单地理解作用现代术语去硬套古代术语，而应理解作像人体解剖是猴体解剖的钥匙那样，即通过成熟形态的剖析，以之为借鉴，进而去探讨尚未获得充分发展的萌芽与胚胎。这样不仅可以使我们清晰地认识那些本来模糊不清、难以索解的问题，而且还可以使我们的研究工作取得新的突破。我曾在一篇文章中举我国具有古老传统并积累了丰富临床经验的针灸为例，说明倘使我们运用有关现代科学（包括神经生理学、心理学、生物化学等），在机制研究方面去进行探讨，就可以把一直搞不清楚的道理解释明白，从而取得研究上的飞跃。不过，这种见解在我国古代文论研究领域内并不是完全可以被人接受或正确理解的。有人以维护我国古代文论的民族的和时代的特殊性为借口，反对以今天更发展了的文艺理论对它进行剖析，从中探讨古往今来中外相通、带有最根本最普遍意义的艺术规律和艺术方法，区别其萌芽形态与成熟形态，探索其发展进程，同时并由此去辨同异，以揭示我国传统文论的民族风格。我以为，拘泥于以古证古的办法，往往不免陷入以禅说禅的困境，而永远不能用今天科学文艺理论之光去清理并照亮古代文论中的暧昧朦胧的形式和内容。持这种主张的人有一种根深蒂固的偏见，以为只有以古证古才不会产生比附之弊。殊不知，以古证古同样会出现比附。不仅在目前可以找到大量例证，就是在前人这类文章中也可以同样找到不少例证。然而这类明明属于比附的弊端，仅仅由于它们采取了以古证古的形式，而就不再受到指摘。这是很不正常的现象。除了把它视为一种偏见之外，还可以说什么呢？自然，目前也涌现了大量以今论古的文章，我除了读到报刊上发表的这类论文外，也收到一些嘱我提意见的论文。确实其中很多都有比附的毛病。我并不想掩饰这一事实。我认为，无论出于什么原因，比附总是要反对的。

　　用科学的文艺理论去清理并阐明我国古代文论，首先需要在前人取得的成果上进行。这里特别指的是版本的考据和校勘，以及文字的训诂和注释。由于过去我们对考据和训诂采取轻蔑态度，一概斥为烦琐，这给我们的古典文学研究带来很大灾害。近几年学术界已开始认识到清人的考据训诂之学的重要性。很难想象倘使抛弃前人在考据训诂方面做出的成果，我们在古籍研究方面将会碰到怎样的障碍。在这种情况下，有人甚至提出"回到乾嘉学派去"。确实，多年以来我们对乾嘉学派迄未作出应有的评价（我认为对乾嘉学派人物的思想上的评价尤为不足）。目前有些运用新的文学理论去研究古代文论的人，时常会有望文生解、生搬硬套的毛病，就是没有继承前人在考据训诂上的成果而发生的。但是，另一方面我认为我们的研究工作也不能止于乾嘉学派，那就是绝不逾越前人的考据训诂之学，甚至在治学方法上也亦步亦趋，墨守成规。前人批评李善注《文选》释事不释义，已经感到不去阐发内容底蕴，只在典章文物、名词术语上作功夫是一种偏向。事实上，自清末以来，如王国维、梁启超等，他们一面吸取了前人考据训诂之学，一面也超越了前人的界线，在研究方法上开拓了新境界。就《文心雕龙》的研究来说，我觉得纵使在较早时期出现的一些著作，如黄侃《文心雕龙札记》、范文澜《文心雕龙注》、刘永济《文心雕龙校释》等也不是墨守考据训诂的传统方法之作。这些作出了新贡献的著作较前人向前跨出了一大步。我觉得在古代文学研究方面存在着一种惰性作用，有些文学史和不少作家作品研究大多都是用知性分析方法写成的，以庸俗社会学顶替科学理论，但年深日久，习惯成自然，竟然没有人指出这种阻挠古典文学研究前进的严重缺陷，甚至连一两句批评也听不到。相反，浅见者反奉之为圭臬。这是值得重视并需加以纠正的。

此外，对于本书内容方面还有一点话要说。我在第一版《后记》中曾经说，我在阐述刘勰思想时未涉及佛家因明学对《文心雕龙》的一定影响。后来，我在《文学理论体系问题》一文中，曾提到西域三藏吉迦夜与昙曜所译的《方便心论》及三藏毗目智仙共瞿昙流支所译的《回诤论》，都是阐发古因明学的著作，并认为刘勰会读到这些著作。这里，我想顺便作些说明和订正。据《出三藏记集》著录，《方便心论》于北魏孝文帝（元宏）延兴二年（公元四七二年）译出。此书译出时刘勰尚在少年，因此刘勰很可能读到此书。至于《回诤论》，系龙树所造，于东魏孝静帝（元善见）兴和三年（公元五四一年）译出。此时刘勰已殁。这是需要修订我在拙文《文学理论体系问题》中所述两书出于同一时代之误的。不过，这里必须打破因明学仅在唐时方输入中土的错误论断。因明为印度五明之一，源远流长。据上所述，至少在南北朝时释家因明学的专著已传入中土，并有汉语译本，它对我国学术不可能不产生一定影响（且不说当时还有大量佛书，虽非因明专著，但在因明学的熏染下所蕴含的重逻辑精神和理论的体系化和系统化的特点，也会对当时学术发生潜移默化的作用）。我在第一版《后记》中还说过，我认为刘勰撰《文心雕龙》是恪守儒学的立场风范的。有些论者用刘勰后来站在佛学立场所写的《灭惑论》中的某些概念和观点来诠释《文心雕龙》，我认为是牵强的。可是，如果说作为当时儒、释、道三家并衡的时代思潮对刘勰撰《文心雕龙》竟未产生过任何影响，那也未免太偏颇。上述这些意见，我至今不变。我只是想再作些补充，把我的看法说得更清楚一点。

魏晋南北朝时期，虽然战乱频仍，政局动荡，但在学术思想上却打破了两汉定儒家于一尊的局面，儒、释、道诸家蜂起，并产生了以思辨为特点的玄学，呈现了诸子争鸣的活跃局面。学术文化有其自身相对独立发展的规律，它不能离开前代和同时代思想家所提供的思想资料来构成自己的学说。但是，决定思想家属于哪一学派却是被他的思想体系所决定。我们必须从其论著中分析他的主导思想，而不是由于他运用了同时代不同学派的思想资料，就率尔判定其间必有渊源关系。在《文心雕龙》中，刘勰曾据王弼解《易》的大衍之数，定其框架（共五十篇，取"其用四十有九，则其一不用"），还涉及玄学中的言意之辨、有无之辨等。尽管刘勰运用了这些思想资料，但从其思想体系看，从其主导思想看，《文心雕龙》仍属儒家思想。须知儒学本身也在发展，在发展过程中也会吸取其他思想学派的某些成分融化于自身之内。倘使我们今天在分析某一思想家的时候，不问其思想体系和主导倾向如何，以为融化了某些其他思想学派的某些成分，或者甚至只要运用了前人或同时代人某种不同流派的思想资料，就可划入某种学派，这种简单化的办法是不符合科研工作的科学态度的。可是，今天有些文章在分析《文心雕龙》的思想内容的时候，往往采取了比这还要简单的如有人所指出的语汇对比法，那似乎就未免过于牵强了。以上问题，由于这几年我在从事一些行政事务性工作，无法潜心钻研，倘有人在这方面写出自己的心得，那对《文心雕龙》的研究将会起着推进作用。

末了，我想顺便谈谈当前文风中的一个问题。这个问题我在拙著《文学沉思录》中曾经提到过，但几乎没有得到什么反响，所以这里不惮辞费，再申述一遍。我曾经说，我们时或可以看到，有人提出一种新观点或新论据，于是群起袭用，既不注明出自何人何书，以没其首创之功，甚至剽用之后反对其一二细节加以挑剔吹求，以抑人扬己。这种学风必须痛加惩创，杜绝流传。我们应该对古往今来提出任何一种新见解的理论家，都在正文或脚注中一丝不苟地予以注明。我们必须培养这种学术道德风尚（见《文学沉思录》六十页）。为了学习这种治学楷模，我在自己的文章里不敢掠人之美，凡别人先我提出的值得参考的观点或论据，我都一一注明出自何人何书。这一点，我相信细心的读者是会体察我的用心的。

一九八三年六月六日记于上海

第二辑

# 美学理论研究

# 形象思维杂记集录

## 形象思维和理论思维

在形象思维的讨论中,有人说"形象思维就是逻辑思维,而逻辑思维就是知性的推理、判断等等"。这是否认形象思维的一种十分奇怪的理论。形象思维不能与理论思维混同起来。后者不能代替前者。科学家和艺术家是采用不同思维方式去进行活动的。有时它们甚至会发生互相干扰的情况。达尔文在他的《自传》中说,他在三十岁前读了许多诗,甚至当他做小学生的时候,他就非常喜欢莎士比亚的作品,特别是莎士比亚的历史剧。那时他还喜欢图画,更喜欢音乐。可是在他过了三十岁,成为一名科学家以后,却再也不能耐心地读一行诗了。他曾尝试追回读莎士比亚时的乐趣,可是却感到了难忍的乏味。他对图画和音乐的兴趣也丧失了。他曾经感叹地说:"这种高尚审美兴趣的奇妙而可悲的消失是最奇怪了。"他这样来解释这情况:"我的思想似乎变成了一种机器,只能从一大堆事实中研磨出一些一般的法则。"照我看来,这是由于达尔文专心致力于理论思维,仅仅习惯于这一种思维活动,在思维方式中单纯地向着一个方面发展了。因此他青少年时代所享有的审美兴趣丧失了,这也就是说,形象思维的能力逐渐萎缩下来。请仔细地考虑一下这个例子:它不是恰恰说明了形象思维和理论思维是不能相等,而是两种性质不同的思维方式吗?至于说形象思维和逻辑思维相等,两者都是知性的推理、判断等等,我怎样来评论这种离奇的说法呢?这是任何具有理论初阶的人都可以指出它的谬误的。

一九八一年

## 应区别两种不同的表象

作为政治经济学科学方法起点的感性认识是一种"混沌的关于整体的表象",这和作为艺术思维起点的感性认识是现实生活的可感觉的具体形象有着显著的区别。虽然两者都是属于感性范畴的表象,但是这两种表象的性质是各异其趣的。作为政治经济学科学方法的起点的表象,也是外界所给予的感性材料。不过这些外界感性材料所构成的表象往往采取了思想的形式。例如,马克思所说的"人口"这一"混沌的关于整体的表象"就是一个明显的例子。此外,我们还可以举出愤怒、希望等等。这些表象都是我们感觉所熟悉的,但它们也都是以普遍的思想形式呈现出来。至于文学艺术家从外界所摄取的表象,却并不采取这种普遍的思想形式。人物形象的表情、姿态、举止、谈吐等种种外在的特征、思想感情的复杂微妙的表达方式,以及他们的经历、遭遇、周围环境和别人接触时所产生的形体反应等等这类具体的细节,对于政治经济学家来说,都是无关宏旨的。他们无须详细记下这类凭借感觉形式出现的表象,而多半只是勾勒出一个大概的轮廓,或者干脆用统计方式来表达。纵使在恩格斯所写的调查报告《英国工人概况》这种著作中，我们也很少发现这类表象的描述。可是，对于文学艺术家来说，这种凭借感觉形式出现的表象却正是不可少的，甚至往往是最重要的东西。我们必须区分以思想形式出现的表象和以感觉形式出现的表象的不同性质。目前在关于形象思维的讨论中，似乎还没有涉及这一点。倘使我们不去探讨两种不同表象的区别，而只是简单地用从感性到理性的认识共同规律笼统地把艺术和科学的思维活动一律相绳，那么就不可能对形象思维的探讨再深入一步。

一九七八年

## 一般到个别和个别到一般

艺术和科学在掌握世界的方式上——正如马克思在《〈政治经济学批判〉导言》中所指出的那样——是各有其不同的特点的。艺术家不像科学家那样从个别中抽象出一般，而是通过个别去体现一般。科学家是以一般的概念去统摄特殊的个体，艺术家则是通过特殊的个体去显现它的一般意蕴。艺术形象应该是具体的，科学概念也应该是具体的。科学家在作出抽象规定的思维进程中必须导致具体的再现，正像《〈政治经济学批判〉导言》所说的，由抽象上升到具体的方法是唯一正确的方法。不过，这里所说的具体是指通过逻辑范畴以概念形态所表述出来的具有许多规定和关系的综合。科学家把混沌的表象和直观加工，在抽出具体的一般概念之后，就排除了特殊个体的感性形态。而艺术家的想象活动，则是以形象为材料，始终围绕着形象来进行。艺术作品所表现的一般必须呈现于感性观照，因此，艺术家对现实生活进行艺术加工，去揭示事物的本质，并不是把事物的现象形态抛弃掉,而是透过加工以后的现象形态去显示它们的内在联系。不过,在艺术作品中所表现的现象形态已不同于原来生活中的现象形态,因为前者已经使直观中彼此相外、互相独立的杂多转化为具有内在联系的多样性统一。艺术形象保持了现实生活的细节真实性,典型性即由生活细节真实性中显现出来,变成可以直接感觉到的对象。在这里,由个别到一般,再由一般到个别,这两个认识过程不是并列的。作家的认识活动只能从作为个别感性事物的形象出发。在全部创作过程中,并不存在一个游离于形象之外、从概念出发进行构思的阶段。因此,由一般到个别的认识功能,不是孤立地单独出现,而是渗透在由个别到一般的过程之中,它成为指导作家认识个别的引线或指针。对于由个别到一般,再由一般到个别这一认识规律,可以有两种不同的理解:一种理解是把它们截然分割为孤立排他的两个互不相干的独立过程。例如,所谓表象—概念—表象的公式,就是意味着在艺术创作过程中存在着一个摒弃形象的抽象思维阶段,而艺术创造就在于把经过抽象思维所获得的概念化为形象。这可以说是一种"形象图解"论,它是反对形象思维的。另一种理解则相反。认为由个别到一般,再由一般到个别,不是孤立排他的,而是互相联结、互相渗透的。后一种理解才是辩证的观点。

一九七八年

## 要保持生活的现象形态
### ——摘自致友人 M 书

你给我阅读的论形象思维的大作,有不少真知灼见,对我很有启发。但其中一处引用了《唯物主义与经验批判主义》所举马赫哲学家的话作为一个例证，来告诫有些论者不要由纯感性直观出发而陷入自然主义的错误。我觉得，你的用意是良好的，可是你的说法是不正确的。

马赫主义者用插入水杯中的细棍呈现曲折形来阐发经验批判主义的理论。你的文章未阐发清楚。是要说明现象和本质的不同呢，还是要作家抛弃呈现曲折形的假象呢？我认为，作家碰见这种情况，不是要把水杯中的细棍写成是直的，以表现事物的"本质"，这反而是不真实的。作者还是应该把它表现成曲折形，但应该使人知道细棍原来是直的，可是插入水杯后经过光的折射才成为曲折形的。——自然，这一切都需要通过真正的艺术的微妙表现，而不是讲道理。我在艺术细节问题上是坚持必须保持生活中的现象形态的。可是，呜呼！它往往被人不分皂白地指斥为"自然主义"。我希望这个问题能展开讨论。

一九八一年

## 艺术表现方法不应被划在形象思维之外

一般往往把塑造艺术形象的表现方法划在形象思维之外，认为它只是把作家头脑中已有的映象表现出来的一种单纯技法这种观点，我以为并不正确。（至于曾经一度流传的所谓把思想"化"为形象这种等而下之的理论，就更不用说了。）我觉得，黑格尔在《美学》中虽然有时也流露了与上述错误观点类似的论述，但总的说来，黑格尔《美学》在这方面曾提出过十分精辟的观点。他说："形象的表现的方式正是他（艺术家）的感受和知觉的方式"，艺术家这种构造形象的能力，不仅是一种认识性的想象力、幻想力和感觉力，而且还是一种实践性的感觉力，即实际完成作品的能力。这两方面——心里的构思与作品的完成（或传达）是携手并进的"。这些说法纠正了那种把塑造艺术形象的表现方法视为游离于形象思维之外或之后的单纯技巧观点。我不得不承认，高尔基在一些文学理论中时或流露了这种观点。但是也同是这位我所尊重的作家，曾经根据自己的创作经验宣告了这种观点的破绽。我还记得我在青年时急于想要悟出构造形象的奥秘所在，于是从高尔基写给青年写作者的文章中去找解答。一次我在他的一篇论文中读到他在写《奥古罗夫镇》这篇小说时的经验谈。他说，他曾经花了十来天工夫，苦思冥想如何用形象化的办法来为读者构成一幅奥古罗夫镇的图画，可是这种"形象化"的结果却是把奥古罗夫镇的形象变成掌心中的玩具，这使他感到很懊丧。我觉得这个例子足以说明把原来统一的东西，即形象的表现方式和作家平时对生活的感受和知觉的方式生硬地拆散开来所招致的失败。

一九七九年

## 感性和理性

我认为把创造典型过程分为个别化和概括化的提法并不科学。我在上面一则札记中已经谈到：由个别到一般，又由一般到个别，这两个互相联结的过程是不可分割的。作家的认识活动也同样是遵循这两个循环往复不断深化的过程来进行。有人由个别和一般的问题涉及感性认识和理性认识问题，这里我也想谈谈我自己的一点看法。我认为，对个别事物的感性认识并不是和理性认识不可分的。固然，对于任何具体事物的感性认识所构成的感觉或印象——如"这朵花是红的""这火炉是热的""这个球是圆的"等等，都可以构成"个别是一般"的直接判断形式。"这朵花"是个别的,"红"是一般的,因为红不仅仅适用于这朵花,还有许多别的花、别的东西也是红的,从而"红"成为一种共相。我们的感性认识所以能构成具有"个别是一般"的共相内容,是由于人类在儿童时期就已在头脑中形成了概念,它作为一根引线潜在于对个别事物的感性认识中。但是,尽管如此,我们仍旧把这种具有直接判断形式的感觉或印象叫作感性认识,而不能把它叫作理性认识。因为理性认识必须凭借思想的抽象作用,从感性事物中抽绎出其中的本质和各种属性间的内在联系。可是在"这朵花是红的"这种可以构成直接判断形式的感觉里,"红"仍属一种可感觉的外在属性,这种外在属性无需通过思想的抽象作用,只要单凭知觉就足够了。因此,这里作为谓词的共相仍是感性的。其间的主词和谓词的关系并不是实在和概念的关系。而在理性认识的判断里,主谓关系则必须是实在和概念的关系。我们必须注意:具有个别是一般的认识内容是一回事,知道个别是一般的认识内容又是一回事。我们必须把两者加以严格的区别。前者属于感性认识,而后者才属于理性认识。

一九七九年

## 特殊性和普遍性寓于个别性中

作家提供读者的是可以感觉到的艺术形象,并不像科学家那样把自己从现实材料中抽象出来的概念或理论提供给读者。从表面看来,艺术家和科学家好像从事于两种不同的工作,可是实质上他们都不可避免地要遵循从感性到理性(包括知性)这个人类认识活动的共同规律,都要认识并表现事物的个别性、特殊性和普遍性。其中区别在于：科学家提供给读者的是经过科学抽象出来的普遍性，——也就是说，把特殊的个体的客观事物，统摄在这个以逻辑范畴表述出来的普遍性之中。而艺术家提供给读者的，则是经过艺术概括出来的个别性，——也就是说，使现实事物的特殊性和普遍性体现在这个以艺术形象表现出来的个别性之中。科学家如果不遵循从感性到理性这个人类认识的共同规律，排斥感觉经验，不通过普遍性去统摄个别性和特殊性，就不能做出符合科学抽象的理论工作。同样，艺术家如果不遵循从感性到理性这个人类认识的共同规律，排斥理性活动，不通过个别性去表现特殊性和普遍性，就不能创造反映现实生活本质的艺术形象。自然，艺术需要通过形象来表现思想感情，这是不言而喻的。在艺术作品中，作家的思想感情必须凝聚在形象中。作家必须用形象本身来说话，而不是借助智力来补充形象所没有完全说出来的东西，以致使作家的思想感情游离于作为有机整体的艺术形象之外。不过，问题在于艺术作品所表现的思想感情本身究竟具有怎样特定的形态。在这方面，前人所提出的"情志"理论是值得我们去探索的。古希腊人早就提出这一概念（刘勰《文心雕龙》提出的"情志"则庶几近之），后来，黑格尔《美学》曾对它作出了精辟的论述，倘要详论，那就需要写出一篇较长的论文。这里不赘。

一九七八年

# 论知性的分析方法

## 知性概念

我们习惯把认识分为两类,一类是感性的,另一类是理性的;并且断言前者是对于事物的片面的、现象的和外在关系的认识,而后者则是对于事物的全面的、本质的和内在联系的认识。这样的划分虽然基本正确,但也容易作出简单化的理解。因为它不能说明在理性认识中也可能产生片面化的缺陷。例如知性在认识上的性能就是如此。

康德曾经把认识划分为感性—知性—理性三种。后来黑格尔也沿用了这一说法,可是他却赋予这三个概念以不同的含义。黑格尔关于知性的阐述,至今仍具有现实意义,对我们颇有启发。笔者将要在本文中借鉴他的一些观点。

这里先谈谈知性的译名。知性的德文译名是"Verstand"。我国过去大抵把它译作"悟性"。黑格尔《美学》中译本有时亦译作"理解力"。现从贺译译作"知性"。这一译名较惬当,不致引起某种误解,而且也可以较妥帖地表达理智区别作用的特点。

我觉得用感性—知性—理性这三个概念来说明认识的不同性能是更科学的。把知性和理性区别开来很重要。作出这种区别无论在认识论或方法论上，都有助于划清辩证法和形而上学的界限。根据我的浅见，马、恩也是采用知性的概念，并把知性和理性加以区别。马克思在《〈政治经济学批判〉导言》中说：

> 因此，如果我从人口着手，那么这就是一个混沌的关于整体的表象，经过更切近的规定之后，我就会在分析中达到越来越简单的概念；从表象中的具体达到越来越稀薄的抽象，直到我达到一些最简单的规定。于是行程又得从那里回过头来，直到我最后又回到人口，但是这回人口已不是一个混沌的关于整体的表象，而是一个具有许多规定和关系的丰富的总体了。

从这段话看来，马克思也是运用了感性—知性—理性这三个概念的。如果把马克思的上述理论概括地表述出来，就是这样一个公式：从混沌的关于整体的表象开始（感性）—分析的理智所作的一些简单的规定（知性）—经过许多规定的综合而达到多样性的统一（理性）。马克思把这一公式称为"由抽象上升到具体"的方法，并且指出这种方法"显然是科学上正确的方法"。按照马克思的说法，和这种方法相对立的，则是经济学在初期走过的路程。例如十七世纪的经济学家（他们像恩格斯所指出的那些启蒙学者一样，把"思维的悟性〔知性〕作为衡量一切的唯一尺度"），就是从混沌的关于整体的表象开始，通过知性的分析方法把具体的表象加以分解，达到越来越简单的概念、越来越稀薄的抽象。这也就是说，从感性过渡到知性就止步了。马克思提出的由抽象上升到具体的方法，则是要求再从知性过渡到理性，从而克服知性分析方法所形成的片面性和抽象性，而使一些被知性拆散开来的简单规定经过综合恢复了丰富性和具体性，从而达到多样性统一。从这一点来看，黑格尔说的一句警句是很正确的，那就是理性涵盖并包括了知性，而知性却不能理解理性。

简括地说，知性有下面几个特点：第一，知性坚执着固定的特性和多种特性间的区别，凭借理智的区别作用对具体的对象持分离的观点。它把我们知觉中的多样的具体内容进行分解，辨析其中种种特性，把那些原来结合在一起的特性拆散开来。第二，知性坚执着抽象的普遍性，这种普遍性与特殊性坚硬地对立着。它将具体对象拆散成许多抽象成分，并将它们孤立起来观察，这样就使多样性统一的内容变成简单的概念、片面的规定、稀薄的抽象。第三，知性坚执着形式同一性，对于对立的双方执非此即彼的观点，并把它作为最后的范畴。它认为对立的一方有其本身的独立自在性，或者认为对立统一的某一方面，在其孤立状态下有其本质性与真实性。

由于知性具有上述的片面性和局限性，当我们用知性的分析方法去分析对象时，就往往陷入错觉：我们自以为让对象呈现其本来面目，并没有增减改变任何成分，但是却将对象的具体内容转变为抽象的、孤立的、僵死的了。

不过，知性在一定限度的范围之内也有其一定的功用，成为认识历程中的一个不可缺少的环节。我们不应抹煞它在从感性过渡到理性的过程中的应有地位和作用。知性的作用可以借用黑格尔的一句话来说明："没有理智便不会有坚定性和确定性。"为了论证这一点，他举出一些例证。比如在自然研究中，知性是作为分析的理智来进行的，只有这样我们才可以区别质料、力量、类别，并将每一类孤立起来，确定其型式，而这一切都是对于自然研究所必要的。再如，在艺术研究中也不能完全离开知性作用，因为我们必须严格区别在性质上不同的美的形式，并把它们明白地揭示出来。至于创作一部艺术作品，也同样需要理智的区别活动。因为作品中的不同人物性格需具有明确性，作者应加以透彻的描写，并且将支配每个人物行为的不同目的与兴趣加以明确的表达。诚然，知性不能认识到世界的总体，不懂得一切事物都在流动，都在不断地变化，不断地产生和消亡。但是当我们要去认识构成总体的细节，就不得不凭借知性的区别作用，把它们从自然的或历史的整体中抽出来，从它们的特性以及它们的特殊原因与结果等等方面来逐个地加以研究。

然而，如果我们一旦习惯于知性的分析方法，只知道把事物当作孤立的、固定的、僵硬的、一成不变的研究对象，并且认为这是不言而喻的唯一正确方法。那么，我们就将陷入形而上学。不少理论家并不认识知性的局限性，他们认为运用知性的分析方法是理所当然、合乎常识的。知性的分析方法在一定领域内是必要的，可是一旦超越这个界限，它就要变成片面的、狭隘的、抽象的，并且陷入不可解决的矛盾，因为它不能认识事物的内在联系和事物的运动与变化。因此，马克思在《〈政治经济学批判〉导言》中批判了十七世纪的经济学家的知性分析方法，而提出了由抽象上升到具体的唯一正确的方法。

## 知性不能掌握美

黑格尔在《美学》中说："知性不能掌握美。"这是就知性总是把统一体的各差异面分裂开来看成是独立自在的东西这一特点来说的。知性的这一特点，显然是破坏了艺术作品必须是生气灌注的有机体这一基本原则。从这一方面来看，我们可以援引黑格尔的话来说明：

一个有机体的官能和肢体并不能仅视作有机体的各部分，唯有在它们的统一里，它们才是它们那样，它们对于那有机的统一体是互有影响，并非毫不相干的。只有在解剖学者的手里这些官能和肢体才是机械的部分。但解剖学者的工作乃在解剖尸体，并不在于处理一个活的身体。（《小逻辑》第一百三十五节）

黑格尔很喜欢援用亚里士多德说过的一句话，那就是，把手从身体上割下来就不复是手了。这正好说明采取孤立的、抽象的考察事物的知性分析方法，尽管在艺术研究中具有一定作用，但是如果不是把它作为达到具体的过渡环节，而坚执为最终的范畴，那就不可能掌握美。

　　关于这个问题，黑格尔并未详细地加以深论。我认为如果我们进一步去进行探讨，将会澄清我们在文艺思想上迄今仍存在着的许多混乱。这里我想谈谈我们文艺理论界曾经盛行不衰的所谓"抓要害"的观点。据说"抓要害"就是要抓住主要矛盾和矛盾的主要方面。这一知性观点经过任意套用已经变成一种最浅薄最俗滥的理论。臭名昭著的"三突出"理论就是这样滋长出来的，并且直到今天它仍在改头换面传布不歇。最近我看到一篇评论电视片《武松》的文章，论者赞扬这部把《水浒传》改编走了样的作品，说它的最大优点就是"一切从主题出发"。我还看到另一篇分析《阿Q正传》的文章，论者把阿Q的"精神胜利法"作为贯串每一细节中去的主题思想，由此断言鲁迅安排所有细节，连阿Q在小尼姑脸上捏一把，甚至阿Q向吴妈求爱，莫不是有意识地把它们作为阿Q"精神胜利法"的表现。这就不得不使人认为，直到目前"抓要害"这一知性的分析方法，仍被当作不容置疑的正确理论。从表面上看，"抓要害"有什么错？这似乎是无可非议的。但是它却经不起仔细推敲。我们往往以为只要抓住事物的主要矛盾和矛盾的主要方面就抓住了事物的本质。但是，事实上，由此所得到的只是与特殊性坚硬对立的抽象的普遍性，它是以牺牲事物的具体血肉（即多样性的统一）作为代价的。抓住主要矛盾和矛盾的主要方面是不是就可以认识事物的实质？这在自然科学中可以找到回答。一位友人曾举出下面的例证：半导体材料主要是锗或硅这两种元素。这两种元素可以说是半导体的主要矛盾和矛盾的主要方面，但是却不能形成所需要的半导体的导电性能，因为必须在这两种元素外掺进某些微量杂质，如锑、砷、铟等才可以使半导体的特性充分发挥出来。分析什么是主要矛盾和矛盾的主要方面固然是重要的，但是仅仅到此为止是不够的，还应当更进一步去研究事物的各个方面以及其间的种种联系。只有对事物做出这样全面的考察才能认识事物的整体，而不致像知性的分析方法那样肢解了事物的具体内容，使之变成简单的概念、片面的规定、稀薄的抽象。

认为艺术作品一切都必须从主题出发这种来自知性的观点是对艺术的最大误解。艺术作品必须有一个占主导地位的情志，但是作者一旦使他的作品的任何部分，包括每一细节，都从主题出发，都必须作为点明主题思想的象征或符号，那就必然会引起尊重感情的读者应有的嫌恶，他将会指摘这种作品和评论者按照这种理论对于某些优秀之作所作的牵强附会的分析。文艺作品固然要表现生活的本质，但是它是通过生活的现象形态去表现生活的本质的。因此，文艺作品不能以去粗取精为借口舍弃生活的现象形态。相反，它必须保持生活现象的一切属性，包括偶然性这一属性在内。甚至像黑格尔这样认为哲学的任务就在于扫除偶然性揭示必然性的理论家也说，偶然性在艺术作品中是必要的。过去，俄罗斯批评家歇唯辽夫认为《死魂灵》中的一切细节都具有反射主题的重要意义。这种理论曾受到车尔尼雪夫斯基的正当讥评。他反驳说："乞乞科夫在到玛尼罗夫家去的路上，也许碰到的农民不是一个人，而是两个人或三个人；玛尼罗夫的村落，也许坐落在大路左边，不是右边；梭巴开维支所称呼的唯一正直的人，可能不是检察官，而是民事法庭庭长，或者省长，等等，《死魂灵》的艺术价值一点也不会因此而丧失，或者因此而沾光。"歇唯辽夫把上述这些偶然性都认作是从主题思想中引申出来的，只能是这样，不能是那样。这正是知性不能掌握美的一个例证。

人物性格必须有一个主导的情志（如哈姆雷特的复仇、夏洛克的贪吝等），但是这种主导的情志不能是唯一的、单线的，尽管它是人物的主要矛盾和矛盾的主要方面。例如《三国演义》中的曹操是以奸诈来满足权势欲作为主导的情志。但是这个人物所以写得很成功，正如一位作家所说的，全在于从多方面来展示他的性格的丰满性：曹操杀死吕伯奢全家是一面，官渡之战破袁绍后从档案中找出一批手下官员通敌信件看也不看付之一炬又是一面；为报父仇攻下徐州杀人掘墓是一面，征张绣马踏青苗割发代首又是一面；一方面礼贤下士兼收并蓄，另一方面却容不下一个杨修；一方面煮酒论英雄表现得很聪明、有眼力，另一方面又毫不察觉刘备种菜的韬晦之计；一方面在华容道对关羽说："将军别来无恙！"显出一副可怜相，另一方面当关羽被杀首级送至曹操，他笑曰："云长公别来无恙！"又显出一副刻薄相。最后，这位作家把以上这些写法总结成这样几句话："一个曹操有多副面孔，看来似乎矛盾，但联系着每一特定的场合，却又真实可信。这多副面孔构成曹操的性格，曹操就立体化了，活起来了。"遗憾的是有些文艺评论者只能按照黑格尔所指摘的法国十七世纪古典主义作家的知性原则去评长道短。他们和普希金相反,把莫里哀的悭吝人看得比莎士比亚的夏洛克更合乎艺术法则。普希金认为悭吝人只是悭吝人,而夏洛克的性格却是活生生的。夏洛克的主导情志固然也是吝啬,但同时他爱女儿,对作为犹太人所受到的歧视和侮辱满怀愤怒,因此他的性格是丰满的、复杂的。

　　从多方面展开的人物性格的复杂性就在于:一方面他必须有一个主导的情志,成为支配或推动他行动起来的重要动力;另一方面他的性格又必须是多方面的,具有多样性统一的性质。一方面作为人物性格中的情志来说是普遍性的,否则就不能引起人们的共鸣;另一方面作为个体的人物性格来说,又必须具有和其他人所不同的独特个性。作家怎样通过一条微妙的线索使上述两个方面统一起来,这是艺术创造的真正困难所在。知性不能掌握美,就因为理智区别作用的特点恰好在于把多样性统一的具体内容拆散开来,作为孤立的东西加以分析,只知有分,不知有合,并且对矛盾的双方往往只突出其中一个方面,无视另一个方面,而不懂得辩证法的对立统一。须知,普遍性不能外在于个别性,倘使外在于个别性变成教诲之类的抽象普遍性,就必定会分裂上述的统一,使人物成为听命抽象概念的傀儡,而这正是知性的分析方法给艺术带来的危害。

一九八二年六月二十日

# 读黑格尔《美学》笔记

## 引 言

黑格尔于一八一七年第一次讲授美学。他的这部著作像他的其他许多著作一样,并不是他本人出版的,而是在他逝世以后,由他的门生霍托、拉森等根据他授课的讲义编纂而成。

黑格尔讲授美学时期正是他创造力最充沛时期,这不仅由于他的哲学思想已渐臻成熟,同时也由于当时德意志社会经过了动荡而转入相对的稳定,从而使他可以摆脱生活上的困扰,无拘无束地对哲学进行潜心的思考。一八〇六年的普法战争德意志战败了,一八〇七年签订了屈辱的提而西特和约,这对德意志以后的发展来说,却反而变成了一件好事。普鲁士贵族统治集团在战败后不得不进行改革,《拿破仑法典》在德意志的推行标志着封建关系的削弱,跟着来了文化繁荣。一八一八年海德堡创立了有"大学的中心"之称的柏林大学。就在黑格尔讲授美学的次年——一八一八年,他受聘到柏林大学去讲授哲学。当他一登上这座闻名欧洲的大学讲台,他就怀着欢欣鼓舞的心情,向他的听众预告具有光荣传统的德国古典哲

学的再觉醒:

> 似乎这样的情况已经到来,即哲学已有了引人注意和爱好的展望,而这几乎很消沉的科学也许可以重新提起它的呼声。

在这篇《开讲辞》中,黑格尔宣告,空疏浅薄的意见和虚浮骄妄的作风是哲学的敌人。他认为,精神一旦为它们所占据,理性便无法再去追求它自身的目的。哲学所要求的是认识真理的真诚,只有这种最纯挚的真诚本身才能成为哲学复兴的基础。从黑格尔著作中,我们可以看出他是恪守这种信念来从事哲学工作的。在德国哲学史上,他是一个集大成的人物。在哲学每个领域里,他都作出了划时代的贡献。

## 海涅说这是一场哲学革命

从康德开始的德国古典哲学,如果深入到它那被种种矛盾现象所隐蔽的内容实质中去,就可以理解到它是哲学领域内的一场革命。这场哲学革命成了一八四八年震撼整个欧洲的政治革命的先导。海涅在他移居法国期间于一八三三年所写的《论德国宗教和哲学历史》一书中,指出了宗教革命中产生出来的哲学革命的深刻意义,并且把德国的哲学革命和法国的政治革命作了生动的比较,预告了德国哲学革命势将带来的政治风暴。海涅是第一个从晦涩的德国古典哲学中发掘出它那不易察觉到的深刻意蕴的人。当然,这主要是依靠他作为一个敏感的诗人的天才预测。如果我们想要从他书中得到对于黑格尔的全面评价,就感到非常不够了。

黑格尔本人和他的哲学是一个极其复杂的矛盾现象。他在早年兴高采烈地把法国大革命称作是"壮丽的日出",到了晚年却主张同普鲁士君主制调和。就他的哲学著作来说,在辩证法方面常常爆发出革命的愤火,在体系方面保守因素却占据了压倒优势,起着窒息作用。他在自己的工作领域里是"奥林匹斯山上的宙斯",在政治态度上却"没有完全脱去德国的庸人气味"。怎样来解释这些矛盾?如果把阶级分析当作比解一次方程式还要容易的简单化、庸俗化观点来看,黑格尔只是"一条死狗",他的著作不过是一堆错误的陈迹。对于这种观点来说,政治倾向和科学研究的矛盾、体系与方法的矛盾,都是不存在的。

## 黑格尔哲学批判

黑格尔在《小逻辑》第三版序言中对他的批评家说过这样的话:

> 对于一个经过多年的透彻思想,而且以郑重认真的态度、以严谨的科学方法加以透彻加工的著作,予以这样轻心的讨论,是不会给人以任何愉快的印象的。

这并不是一个哲学家的自负和高傲。今天谁还知道那些黑格尔哲学批评家的名字呢?不过,除了这些浅薄空疏的批评家外,毕竟还是有人认真地研究并批判了黑格尔的哲学。头一次击中了黑格尔哲学要害的是费尔巴哈。费尔巴哈在一八三九年出版的《黑格尔哲学批判》中指出:

> 黑格尔哲学被规定和宣布为"绝对的哲学",虽然并不是这位大师本人作出了这样的规定,而是他的门徒们,至少是他的

正统门徒们贯彻始终地契合着老师的学说作出了这样的规定。但是黑格尔哲学,不管它的内容性质如何,都只能是一种一定的、特殊的、存在于经验中的哲学。……认为哲学在一个哲学家身上得到绝对的实现,正如认为"类"在一个个体中得到绝对的实现一样,这乃是一件绝对的奇迹,乃是现实界一切规律和原则的勉强取消。……因此也就别无他望,只有等待世界的真正终结。但是,如果今后历史仍像以前一样继续前进,事实上上帝化身的理论也就被历史本身所驳倒了。

费尔巴哈批判黑格尔哲学体系中的绝对主义,在黑格尔《美学》中也是同样存在的。后来,车尔尼雪夫斯基在批判黑格尔美学时,主要就是根据这一点而加以发挥的。费尔巴哈打烂了黑格尔哲学体系,就把黑格尔哲学当作无用的东西抛在一边。但是"像黑格尔哲学这样对民族精神发展起过巨大影响的伟大作品,是决不能靠简单地置之不理的办法把它收拾的"。

## 《美学》序论

黑格尔在《美学》第一卷的《序论》中说:

> 尽管现在有些人认为一切真实的东西都是不可理解的,可理解的只是些有限现象和有时间性的偶然事物,其实这话是不对的,只有真实的东西才是可以理解的,因为真实是以绝对概念,即理念,为基础的。美只是真实的一种表现方式,所以只要能形成概念的思考真正有概念的威力武装着,它就可以彻底理解美。

他认为"艺术的使命是在于用感性的艺术形象的形式去显示真实"（《美学·全书序论》）。因为概念本身是真实的，只有真的才能是美的。所谓"理念在感性中的显现"这条美的定义，它的含义不过是说，美和真是一致的，美只是通过感性形式表现真实，因而同哲学通过思考形式表现真实有所区别罢了。但这种区别仅仅在于表现形式上不同，至于内容却都是以同一真实为对象。自然，黑格尔说的真实具有一种思辨的属性。

那种从实用主义或功利主义立场上提出来的反对"无利害关系"的观点，是黑格尔所反对的。他说："荷拉斯的'诗人既求教益又求娱乐'一句言简意赅的箴言到后来经过无穷的推演和冲淡，以致变成一种最俗滥最肤浅的艺术论。"（《美学·全书序论》）这种艺术论趋向这样的极端，以致把艺术看成没有自己的目的，使它降为一种仅供娱乐的单纯游戏，或是一种单纯教训的手段了。黑格尔反对把艺术的目的规定为"教训"。他认为，如果把艺术内容的普遍性看作是抽象的议论、干燥的感想、普泛的教条，那就会使艺术形象变成一种单纯的外壳或外形，从而形成感性的个别事物和心灵性的普遍性相分裂开来，彼此相外。这样，艺术的目的就不在它自身，而在另一种事物上。但是艺术的效用应该从艺术本身的性质阐发出来。黑格尔认为，人类生存的全部内容是非常复杂的。人类社会形成规模巨大、组织繁复的经济网，商业、航业、工艺；较高一层的是权利、法律、家庭生活、阶级划分以及庞大的国家机构；此外，还有包罗万象的知识系统，艺术活动和美的兴趣就是其中之一。这种种需要之间有什么必然联系？黑格尔说："但是按照科学要求，我们就得深入研究它们的本质上的内在联系和彼此之间的必然性。因为它们不只是借效用就能联系在一起的，而是相辅相成的。"（《美学·艺术美的理念或理想》）效用的观点也就是实用或功利的观点。

研究事物的效用首先必须研究事物本身的性质。只有把事物本身的性质充分揭示出来，才可以见出它的真实效用。事物的性质是难以穷尽的，许多事物由于它们的性质还没有揭示出来，它们的效用也就不能显露。有些事物一直是被认作毫无用处的，但当它们的性质被研究出来后，往往成为极有用处的东西。因此，科学的理论研究，就不能用狭隘的效用观点去衡量，根据眼前是不是有用为标准。美索不达米亚等地的居民为了眼前的效用，根除森林以求取得耕地的面积。他们当时这样做的确取得了一定的收获，但是他们根本没有想到，从长远的利益来看，他们这样做的后果就是使这些地方变成了一片荒芜不毛之地，因为他们竟使那里积蓄和贮存水分的中心也都随着森林一同消灭了。黑格尔曾经嘲笑了这种功利主义的效用观点。他在《小逻辑》中说：

> 我们不仅从葡萄树对于人们的显著的用处的观点去研究葡萄树，乃进而去考量一种其皮可制软木塞的橡树，并研究这树皮如何可以剥下来作为木塞以作封酒瓶之用。过去曾有不少书是根据这样的作风写成的。（第二百〇五节）

黑格尔认为，艺术和哲学一样，都有利于认识真理，揭示真理。从这方面来说，黑格尔反对简单的效用观点并不是否定艺术的社会使命。他把艺术称为"各民族的最早教师"。他并不否认历史上艺术曾为宗教服务的事实，但他认为艺术为宗教服务并不是把对象附加到先由思考产生出来的一些抽象格言和定义上去，而是艺术家通过艺术形式把他心里酝酿成熟的东西表达出来。"例如古希腊艺术就是希腊人想象神和认识真理的最高形式。"（《美学·艺术美的理念或理

想》)

黑格尔的错误是他认为艺术的使命在于表现现代生活中所谓"和解了的矛盾"。照他看来,在现代社会中,人生活在两种互相矛盾的世界里。从一方面看,人被囚禁在寻常现实和尘世的有时间性的生活里,受到需要和穷困的压迫,受到自然的约束,受到自然冲动和情欲的支配和驱遣,纠缠在物质里,在感官欲望和它的满足里。但从另一方面看,人却把自己提升到永恒的理念,提升到思想和自由的领域,把普遍的法则定为自己的意志,把世界的生动繁荣的现实剥下来,分解成一些抽象的观念。然而生活与意识之间的这种分裂必须解决,而解决这种矛盾就是哲学的使命,也同样是艺术的使命。他在《美学·全书序论》中说:

> 矛盾的任何一方面,只要还是抽象的片面的就不能算真实。……只有在双方面的和解与调停里才有真实。

黑格尔在《序论》中提出的关于审美活动的实践观点却是非常值得重视的。黑格尔总是把认识和实践结合起来考察的。他反对把"认识的主体当作一张白纸"(《小逻辑》第二百二十六节),只限于被动地接受,而不起主观能动作用。洛克在《人类悟性论》中说:"我们不妨假设人心就像一张白纸,上面没有任何字迹,也就是说没有任何观念。"但是,黑格尔认为,认识总是和人的有目的的实践活动分不开的。他在《美学·全书序论》中说:

> 其次,人还通过实践的活动来达到为自己(认识自己),因为人有一种冲动,要在直接呈现于他面前的外在事物中实现他自己,而且就在这实践过程中认识他自己。人通过改变外在事

物来达到这个目的，在这些外在事物上面刻下他自己内心生活的烙印，而且发现他自己的性格在这些事物中复现了。

黑格尔《美学》给我们留下了一份丰富的遗产，它的价值就是其中时时闪烁出来的辩证法的光芒。在辩证法的威力下，从知性出发的形而上学的各种观点都在根本上动摇起来，纷纷瓦解了。当然，像黑格尔这样一个人，无论就他本人或就他的哲学来说，都有着我们必须扬弃的东西，但我觉得他在自己工作领域内那种追求真理的勇毅精神却是永远值得我们敬重的。

## 黑氏美学体系

黑格尔哲学具有一整套系统完备的体系，他的美学是这个庞大体系中的一个组成部分。黑格尔的哲学体系是理念的自我综合、自我发展、自我深化的运动过程。首先，以理念自身作为出发点，然后理念将自己外化，转化为自然界。理念由自在阶段发展为自为阶段后，再进一步返回自身，终于在人身上重新达到自我意识。在黑格尔哲学体系中，这三个发展过程就表现为逻辑学、自然哲学、精神哲学这三大部门。美学属于精神哲学的最初阶段。在美学体系中，首先是从"美的理念"出发，然后"美的理念"将自身外化为"自然美"，由于"自然美"是有缺陷的，于是"美的理念"发展为自在自为阶段，成为"艺术美"。由此可见，黑格尔体系毫无例外地总是遵循正、反、合的否定之否定律，即由自在—自为—自在自为这三个环节构成的。绝对理念是构成他的整个体系的根本依据。黑格尔曾经花费很大力气用在体系的思考上。如果我们不能识破他的思辨结构的秘密，就很容易被他的体系所俘虏。在一八四三年出版的

《神圣家族》中，马克思分析思辨结构的秘密说：

> 如果我从现实的苹果、梨、草莓、扁桃中得出"果实"这个一般的观念，如果再进一步想象我从现实的果实中得到的"果实"这个抽象观念就是存在我身外的一种本质，而且是梨、苹果等等的真正的本质，那么我就宣布（用思辨的话说）"果实"是梨、苹果、扁桃等等的"实体"。所以我说：对梨说来，决定梨成为梨的那些方面是非本质的。对苹果说来，决定苹果成为苹果的那些方面也是非本质的。作为它们的本质的并不是它们那种可以感触得到的实际的存在，而是我从它们中抽象出来又硬给它们塞进去的本质，即我的观念中的本质——"果实"。

就其本来意义看，绝对理念不外是物质的抽象，正如果实这一实体概念是从梨、苹果、扁桃等等现实存在的水果中抽象出来的一样。但是，黑格尔从物质中抽象出理念之后，却把理念看作是不依赖于物质存在，相反，倒是产生物质存在的实体。因此，他把自然界当作了理念的自我外化。在自然界中，理念并不意识到自身，自然界只是理念自我发展的一个低级阶段，它还处于一个粗陋状态之中。这种看法同样反映在他的美学里。他在《美学》中作出了这样一个结论：

> 自然美只是属于心灵的那种美的反映，它所反映的只是一种不完全不完善的形态，而按照它的实体，这种形态原已包涵在心灵里。

黑格尔在这里无非是说，艺术美高于自然美，艺术美不是自然美的反映，相反，自然美倒是属于心灵的那种美的反映。所谓"属于心灵的那种美"，就是作为一切美的事物的根本依据的美的理念，即决定并产生一切美的事物的"实体"。

从物质中抽象出绝对理念，并把绝对理念当作不依赖于物质的独立存在，这是容易的。但是人们的常识不免要问：这个"一般果实"即作为现实水果的实体，又怎么会忽而表现为苹果，忽而表现为梨，忽而又表现为扁桃呢？思辨结构为了达到某种现实内容的假象，它需要从抽象的实体返回到丰富、生动、具体的现实世界上去。思辨哲学家对于这问题的回答是，因为"一般果实"并不是僵死的、无差别的、静止的本质，而是活生生的、自相区别的、能动的本质。千差万别的水果，只是"一般果实"的生命的不同表现。思辨哲学所要证明的正是"一般果实"在它的一切生活表现中，在苹果、梨、扁桃等等中的统一性，也就是证明这些水果的神秘的相互联系，证明"一般果实"怎样在这些水果的每一种中渐次地实现自身，并怎样必然地从自己的一种存在形式转到另一种形式。这样，思辨哲学家就把自己从苹果的观念推移到梨的观念这种他本人的思维活动，说成是"一般果实"这个绝对理念的自我活动了。

## 自然美

黑格尔关于辩证法的叙述总是贯串着一条由低级向高级发展的线索。在他的《美学》中，关于自然美的论述是全书写得最枯燥的部分，往往被黑格尔美学评论家弃置不顾。但是，其中也不是毫无可取之处。黑格尔是把自然美和自然界的演进联系起来考察的，从而证明自然美也有它本身的发展过程，也同样贯串着一条由低级向高级的发展线索。

按照自然界的演进序列，自然界三大类别——矿物、植物和动物是前后相继依次出现的。自然界不仅表现了自然的演进历程，而且它们也各自显现了不同等级的美的形态。黑格尔认为，在这三个阶段的自然分野中，有一种内在的必然性，有一种符合理性的前进过程。

首先，是最低级的矿物结晶体，它只表现了一种外在统一的抽象形式的美，即整齐一律和平衡对称。比矿物高一级的是植物。植物不再是同一定性的抽象的重复，也不是同与异一致性的交替，而开始具有雏形的部分之间的区别。比如茎、叶、花、果等不同形状构成具有差异面的有机体。因此植物就比矿物前进了一步。更高一级的是动物，动物身上才显出生命。黑格尔认为生命与自由是美的概念的基础。但是，动物身上有生命的活动的枢纽对于我们还是隐蔽着，我们只看到动物形体的外在轮廓，而这外在轮廓还是完全被羽毛、鳞甲、针刺之类遮盖着，还保存着植物的构成形式。露在外面到处显现的不是内在生命。只有发展到人体，自然美才现出了最高的美的形态。人体是构造最精的有机体。人体不复被一层无生命的外壳所遮盖，血脉流行在全部皮肤的表层，处处都可以看出活跃的生气。人的全身都可以显示他的内在生命，表现他的微妙复杂的感情。在这构造最精的有机体上，各部分之间，既有彼此外在的独立性，又有贯串一气的内在联系。为了说明这一点，黑格尔举出亚里士多德提出的一个例子，比如，一只手只有长在人体上，和人体的其他器官构成一个有机体时，方才具有手的意义，发生着手所应有的作用。如果把手从人体上割下来，就不再是手了。同时，在人体这个构造最精的有机体上，整体与部分之间、形式与内容之间也达到了和谐一致的境界。这种和谐一致性正是构成美的重要因素之一。这一点，从下面情况可以清楚见到：当一个人被某种感情所支配的时候，他的内在灵魂就要从外在方面显现出来。人的感情通过各种方式充分地宣泄于外，不仅从眼睛里表露得最充分，而且也在其他器官中流露出来，如嘴角、鼻翅、面颊、额头，甚至连全身肌肉也都被这种感情所灌注。雕刻家就是往往通过人体的肌肉来表现人物的内在情绪和性格的（如罗丹的《思想家》）。表现在人体上的这种整体与部分之间、形式与内容之间的和谐一致，形成了自然美的最高峰。

这里我们可以看到自然美随着自然界的演进历程，从结晶体美，一步步逐渐发展到人体美，形成了不断地前进运动。这就是黑格尔所说的自然美"有一种符合理性的前进过程"。黑格尔根据自然界演进历史来考察自然美的发展，对于我们来研究自然美和艺术美的关系提供了一条足资借鉴的线索。自然，这里必须说明，在黑格尔那里，上述见解并没有用这样明确的形式阐发出来，其中一些可贵见解，往往混杂在一大堆烦琐概念和思辨的叙述之中。我们在转述他的意见时是经过选择和整理过程的。这种整理工作，我们是遵守"根底无易其固"的原则来进行的。我们并没有把黑格尔美学本身所没有的东西硬加给他。

由于黑格尔把自然美作为美的理念的发展的低级阶段，由此他就毫不费力地作出"艺术美高于自然美"的结论。他对美所作的定义是：理念在感性中的显现。如果理念不是完善地直接地从感性中显现出来，那就不能认为是艺术的理想。他认为处于低级阶段的自然美，还没有摆脱它的粗糙状态，是有缺陷的。这种缺陷表现在三个方面：

第一，在直接现实中的内在因素仍然是内在的；

第二，直接个别存在的依存性；

第三，直接个别存在的局限性。

就以自然美的最高一级人体来看，人体虽是构造最精的有机体，已接近艺术的理想，但毕竟还不是艺术美本身。作为自然美的人的生活的缺陷在哪里呢？黑格尔在《美学·艺术美的理念或理想》中说：

> 心灵的个体本身是一种借心灵性作为中心点而结合起来的整体。在它的直接现实中，它只是零碎地显现于生活、行动、不行动、愿望和冲动，但是它的性格还是要从它的一系列的行动和经验中才可以认识出。

这就是说，现实生活中的个别人物，他的性格并不是在他的日常生活中的任何一个断片中可以完整地表现出来。他有某种感情激发的时刻，这种时刻固然可以表现他的心灵活动，但也只是表现了他的性格的某一方面，因为他也有被另一种性质完全不同的感情所支配的时刻。除此以外，他还有无所思虑或者意识完全停止活动的时刻，比如在睡眠中，这种时刻根本无法表现他的性格特征。所以，在现实生活里，一个人的性格只是零碎地、分散地表现在他的一系列的生活经验里面，其中每一个断片都不足以表现他的完整性格。他的完整性格只能表现在这些断片的总和之中。因而，就每一断片来说，他的完整性格仍然是内在的、有局限的，并且是互相依存的。

## 艺术的理想

艺术的理想就是为了排除这种自然美的缺陷。黑格尔说：

理念和它的表现，即它的具体现实，应该配合得彼此完全符合。按照这样理解，理念就是符合理念本质而表现为具体形象的现实，这种理念就是理想。（《美学·全书序论》）

所谓"理想"，就是指的艺术美。艺术美要求事物的外在形象必须完善地表现它的内在本质。这里涉及现象与本质的关系问题。黑格尔在《小逻辑》中曾提出过这样一个命题："凡现象所表现的没有不在本质内的。凡在本质内的没有不表现于外的。"（第一百三十九节）当然任何现象都是本质的现象，不可能有不表现本质的现象存在。但是表现本质的现象却是多种多样的，我们不应把它们并列起来放在同一等级的地位上，因为它们是在各自不同的程度上表现着本质。从某些现象中，我们可以比较直接比较充分地见出它所表现的本质。但也有些现象和它们所表现的本质之间存在着疏远的距离，并且往往是迂回曲折地表现了本质的某一侧面，这一侧面也可能以一种假象的形态呈现出来。因此，如果要求外在形象完全符合它的本质，艺术创作首先就必须排除掉那些不能充分显出本质的偶然性的或不必要的东西。但是，在现实生活中，一个完整的性格在自然形态的生活断片中仍呈现分裂状态，还没有成为一种可以看得见的内在联系，直接呈现于感性观照，而只能成为思考的对象。按照黑格尔的艺术理想来说，作为内在本质的东西，必须直接显现于感性事物中，使抽象的概念转化为具体的形象，提供为感性的观照，而不能通过思考去掌握。因此，要使自然美升华为艺术美，就不能单纯地去模拟自然，而必须对自然美再进行艺术的加工。按照黑格尔的说法就是"使无数的个别性相由分裂状态还原到统一，以便集中成为一个表现和一个形象"。这就是艺术的概括。黑格尔在《美学》中没有提出典型的说法，但是他说的艺术概括正是"典型"论的萌芽。在艺术的概括中,自然美的缺陷,即客观事物的内在性、依存性和局限性被克服了。在艺术创造出来的"一个表现和一个形象"中,外在形象完全符合它的本质,并且就在外在形象中可以直接地见到它的本质。举例来说,雕刻作为空间的艺术,没有时间的延续性,它只能表现人物的某一种姿态,并通过这种姿态显现人物的某一种情绪,但它必须克服生活真实中的内在性、依存性和局限性,成为艺术概括出来的典型,从而可以唤起人的想象活动,让人预感到它在千变万化的情况里,可以产生一切可能的表现。这就是黑格尔关于艺术美高于自然美的主要论据。

黑格尔用这些包含着合理因素的论据来证明这样一个错误的命题,显然是由于他把自然作为无所不包的理念中的一个构成部分,而且是其中最粗糙的部分。他认为自然美是有缺陷的,因为照他看来只有美的理念才是绝对自由和无限的。这是黑格尔的思辨哲学无法避免的谬误。正确地说来,人们不满足于自然美而要求艺术美,是由于人通过自己的主观能动性,像黑格尔在上述论述中所说的那样,去揭示现实生活的真实性,而并不是艺术美高于自然美。艺术家不能用理想代替现实,或把美的理念化为现实的形象,他只能能动地表现现实。

为了体系的需要,黑格尔把美的理念放在自然美的前面,认为美的理念是先于自然美的独立存在。但是只要把这两部分论述加以仔细对照和比较,我们立即就可以发现,黑格尔对美的理念所作的种种规定,恰恰是从作为生命的自然美中概括出来的。所谓"美的理念"不是别的,正是他在《自然生命作为美》的部分中对生命有机体做了周密研究之后所获得的成果。这些成果主要是把关于生命有机体的一些带有规律性的东西加以规范化,以便提炼更精确的形态表述出来。这样,从体系看似乎是黑格尔《美学》中最唯心的这一部分，就其内容来说，却是现实的。例如黑格尔说：

> 一切存在的东西只有作为理念的一种存在时，才有真实性。因为只有理念才是真正实在的东西。(《美学·艺术美的理念或理想》)

这里是说，客观存在只有符合概念时才有真实性。如果实在在其展开过程中表明为合乎规律的必然性，那就是符合它的概念。所以黑格尔说的"作为理念的一种存在"无非指的是合乎规律的客观存在。美的理念就是客观存在的真实性在感性事物中的显现。黑格尔认为美的必须是真的，因为理念本身是真实性的，但真的却不等于是美的。在美学里，真实的理念不像在哲学里那样以普遍性的思考形式出现，而是以个体性的感性形式显现出来。

> 当真在它的这种外在存在中是直接呈现于意识，而且它的概念是直接和它的外在现象处于统一体时，理念就不仅是真的，而且是美的了。

黑格尔在《美的理念》中详细地论述了这个统一体，并由此推演出一些美的法则。

## 总念论三范畴

黑格尔在论述美的法则时，运用了他的总念论的三个范畴：普遍性、特殊性和个体性。

> 普遍性乃是自我同一的，不过须明白了解为在普遍性里同时复包含有特殊的和个体的在内。再则，特殊的即是相异的，或有特殊性格的，不过须了解为，它自身是普遍的并且具有个体性。同样，个体性亦须了解为主体或基本，包含有种和类于其自身，并具有实质的存在。这就表明了概念的各环节有其异中之同，有其区别中的不可分离性。(《小逻辑》第一百六十四节)

在作为美的统一体中，具有普遍性的内在本质方面和特殊个体的外在现象方面可以互相渗透。普遍性的内在本质可以把特殊个体的外在现象统摄于自身之内，同时，特殊个体的外在现象也可以把普遍性的内在本质宣泄于外，从而形成各差异面的和谐一致。

黑格尔认为这种对立统一的辩证法是知性所不能理解的。他说："知性不能掌握美。"因为知性的特点乃在于抽象与分离。知性认为抽象孤立的概念即本身自足，可以用来表达真理而有效准。其实，知性只是对于对象的外在思考，知性用来称谓对象的概念或名词，乃是主观的现成的表象，是外加给对象的。如果用知性来掌握美，就会把美的统一体内的各差异面看成是分裂开来的孤立的东西，从而把美的内容仅仅作为一抽象的普遍性，而与特殊性的个体形成坚硬的对立，只能从外面生硬地强加到特殊的个体上去；而另一方面，作为美的形式的外在形象也就变成只是拼凑起来勉强黏附到内容上去的赘疣了。这就破坏了美的和谐与统一。

在黑格尔看来，知性只是理性认识的一个低级环节。知性凭借理智的区别作用，不是在事物的变化发展中，不是从事物的内在联系中，而是就事物的孤立的静止状态，去分析、判定事物的特点和性质。这种区别作用，在认识过程中虽不可少，因为缺少了这一步就会丧失对事物认识的确定性，但是，认识过程却不能停留在知性的阶段上。倘使认识至此不再前进，那就会局限于知性所坚持的限度内，不能认识事物的发展变化及其内在联系，而陷入形而上学之中。按照知性的观点来看，美的对象只能是这样一些个别事物，这些个别事物的概念，只能是从主观外加于客观存在。可是按照辩证的观点来看，普遍性不是从外面附加到个别事物上去的，在个别事物本身中就包含着普遍性和特殊性，因而认识的作用只在于把个别事物本身固有的普遍性发掘出来。黑格尔把这种普遍性叫作"具体的普遍性"，以区别知性的"抽象的普遍性"。

在美的对象中，概念和实在都必须是从事物本身引发出来的。显然，这条美的法则是从生命有机体的规律中概括出来的。在生命有机体中，概念和实在这两个差异面的统一，就是灵魂与身体的统一。灵魂与身体都是生命所固有的。它们之间的关系是一种有机的内在联系。灵魂把生命灌注在身体的各部分之中，这在感觉中就可以看出。人的感觉并不是单独地发生在身体的某一部分，而是弥漫在全身，全身的各部分都在同时感到这种感觉。但是，在同一身体上并没有成千上万的感觉者，却只有一个感觉者，一个感觉的主体。美的法则也是这样。在艺术作品中，内容意蕴和表现它的外在形象必须显现为完满的通体融贯。内容意蕴作为艺术生命的主体，把生气灌注到外在形象的各部分中去，使它们活起来。外在形象的各部分都弥漫同一内容意蕴贯注给它们的生命，而形成和谐一致的有机体。外在形象是从内在意蕴本身中发展来的，是内在意蕴在现实中实现自己的外在表现，而不能是拼凑一些外在材料，强把这些材料机械地迁就本来不是它们所能实现的目的。因为那些拼凑起来的艺术形象的各部分对于外加给它们的抽象概念处处都会表现出一种抵制和反抗，从而形成内容和形式的分裂。这是形成艺术上概念化的根源所在。

## 观念性的统一

黑格尔在《美学》第一卷《美的理念》一节中对于美的法则作了更进一步的说明：

> 美的对象里各个部分虽协调成为观念性的统一体，而且把这统一显现出来，这种谐和一致却必须显现成这样：在它们的相互关系之中，各部分还保留独立自由的形状，这就是说，它们不像一般的概念的各部分，只有观念性的统一，还必须现出另一方面，即独立自在的实在的面貌。美的对象必须同时现出两方面：一方面是由概念所假定的各部分协调一致的必然性，另一方面是这些部分的自由性的显现是为它们本身的，不只是为它们的统一体。单就它本身来说，必然性是各部分按照它们的本质即必须紧密地联系在一起，有这一部分就必有那一部分的那种关系。这种必然性在美的对象里固不可少，但是它也不应该就以必然性本身出现在美的对象里，应该隐藏在不经意的偶然性后面。否则各个实在的部分就会失去它们的地位和特有的作用，显得只是服务于它们的观念性的统一，而且对这观念性的统一也只是抽象地服从。

在这段话里，屡次出现了"观念性的统一"这一用语。首先，我想对黑格尔这一术语简略地解释一下。所谓"观念性的统一"就是指的事物的内在联系。说它是观念性的，并不是说这种统一只存在于主观意识中，这种由内在联系构成的统一就存在事物本身里面，但由于它是内在的，所以不能凭借感官知觉到，而只能通过思考才能辨识出来。通过思考去认识这种观念性的统一，却是专属哲学的认识功能。在美的对象里，观念性的统一却必须从事物的外在现象中直接显现出来，呈现于感性观照。例如，人的身体和灵魂之间有着有机的关联，在平时，这种内在联系，还不能直接见出，只能通过思考去辨认，这就是观念性的统一。但是人一旦被某种感情所支配的时候，这种感情就从他的身体的各个部分充分地显现出来，从而这种观念性的统一就由本来内在的直接宣泄于外，变成可以感觉到的东西了。这就是美的对象所必须具有的特点。

## 必然性与偶然性

黑格尔揭示了必然性和偶然性在美的对象里的辩证关系。在美的对象里，作为整体的观念性的统一直接从各部分中显现出来，这就使各部分之间由于内容的生气灌注而形成通体融贯的协调一致。各差异面协调一致的必然性，使各部分之间结成这样一种有机的关联，即有这一部分就必有那一部分的关系。自然生命有机体的各部分，就是按照这种方式构成的。在生物学中，达尔文把它定名为"生长相关律"。这一规律表明一个有机生物的个别部分的特定形态经常是和其他部分的某些形态相联系的，虽然在表面上它们似乎并没有任何关联。在自然生命有机体中，各部分的形状、性能发生着相互影响。（因此居维叶可以根据一枚牙齿的化石勾勒出一种早已灭绝的古动物的大致正确的全体图像。）无机物就不然。从矿物割取一部分下来，既不影响整体，也不影响部分。就部分来说，它们是同一矿物。就整体来说，并不引起质的改变，而只引起量的改变。可是生命有机体并不如此。从人体割下一只手来，无论对部分或对整体都会引起变化。美的对象也像生命有机体一样。艺术形象的任何一部分的任意改动，就必然会影响其他部分以至整个作品的原有性质。这种整体与部分和部分与部分之间的有机关联，就是黑格尔所说的必然性。

但是，另一方面，黑格尔又说，这种必然性不应该以它本身出现在艺术作品中，而必须隐藏在不经意的偶然性后面。这是黑格尔论述美的法则的一个重要观点。为了说明这一观点，我们还是先回到自然生命有机体上来。在互相关联协调一致的生命有机体中，各部分又显示了它们各自所共有的独立自在的面貌，例如，在人体上每个部分都是不同的，每个部分都显得它本身是独立自在的。因此它们都为同一生命而服务，但是它们不仅在形状上显出各自不同的独立自在性，而且在为同一生命服务上也因形体构造不同，而发挥不同的功效。它们各有专司，各管各的事，不能互相替代。

黑格尔认为，生命的过程就是矛盾统一的过程，它表现在下述双重活动方面：

> 一方面它继续不断地使有机体的各部分和各种定性的实在差异面而得到感性存在，而另一方面如果这些差异面僵化为独立的特殊部分，变成彼此对立，排外自禁的固定的差异面，它就又要使这些差异面见出它们的普遍的观念性，即它们的生命的源泉。（《美学·艺术美的理念或理想》）

在这种体现了生命过程的双重活动的有机体中，各差异面保持了它们独立自在的面貌，而并不现出抽象的目的性。这就是说，某一部分的特性并不同时是另一部分的特性。任何部分并不因为另一部分具有某种形状，也就具有那种形状，例如像在"有规律的安排"中那样。在"有规律的安排"里，各部分的形状、大小等等，都取决于某一抽象的规定，就如同一军营的士兵都穿上一样的制服，制服的各部分、样式、颜色等等彼此之间的关系不是偶然的，这一部分用这个样式，就因为其他部分也用这个样式。生命有机体却不如此。它们的独立自在性显得是为它们本身的，而不是为了它们的统一体。虽然在各部分的独立自在性是可以见出一种内在的联系，但是这种经过生命灌注作用所产生的统一，不但不消除个别方面的特性，反而把这些特性充分地表现出来，把它们保持住。这就是黑格尔所说的必然性必须隐藏在不经意的偶然性后面。

　　黑格尔关于必然性和偶然性辩证关系的精辟论述，批判了以形而上学为基础的概念化、庸俗化的理论。这种理论使必然性和偶然性坚硬地对立起来，并且把必然性置于不堪容忍的专横统治的地位。照它看来，如果要表现艺术作品由概念所规定的各部分协调一致的必然性，就不能允许各差异面的独立自在性。各部分不是为它们本身而存在，只能是为它们的统一体而存在，它们完全丧失了自己的地位和特性，只是单纯地为抽象的概念服务。这样制造出来的作品，其中的人物形象就变成了作家的思想传声筒，而作品的细节也就变成了影射主题思想的简单符号，从而作为现实生活自然形态的偶然性完全被放逐到艺术领域之外。但是，在现实生活中，"这一个豌豆荚中有五粒豌豆，而不是四粒或六粒；这条狗的尾巴是五英寸长，不长一丝一毫，也不短一丝一毫；这一朵苜蓿花今年已由蜜蜂授粉，而那一朵却没有，而且这一朵还是由这只特定的蜜蜂在这一特定的时间内授粉的；这一粒特定的被风吹来的蒲公英种子发了芽，而那一粒却没有；今早四点钟一只跳蚤咬了我一口，而不是三点钟或五点钟，而且是咬在右肩上，不是咬在左腿上……"这里面有什么必然性呢？这种现实生活中自然形态的偶然性，在艺术作品里也是不能排除的。艺术创作一方面要把生活真实中各个分散现象间的内在联系这种必然性直接表现出来、呈现于感性观照；另一方面又必须保持生活中自然形态的偶然性，使两方面协调一致，这是艺术创作的真正困难所在。在艺术真实中，生活现象的自然形态被保持下来了，但它们彼此分裂的片面性被克服了；偶然性的形式也被保持下来了，但必然性通过偶然性为自己开辟了道路。这里黑格尔关于偶然性的论述也就驳斥了他自己在《艺术美或理想》第一部分中所提出的"清洗"的理论。根据他的"清洗"理论，艺术创作必须把现象中凡是不合概念的东西一起抛开，亦即必须把生活中只关自然方面的一切外在细节一起抛开。这样，作为现实生活自然形态的偶然性也就被排斥在艺术作品之外了。但是，黑格尔的辩证法纠正了他本人强调理想的偏颇。

## 美的理念

黑格尔在《美的理念》一节中提出了美的法则。不难看出，这些美的法则并不是先验地在自然美产生以前就已存在，尽管黑格尔本人是这样宣布的。事实上，这些美的法则正是从自然生命有机体的法则中概括出来的。离开了自然生命有机体，又从哪里去寻找美的理念呢？就连黑格尔自己也不得不承认："凡是唯心哲学在心灵领域内所要做的事，自然在作为生命时就已经在做。"因此他说："只有生命的东西才是理念，只有理念才是真实。"

美的理念只能以自然生命有机体为基础，从中抽绎出美的法则。正如宗教幻想所造成的神物不过是人自身本质的幻想的反映，作为绝对存在的美的理念也不过是自然生命有机体的本质的反映。我们一旦认识到以幻想形式出现的美的理念只是自然生命有机体的本质的反映，我们同时也就发现了黑格尔关于美的法则作出了把握事物本身的真实的叙述，不过是"把现实的发展变成了思辨的发展，把思辨的发展变成了现实的发展"罢了。

## 审美主客关系

黑格尔最早比较全面地阐述了审美活动中的人的能动性。他在《艺术美的概念》一节中说："在艺术里，感性的东西是经过心灵化了，而心灵的东西也借感性化而显现出来。"这意思是说，在文艺创作过程中，心灵的现实化和现实的心灵化一直在交错进行着。文艺创作所反映的现实不是现实世界的自然形态，而是心灵化的现实，从而使艺术美区别于自然美。同时，文艺创作所表现的思想感情不是精神世界的抽象形态，而是现实化的心灵，从而使以形象为特征的艺术区别于以概念为特征的科学。

黑格尔在《美的理念》中，通过对于知性的有限智力和有限意志的批判更进一步阐述了审美的主客关系。现将大意综述如下：有限的智力对待对象的态度是假定客观事物是独立自在的，而我们的认识只是被动地接受。表面上看，这好像是克服了主观的幻想和成见，按照客观世界的原状去吸取眼前的事物。但主体在这种关系上是有限的、不自由的，因为这是先已假定了客观事物的独立自在性，从而取消了主观的自确定作用。而有限的意志则相反，主体在对象上力图实现自己的旨趣、目的、意图，根据自己的意志牺牲事物的存在和特性，把对象作为服务自己的有力工具，从而剥夺了事物的独立自在性，以致使对象依靠主体，对象的本质就在于对主体的目的有用。但这种主体的自由只是一种假象，在实践的关系上，它仍是有限的、不自由的。因为由于有限意志的片面性，对象的抵抗就不能消除，结果就造成了对象和主体的分裂和对抗。

黑格尔所说的"主观的自确定作用"含有审美活动的主观能动性的意蕴。（按：《小逻辑》第二百二十六节《附释》曾批判了把认识的主体当作一张白纸的观点。这是针对洛克在《人类悟性论》中提出的主张。可参阅。）黑格尔所提出的"人把他的环境人化了"这一实践观点，是有积极意义的。但是，我们同时也应看到他所谓审美主体的"自确定作用"，一方面在批判知性的有限意志时，肯定了事物的独立自在性，反对主体为了实现自己的意图去牺牲事物的存在和特性；而另一方面，他在批判知性的有限智力时，又否定了客观事物是独立自在的，认为这种独立自在性只是出于主体的事先假定。黑格尔的这种说法似乎是矛盾的，而他的晦涩的论述方式更容易使人迷乱。黑格尔的思想体系是按照客观唯心主义建立起来的。不依赖人的意识而客观存在着的理念是他的哲学的核心。他在《美学·艺术美的理念或理想》中说：

> 一切存在的东西只有作为理念的一种存在时，才有真实性，因为只有理念才是真正实在的东西。这就是说，现象之所以真实，并不由于它有内在的或外在的客观存在，并不是由于它一般是实在的东西，而是由于这种实在是符合概念的。

由此出发，黑格尔认为在审美的主客关系中，客体对于主体是独立的。有限意志的局限就在于没有认识到客体不依赖人的意识而客观存在着。可是，另一方面，客体对于理念来说又是没有独立性的，因为它只是理念的外化，尚处于低级的粗糙阶段。有限智力的局限则在于没有认识到人的认识历程是理念的自身活动，由自在阶段向着高级自在自为阶段的不断深化，而要认识客观事物的内在概念，就要依靠主观的自确定作用，使理念恢复到自身，达到主客观在自在自为的更高阶段上的统一。黑格尔把主观能动性视为理念自身活动的一个环节，因为他"不知道真正现实的、感性的活动本身"，不知道人的能动性是由历史所形成，只能从实践中产生，再经过实践来检验。

因此，黑格尔在论述审美主客关系时，作出了"在概念与实在的统一里，概念仍是统治的因素"的结论。不过，黑格尔在思辨的叙述中常常作出了把握事物本身的真实的叙述，例如，他虽然把艺术美称作"理想"，但他却强烈地反对使艺术脱离现实的理想化倾向。他说：

> 在艺术和诗里，从"理想"开始总是很靠不住的，因为艺术家创作所依靠的是生活的富裕，而不是抽象的普泛观念的富裕。在艺术里不像在哲学里，创造的材料不是思想，而是现实的外在形象。所以艺术家必须置身于这种材料里，跟它建立亲切的关系，他应该看得多，听得多，而且记得多。

不过，由于他以"美是理念在感性事物中的显现"这一原则所建立的客观唯心主义美学体系的局限，他断言心灵和心灵所产生的艺术美高于自然。他认为只有心灵才是真实的，才是涵盖一切的，所以自然美只是心灵美的反映，而且自然美所反映的心灵美只是全然不完善的粗糙形态。由此，黑格尔提出了他的艺术"清洗"的理论。他认为艺术要把被偶然性和外在形状所玷污了的事物还原到它和它的概念的和谐，就必须把现象中凡是不符合概念的东西一概抛开，只有通过这种"清洗"，才能把理想表现出来。黑格尔曾经把这种克服所谓自然缺陷的艺术"清洗"理论表述在下面的命题中，即：艺术创作应使"概念完全贯注到符合它的实在里"。对于黑格尔由绝对理念孕育出来的这种说法,费尔巴哈早就看出其中具有一种和他的辩证法相反的绝对化倾向,他在《黑格尔哲学批判》中说:

> 认为"类"在一个个体中得到绝对的实现……这乃是一件绝对的奇迹,乃是现实界一切规律和原则的勉强取消,——实际上也就是世界的毁灭。

这个批判同样非常准确地击中了黑格尔美学的要害。因为黑格尔所说的"概念完全贯注到符合它的实在里",正是认为"类"可以在一个个体中得到绝对的实现,但是,"类"在个体中绝对地实现,这在现实世界中是不存在的。同样,在艺术中也是荒诞的。无法想象,有一个绝对的典型,在理想状态中达到尽善尽美的境地,艺术创作再不能越出一步,于是只好惊愕地束手观望这个"类"在个体中绝对实现的典型了。

事实上,当黑格尔的辩证法使他从思辨结构中摆脱出来,作出了把握事物本身的真实的叙述时,他也背叛了自己的理论原则。他在论述美的理想对现实的关系时,曾反对艺术家从现实中的最好形式中,东挑一点,西挑一点,拼凑起来的办法。他在《美学》和《小逻辑》中,都说过偶然性在艺术创作中是不可少的。他在论述人物性格时,曾反对法国古典主义剧作家使人物仅仅成为某种情志的抽象形式而消灭了人物的主体性,从而使艺术表现显得枯燥、贫乏。他说:

> 性格的特殊性中应该有一个主要的方面作为统治的方面,但是尽管有这个定性,性格仍须同时保持住生动性与完满性,

使个别人物有余地可以向多方面流露他的性格，适应各种各样的情境，把一种本身发展完满的内心世界的丰富多彩性显现于丰富多彩的表现。(《美学·艺术美的理念或理想》)

这类论述显然和他从艺术"清洗"理论提出的使"概念完全贯注到符合它的实在里"的命题异旨。可是这些地方往往为人所忽视，甚至把黑格尔美学中的消极一面发展到极端，成为将所有的优点集中到一个人物身上来拔高形象就是创造艺术典型的准则。从这种追求理想完人的理论出发，以致连车尔尼雪夫斯基在《生活与美学》中所提出的正确命题"茶素不是茶，酒精不是酒"，也被视为对艺术美的贬低。朱光潜的《西方美学史》批判了这一命题，认为美就是应该将许多个体上的美加以集中的表现。这是一种倒退。车尔尼雪夫斯基大体继承了别林斯基的观点。别林斯基曾经对典型提出这样的问题：

> 典型是些什么？难道像过去高贵而可敬的美学家们所设想和宣扬的那样，是散在于自然界，为了按照预定的尺度构成典型才加以收集的各种特征吗？……呵，不是的，完全不是的！(《论俄国中篇小说与果戈理君的中篇小说》)

我国古代思想家王充在《论衡·艺增》中，也批判过那种"辞出溢其真，称美过其善，进恶没其罪"的违反真实性的浮夸作风。其实，车尔尼雪夫斯基的这个观点和上引黑格尔关于人物性格的观点基本上是一致的。这里我们还可以援引黑格尔的另外一段话来加以证明。他曾经讥嘲知性的分析方法说："比如，一个化学家取一块肉放在他的蒸馏器上，加以多方的割裂分解，于是告诉人说，这块肉是氧气、氮气、氢气等元素所构成。但这些抽象的元素已经不复是肉了。"（《小逻辑》第二百二十七节）这和车尔尼雪夫斯基提出的"茶素不是茶，酒精不是酒"，几乎有着惊人的类似。

不过，由于黑格尔认为美是理念在感性事物中的显现，由于他认为自然本身是有缺陷的，不能完善地显现美的理想，从而作出了一些显然错误的审美判断。例如，他在论述引起动作的普遍力量时，认为反面的、坏的、邪恶力量不应作为反动作的基本根源，"因为它们内在的概念和目的本身已经是虚妄的，原来内在的丑在它的外在实在中也就更不能成为真正的美了"。这种观点使他对莎士比亚作出了一些不公正的指摘。他说："古代大诗人和艺术家从来不让我们引起罪恶和乖戾的印象，莎士比亚则不然，他在《李尔王》悲剧里却尽量渲染罪恶。"这种把表现罪恶当作玷污美的理想的偏见，倘加以引申和发挥，就会一笔抹煞十九世纪席卷整个欧洲的现实主义文学思潮，因为这些作品几乎都以批判社会罪恶为宗旨。从黑格尔上述观点来看，就不能认识到这些揭露社会罪恶的作品并不简单地只是揭露丑恶，它们在揭露丑恶的同时也流露了作者的一定的理想光芒。因为黑暗不能用黑暗去暴露，而必须用光明去照亮它。果戈理曾经很机智地说明了这一点。当有人问他作品中的正面肯定力量是什么的时候，他回答说："我的'笑'。"黑格尔这种否定艺术表现邪恶的偏见正是说明：第一，当概念与实在发生不一致的情况下，不是使概念服从实在，而是牺牲实在去保持概念的纯洁。如果说这一点在他的艺术"清洗"理论中已现端倪，那么在他指斥表现罪恶（这是大量存在于莎士比亚时代——资本主义原始积累时代的现实）玷污了美的理论中就显露无遗了。第二，他的美的理想仍受到了艺术只应表现美好事物的传统美学观念的束缚，而并不承认艺术应该全面表现社会生活，除了美好的方面外也包括邪恶的方面在内，从而使他把古希腊史诗时代的艺术标准偶像化、绝对化，当作了一切时代的审美准则。他认为史诗时代以后艺术只有日趋衰落，这一看法显然出于他对古希腊艺术的偏爱。第三，他把事物的概念和实在和谐一致作为美的属性，正像车尔尼雪夫斯基在《生活与美学》中所指出的：

> 把艺术作品必要属性的形式美和艺术的许多对象之一的美混淆起来，是艺术中不幸的弊端的原因之一。

虽然黑格尔在阐发美的规律方面较之车尔尼雪夫斯基的美学具有更丰富的内容，虽然车尔尼雪夫斯基由于直观唯物主义的局限而不能像黑格尔那样从主观能动性方面去阐述艺术的创作活动，来充分肯定艺术美的应有价值，但是车尔尼雪夫斯基的上述美学观点却是正确的。他以费希尔作为黑格尔美学代表的批判也并没有完全落空，有时他确实触及了黑格尔美学本身的缺陷。

## 整体与部分和部分与部分

黑格尔的《美的理念》主要论述了整体与部分和部分与部分之间的必然性和偶然性关系。所谓"美的理念"正是从作为生命的自然美中才概括出来的，是他在《自然生命作为美》的部分中对生命有机体作了周密的研究之后所获得的成果。这些成果主要是把关于生命有机体的一些带有规律性的东西提炼出来，加以规范化，作为美的理念的内容。

在体现了生命过程双重活动的有机体中，各差异面保持了它们独立自在的面貌，而并不现出抽象的目的性。这就是说，某一部分的特性并不同时是另一部分的特性。任何部分并不因为另一部分具有某种形状也就具有那种形状。各部分的独立自在性显得是为它们本身的，而不是为了它们的统一体。虽然在各部分的独立自在性里可以见出一种内在的联系，但是这种经过生命灌注作用所产生的统一，不但不消除各部分的自身特性，反而把这些特性充分地表现出来。这就是黑格尔所说的必然性必须隐藏在不经意的偶然性的后面。

艺术作品的各部分、各细节不能是拼凑在一起的混合体。因为在混合体中，这一部分和那一部分之间并没有任何必然的联系，它们聚拢在一起只是由于偶然的机缘。同时，艺术作品的各部分、各细节也不能是限于形式方面的有规律的安排。因为在有规律的安排中，这一部分采用这个样式只是由于其他部分也采用这个样式的缘故。这样，各部分、各细节就会失去它们本身的特性，仅仅显出了外在的统一。相反，艺术作品的各部分、各细节一方面保持了各自独立的特性，另一方面又取得了内在的统一。它们不是由于偶然的机缘，而是由于内在的必然联系融为一体。而艺术作品这种内在的必然联系正是从具有各自独立特性的各部分、各细节直接显现出来的。

黑格尔关于美的理念的论述值得我们注意的地方，可以概括为以下几点：第一，黑格尔关于整体与部分和部分与部分之间的必然性和偶然性关系的论述，具有反形而上学观点的积极意义。形而上学观点使必然性和偶然性坚硬地对立起来，并且把必然性置于不堪容忍的专横统治地位。照形而上学观点看来，如果表现艺术作品由概念所规定的各部分协调一致的必然性，就不能容许各差异面的独立自在性。各部分不是为它们本身而存在，它们完全丧失了自己的独立地位和特性，只是单纯地为外加给它们的抽象概念服务。这样制造出来的艺术作品，其中的人物形象就变成了作家的思想的传声筒，而作品的细节也就变成了影射主题思想的象征或符号，从而作为生活现象形态的偶然性完全被放逐到艺术领域之外。第二，艺术创作一方面要把生活真实中各个分散现象间的内在联系这种必然性直接表现出来、呈现于感性观照，另一方面又必须保持生活现象形态中的偶然性，使两方面协调一致，这是艺术创作的真正困难所在。在成功的艺术作品中，生活的现象形态被保持下来了，但它们彼此分裂的片面性被克服了；偶然性的形式也被保持下来了，但必然性通过偶然性为自己开辟了道路。这里，黑格尔关于偶然性的论述，事实上也就反驳了他自己在《艺术美，或理想》第一部分中所提出的"清洗"理论。第三，不难看出，黑格尔在《美的理念》中所揭示的艺术规律并不是先验地在自然美产生以前就已存在，尽管黑格尔本人是这样宣布的。事实上，他所揭示的美的规律是从自然生命有机体中概括出来的。离开了自然生命有机体又从哪里去寻找美的理念呢？就连黑格尔本人也不得不在《美学》中承认："凡是唯心哲学（指黑格尔本人的哲学——引者）在心灵领域内要做的事，自然在作为生命时就已经在做。"因此他说："只有生命的东西才是理念，只有理念才是真实。"这里所说的生命，我们只要把它作为自然生命有机体看待，那么黑格尔的这句话就含有一定的合理因素。所以，所谓美的理念只能以自然生命有机体为基础，从中抽绎出美的规律。正如宗教幻想所造成的神物不过是人自己本身的幻想的反映，作为绝对存在的美的理念也不过是自然生命有机体本质的幻想的反映。

## 情况—情境—情节

　　黑格尔的《美学》没有正面阐述艺术的创作过程，但他在《理想的定性》中详细地阐述了理念经过了怎样的自我发展过程而形成为具体的艺术作品。他把这一过程也规定为三个步骤,即:情况—情境—情节。黑格尔认为情况即"一般世界情况"是人物动作(情节)及其性质的前提。他认为艺术的理想不能停滞在作为普泛概念的普遍性上,而必须转化为具有实体性内容的普遍力量。普遍性实现其自身于特殊的个体中,这就是理想的定性。这种实体性的普遍力量怎样才能成为可供感性观照的艺术作品呢?它必须实现自己,通过动作及一般运动和活动展示出来。这种动作或活动的场所或前提就是"情况"。他说:

> (情况)只能形成个别形象表现的可能性,还不能形成个别形象表现本身。所以我们所看到的只是艺术中有生命的个别人物所借以出现的一般背景。(《美学·艺术美的理念或理想》)

黑格尔关于情况的论述是很晦涩的。他认为只有在古希腊史诗时代,具有实体性内容的普遍力量才完全体现在个人的活动中,从而显现了个体的独立自主性,而在现代的散文生活中,普遍性与个体性形成了分裂状态,个性只有在局限的狭窄范围内才显出自由自在。所以他认为古希腊史诗时代是体现艺术理想的楷模。不管黑格尔对于资本主义社会损害艺术作出了怎样有价值的论断,总的说来,他对情况的说明是从和谐宁静这种观点出发的,而并不把情况看作是矛盾的普遍性。这种错误应归咎于他的思辨结构,因为照他看来,情况在三个环节中尚处于最初的自在阶段,其发展尚未明显,其蕴涵尚未显露,因此还只是混沌的统一体。可是,事实上作为普遍性的情况只能形成个别形象表现的可能性,而不能成为激发人物动作的直接推动力,原因并不在于一般世界情况并不存在矛盾,而是在于这情况是最根本最普遍的矛盾。虽然每个社会成员都受到这同一普遍矛盾的影响和支配，但只有当它体现为特殊矛盾时，才能成为激发人物行动的直接因素。

由情况进入到情境，倘我们用科学的语言来表述，就是由矛盾的普遍性进入到矛盾的特殊性。矛盾的特殊性是被矛盾的普遍性所规定的。只有在情境中，才能把情况所规定的人物及其行动表现的可能性转化为现实性。黑格尔说：情境就是"情况的特殊性，这情况的定性使那种实体性的统一发生差异对立面和紧张，就是这种对立和紧张成为动作的推动力——这就是情境及其冲突"。在这里，黑格尔把情境作为混沌统一体发生差异对立面的结果是费解的。不过，他把情境作为情况的特殊性，把情境及其冲突作为个别人物动作的推动力，这种见解是深刻的。因为艺术创作如果只从一般世界情况去把握人物，而不从具体的情境去把握人物；只着眼矛盾的普遍性，而无视矛盾的特殊性，那么这往往是造成概念化倾向的根源之一。就人物性格表现来说，冲突只能发生在特殊性的规定情境之中。黑格尔说："发现情境是一项重要工作，对于艺术家也往往是件难事。"人物性格离开规定情境就不能得到表现。怎样选择适当的特定情境及其冲突恰到好处地来显示人物性格，使人认识到这是怎样一个人，的确是不容易的。情境克服了情况的普泛性，和人物的具体处境、生活、遭遇结合起来，成为激发人物行动的机缘和动力。所以，情境及其冲突对于人物来说，是使他不得不行动起来的必然趋势。在情况中，具体的特定的冲突尚未定型，情况只是冲突的基础和根据。在情境中，冲突的必然性变成了人物的内在要求，和他的心情紧密地结合在一起。

但是，情境只是激发人物行动起来的机缘和动力，情境本身还不是行动。发出行动的是人。动作的蓄谋、最后决定和实际完成都要依靠人来实现。在情境及其冲突的激发下，人究竟怎样行动起来？

性格的差异往往在相同的情境中使他们发生千差万别的动作和反动作。在这里，人物的个性起着决定作用。所以，必须再由情境进入情节。情节即动作，是以人物性格为中心的。人物性格属于个体性范畴。按照黑格尔的说法，个体性就是"主体"和"基本"，"包含有种和类于其自身"（《小逻辑》第一百六十四节）。矛盾的个体性包含着矛盾的特殊性（种）和矛盾的普遍性（类）于自身之内。倘使把黑格尔这个说法加以阐发和引申，那就是人物一方面体现着作为社会关系总和的阶级属性，另一方面也体现着表现时代矛盾的特定冲突和纠纷。这两方面都要通过主体的动作或反动作显现出来。黑格尔把冲突激起人物行动起来的内在要求，借用古希腊人所说的παθοζ一词来表达。大体说来，黑格尔用这个字以表明特定时代的具有普遍性的伦理观念，但这种观念在人物身上不是由理智，而是由渗透着理性内容的感情表现出来。关于παθοζ（《美学》朱光潜中译本译为"情致"，也有人据此字的转译 pathos 译为"激情"或"动情力"，均不够妥帖。笔者觉得译作"情志"似较惬当）这个概念作出了精辟的阐述，是值得我们注意的。黑格尔有时又把这个概念称为"神圣的东西""神的内容"或索性就是"神"。这些神秘说法往往使人感到扑朔迷离，难以索解。但细绎其旨，我们可以看出：这是黑格尔从他认作是艺术理想时代的希腊艺术中概括出来的。因为在古希腊艺术中，无论是雕刻、史诗或悲剧，神往往是主要的艺术表现内容。古希腊人正是用神来表现他们时代具有普遍性的伦理观念的。这样我们就不难理解黑格尔说的下面这段话：

> 无论把神们（这是指希腊诸神，黑格尔把这些神视为各种人格化的情志——引者）看成只是外在于人的力量，或是把他们看成只是内在于人的力量，都是既正确又错误的。因为神同

时是这两种力量。(《美学·艺术美的理念或理想》)

表面看来,这似乎近于戏论。但是如果把它那披着神秘外衣的晦涩语言翻译出来,它的意蕴还是可以理解的。反映时代精神的具有普遍性的伦理观念,不是由个别人所形成,并不以他的意志为转移,所以对他来说是外在的。但是个别人不能脱离他的时代,他的性格被他那时代具有普遍性的伦理观念所浸染,形成他自己的情志,所以对他来说又是内在的。通过情志,黑格尔使人物性格和他的社会时代联系为一有机的整体。

以上我们综述了黑格尔论述艺术作品形成的三个环节的内容要旨。在综述过程中经过了清理,以便尽量使其合理的内容得到科学的表现。这里再总括地说明一下,贯串在黑格尔三个环节中的主线是理念的自我深化运动。按照他的思辨结构,艺术理想(理念)要实现自己,取得定性的存在,必须否定自身作为普泛概念的普遍性,转化为具有实体性的内容,这就是"情况"。情况发生了差异对立面,揭开了冲突和纠纷,从而否定了原来的混沌的统一,这就是"情境"。在情境中,作为主体的人物发出反应动作,使差异对立面的斗争得到解决,达到矛盾的消除,这就是"情节"(或动作)。不难看出,在这三个步骤中,每一步骤都是对前一步骤的否定,而每一否定都使艺术理想的自我深化运动前进一步,从而构成自在—自为—自在自为这样一个逻辑公式。黑格尔为了把艺术理想的自我深化运动纳入这个公式中,使用了思辨哲学的强制手段,因而使他在叙述每一环节的过渡时都是显得牵强的、晦涩的。可是,在黑格尔思辨结构的框架中蕴含着某些辩证观点,包含了某些非思辨的现实内容。最突出的一点,就是黑格尔始终从社会时代背景上来考察人物性格,把人物和环境联系在一起。

黑格尔在《小逻辑》中曾用一句概括的话说："一切事物都是一推论（或译推理）。"意思是指：任何事物都蕴含着普遍性、特殊性和个别性的辩证关系。他根据这一原理阐明了形成艺术作品的三个环节：情况（普遍性）、情境（特殊性）、情节（个别性）。对于黑格尔的这一理论，这里总括地说明以下几点：第一，黑格尔把这三个环节作为理念的自我深化运动。我们必须把被黑格尔倒置的关系颠倒过来，即把情况、情境和情节正确地理解作现实世界的普遍性矛盾、特殊性矛盾和个别性矛盾。第二，黑格尔美学的思辨结构采取强制手段，把这三个环节硬性规定作由情况到情境再到情节的刻板定程。但是，事实上作家进行创作并不一定依循这种先后秩序。作家在酝酿构思的时候，可能以表现时代社会普遍矛盾的情况为起点，也可能以表现某一事件特殊矛盾的情境为起点，或者也可能以表现某种性格个别矛盾的情节（人物动作）为起点。恐怕后一种情形反而更符合大多数作家的创作经历。这一点，如果说像黑格尔这样思想严密的哲学家竟然未能察觉，显然是难以令人置信的。他所以没有顾到这样简单的事实，只能归咎于他固执地为了构成自己的体系的缘故。第三，我们应该承认，黑格尔提出的三个环节的辩证关系是艺术创作的一条重要原理。作家酝酿构思时以哪一个环节为起点，这要根据每个作家的具体情况来决定。但是有一点必须明确，作家无论以哪一个环节为起点，都必须以这个环节作为中介，来沟通其他两个环节。例如，倘他以表现时代社会普遍矛盾的情况为起点，那么他就必须以情况作为表现某一事件特殊矛盾的情境和表现某种性格个别矛盾的情节的中介，使三个环节融为有机的整体。如果以情境作为构思的起点，或者以情节作为构思的起点，也都同样必须以这个起点作为中介，来沟通其他两个环节，把三者融为有机的整体，从而使人物性格及其在特定生活环节中的遭遇，反映出整个时代精神和社会面貌。这样，作家在文学创作中才不致使人物和环境脱节，形成只是空泛地去表现时代的重大事件而把人物变成丧失个性的模糊影子，或者相反，只是孤立地从事性格分析而不能通过人物去表现社会的宏伟背景。

## 释情志

黑格尔把激起人物行动起来的内在要求，用一个古希腊语 παθος 来表达。他说这个字很难译，不能作为情欲来理解，因为情欲总是有着一种低劣的意味，而它却是一种本身合理的情绪方面的力量，是理性和自由意志的基本内容。我以为情志应该合理地理解为在人的内心中所反映的时代精神。时代精神是一种普遍的力量，所以黑格尔把它称为"有实体性的普遍力量""普遍力量"或"普遍的内容"等等。更确切地说，这种时代精神，黑格尔往往用来表明那个时代的具有普遍性的伦理观念。为什么黑格尔又把它称为"神圣的东西""神的内容"或索性就是"神"呢？这是黑格尔从他认作是艺术理想时代的希腊艺术中概括出来的。在古希腊的作品中，无论是雕刻、史诗或悲剧，神纵使不是唯一的也是最重要的艺术表现的内容。古希腊人正是用神来表现他们时代具有普遍性的伦理观念的。这样我们就不难理解黑格尔说的：

> 无论把神们看成只是外在于人的力量，或是把他们看成只是内在于人的力量，都是既正确又错误的。因为神同时是这两种力量。（《美学·艺术美的理念或理想》）

黑格尔为了说明这一点曾举《伊利亚特》为例。他认为，在荷马史诗里，神与人的活动经常交织在一起。神好像是在做与人无关的事情，但是实际上，神所做的事情只是反映了人的内在心情的实体。比如，荷马描写阿喀琉斯在一次争吵中正在举剑要杀阿伽曼农，这时雅典娜女神站在他身后，一把抓住他的头发，只有阿喀琉斯才能看到她。一方面，雅典娜的来临好像与阿喀琉斯的心情毫不相干，阿喀琉斯心头的怒火突然停息，这种控制对于原有的愤怒似乎是一种外在力量。但是，从另一方面看，突然出现的雅典娜就是平息阿喀琉斯怒火的谨慎，这还是内在的，反映阿喀琉斯自己的心情的。事实上，荷马在前几行诗里就已留下了伏笔，点明了阿喀琉斯犹豫不决的内心矛盾。这就说明了雅典娜作为一种以神的面貌出现的情志，对阿喀琉斯来说，既是外在的又是内在的力量。这种情志代表一种审慎，这种审慎不是凭空而来的，而是和那个时代具有普遍性的伦理理念交织在一起的。它是以那个时代对于首领的尊重，处世待人的态度，以及符合英雄品格的行为标准这些具有普遍性的伦理理念为内容的。一个人从小就生活在浸透着他那时代精神，他那时代具有普遍性的伦理观念的环境中，这种时代精神及其具有普遍性的伦理观念，通过种种渠道——教养、习惯、亲友交往、社会风气的熏染，在他内心深处扎下了根，融为他的性格血肉的一部分，所以当他一旦发觉自己的行为背离这种时代的具有普遍性的伦理观念时，他就会自觉或不自觉地马上起来纠正自己行为的偏差，把它纳入他心目中认为合理的正轨。

## 再释情志

黑格尔在《美学》第一卷中说：

要显出更大的明确性，就须有某种特殊的情志，作为基本的突出的性格特征，来引起某种确定的目的、决定和动作。但是如果这种界限定得过分死板，以至使一个人物仅仅成为某种情志——例如爱情和荣誉感之类——的完全抽象的形式，那么，一切生气和主体性也就完全消失了，而这种艺术表现也就会因此枯燥贫乏——例如法国的戏剧作品就是如此。

这是非常值得我们注意的一个重要论点。作为人物身上主导因素的情志必须在人物性格的丰富性复杂性中显现出来，和人物性格的丰富复杂性互相交织在一起，必须带有人物个性的鲜明烙印。莎士比亚的作品可以说是这方面的典范。他的人物都具有特殊的带有个性鲜明烙印的某种情志作为基本的突出的性格特征，同时这种特殊的情志又不是直线式地支配人物行为和心理的单纯力量，而是与人物性格的多样性结合在一起的复合性。与此相反的就是黑格尔所说的十七世纪法国古典主义作品。这种作品只是挑出某一种情志作为人物性格的全部内容，人物的一言一行莫不严格地按照这种情志的需要作出死板的安排和规定，从而消灭了人物性格原来所应有的丰富性和复杂性。这样，就使情志丧失了生气和活力，而沦为一种概念化的抽象力量。黑格尔在论述希腊悲剧时也指出了某些作品存在着同样的弊端。他反对把神（情志）作为一种抽象的外在力量加到人物身上去。他指出有些希腊悲剧搬用"神机关"来作为事件的转折点，而不是使神（情志）和人结合起来，通过神（情志）来表现人物改变自己行动的内在要求。在这种情形下，人和神分裂开来，神（情志）发号施令，人只有俯首服从。神（情志）变成了死的机械，而人物也就变成神（情志）的工具，任凭外在的意志所支配了。在法国的古典主义戏剧中，尽管没有出现神，尽管推动人物行动起来的力量好像也是人物内心的一种思想感情，但由于这种思想感情只是由作者的意志外加到人物身上去的抽象概念，所以它其实就是一种变相的"神机关"，不过是人化了的"神机关"罢了。

黑格尔认为，情志应该在一个完满的个性里显现出来。在这完满的个性中，某一特定的情志尽管是构成性格的基本特征，尽管是在这一个性中占有统治作用的一方面，但是人的心胸是广大的，一个真正的人可以把各种不同的情志同时包括在他的心里。人物性格所以能引起兴趣，就在于他一方面显出整体性，而同时在这种丰富性中，他仍是本身完备的主体。所以在人物性格中，尽管有一种特定的情志作为统治方面，但同时人物性格仍须保持住生动性和完满性，使他可以有余地向多方面流露他的性格，适应各种各样的情境，把一种本身发展完满的内心世界的丰富多彩性显现出来。但是从形而上学的知性观点看来，一方面有一个统治的定性，而另一方面在这个定性范围内又有这样的多方面性，好像是不可能的。形而上学的观点爱用抽象方式单把性格的某一方面挑出来，把它作为整个人的唯一准绳。凡是跟这种片面的统治相冲突的，在形而上学看来，就是始终不一致的，但是就性格本身是整体因而具有生气的这个道理来看，这种始终不一致正是始终一致的、正确的。因为人的特点就在于他不仅担负多方面的矛盾，而且还忍受多方面的矛盾，在这种矛盾里仍然保持自己的本色，忠实于自己。

## 附　释

《笔记》中某些黑格尔专门术语的译名，没有采取朱光潜《美学》中译本的译名。例如 begriff 朱译本作"概念"（英译本作 notion），《笔记》从贺译作"总念"。因为黑格尔赋予此字的特殊含义，与一般所谓"概念"有重大区别。总念指的是具体的普遍性，以区别于知性的抽象的普遍性。再如 παθoζ 这一古希腊语，黑格尔在书中已说明此字很难转译，因此在书中特标明此字的希腊原文，至于他是否用德语转译以及用哪个德文字来转译，朱译未曾加以说明。至于英译本用什么译名，中译本亦未注出，估计可能用的是 pathos（悲哀、哀愁、动情力、悲怆性等）。而朱译竟以"情致绵绵"的"情致"译之。这个译名有乖原旨。英译名 pathos 作为一种动情力，含有悲怆性的意蕴，略近似于雅科布·伯麦的 Qual 这一用语的含义（英译 Qual 作 torment；intense suffering），据恩格斯解释；"Qual 按字面的意思是苦闷，是一种促使采取某种行动的痛苦；同时，神秘主义者伯麦把拉丁语 qualitas（质）的某些意义加进这个德国字。他的 Qual 和外来的痛苦相反，是能动的本原，这种本原从受 Qual 支配的事物、关系或个人的自发发展中产生出来，而反过来又推进这种发展。"由于语言学和哲学水平所限，我不能把古希腊人所说的 παθoζ 和神秘主义者伯麦所说的 Qual 两者之间的关系作进一步探讨，这里只是提供一条线索供高明者作为参考之资。至于《笔记》中把 παθoζ 译为"情志"一词是借用刘勰的用语。《文心雕龙》中把作为情感因素的"情"和作为志思因素的"志"连缀成词，用以表示情感和志思的互相渗透。刘勰所谓"志思蓄愤"，也同样是说情志含有一种悲怆性，它是一种打动人们心弦、唤起人们共鸣的动情力，不过他只是就激发诗人进行创作这方面的力量来说罢了。除此之外，在朱光潜译本中屡次出现的"静穆"一词，《笔记》中都改用"宁静"。这是因为我想到抗战前朱先生在自己的美学著作中曾经倡导过"静穆"说，这一论点和黑格尔的美学理论是不相干的。"静穆"一词早经朱先生赋予特定的含义，为了避免引起"静穆"说和黑格尔的美学同出一源，或来自黑格尔的美学理论这种不应有的暗示，而造成不应有的误会，所以我另用在黑格尔其他哲学著作中译本中所读到的"宁静"一词。（黑格尔《美学》中译本未注出原文。）

《笔记》中（第三段）在阐述知性不能掌握美时说到"知性只是理性认识的一个低级环节"，事前我曾和韦卓民先生讨论过，他来信表示这种说法不妥。然而这并非出于杜撰，乃是黑格尔本人的说法。《小逻辑》第八十二节中说："玄思逻辑（按：即辩证逻辑）内即包含有单纯的知性逻辑，而且从前者即可抽得出后者。"（中译本第一百九十三页）又，第三十六节："在玄思的哲学里（即辩证法），知性亦应是必不可少的一'时段'（moment）（亦可译作'环节'或'阶段'），但却是不能老停滞不前的'时段'。"（中译本第一百二十页）为什么知性作为理性认识的一个低级环节在认识的全部过程中是不可少的呢？《小逻辑》第八十节说：

> 我们必须首先承认知性式的思想之权利和优点，大概讲来，无论在理论的和实践的范围内，没有理智，便不会有坚定性和确定性。（中译本第一百八十四页）

形而上学的观点的缺陷乃在于坚持着并停滞在知性逻辑和知性范畴。例如恩格斯所指出的那些"在法国为行将到来的革命启发过人们头脑的伟大人物"（指启蒙学派），就是以"思维着的悟性（应改译作"知性"——引者）作为衡量一切的唯一尺度"。

恩格斯对于以知性为出发点的形而上学的批判，几乎可以说是全部采纳了黑格尔的观点的。这里试将《小逻辑》和《反杜林论》中有关部分作一比较，就可见两者关于形而上学的观点是多么近似。

《小逻辑》：

古代希腊的哲学家,完全生活在活泼具体的感官的直观世界中,除了上天下地之外,别无其他假定。……(第三十一节)

《反杜林论》:

当我们深思熟虑地考察自然界或人类历史或我们自己的精神活动的时候,首先呈现在我们眼前的,是一幅由种种联系和相互作用无穷无尽地交织起来的画面,其中没有任何东西是不动的和不变的,而是一切都在运动、变化、产生和消失。这个原始的、素朴的但实质上正确的世界观是古希腊哲学的世界观。……(第十八页)

《小逻辑》论述知性的理智的区别作用不可少时说:

知识起始于认识当前的对象而得其确定的区别。例如在自然研究里,我们必须区别质料、力量、类别等,将每一类孤立起来,而确定其型式。在这里,思想作为分析的理智而进行,而知性的定律为同一律,为单纯的自我相关。也就是由于根据这种同一律,知识的历程才能够由一个范畴推到另一个范畴。(以为距知性最远的活动范围里,如在艺术、宗教和哲学的领域里,理智亦复不可缺少。如果这些部门愈益缺少知性,则将愈有缺陷。例如,在艺术里,凡是那些在性质上不同的类的形式,皆得严加区别,且得明白揭示,此皆理智活动之力。即就每一件艺术品而论,理智的活动情形亦复相同。因此一出剧诗的完美,在于对不同的剧中人的性格将其纯粹与确定性加以透彻的

描绘，且在于将支配各人行为之不同的目的和兴趣，加以明白确切的表达。）（第八十节）

《反杜林论》论述古希腊人的朴素辩证法：

这种观点虽然正确地把握了现象的总画面的一般性质，却不足以说明构成这幅总画面的各个细节；而我们要是不知道这些细节，就看不清总画面。为了认识这些细节，我们不得不把它们从自然的或历史的联系中抽出来，从它们的特性、它们的特殊的原因和结果等等方面来逐个地加以研究。……但是，这种做法也给我们留下了一种习惯：把自然界的事物和过程孤立起来，撇开广泛的总的联系去进行考察，因此就不是把它们看作运动的东西，而是看作静止的东西；不是看作本质上变化着的东西，而是看作永恒不变的东西；不是看作活的东西，而是看作死的东西。这种考察事物的方法被培根和洛克从自然科学中移到哲学中以后，就造成了最近几个世纪所特有的局限性，即形而上学的思维方式。在形而上学者看来，事物及其在思想上的反映，即概念，是孤立的、应当逐个地和分别地加以考察的、固定的、僵硬的、一成不变的研究对象。他们在绝对不相容的对立中思维……在他们看来，一个事物要么存在，要么就不存在；同样，一个事物不能同时是自己又是别的东西。正和负是绝对互相排斥的；原因和结果也同样是处于固定的相互对立中。初看起来，这种思维方式对我们来说似乎是极为可取的，它是合乎所谓常识的。然而，常识在它自己的日常活动范围内虽是极可尊敬的东西，但它一跨入广阔的研究领域，就会遇到最惊人的变故。形而上学的思维方式，虽然在相当广泛的、各

> 依对象的性质大小不同的领域中是正当的，甚至必要的，可是它每一次都迟早要达到一个界限，一超过这个界限，它就要变成片面的、狭隘的、抽象的，并且陷入不可解决的矛盾，因为它们看到一个一个的事物，忘了它们互相间的联系；看到它们的存在，忘了它们的产生和消失；看到它们的静止，忘了它们的运动；因为它只见树木，不见森林。

这段引文的最后部分对形而上学的批判，基本上也和黑格尔的论述近似，这里不再引《小逻辑》来互相印证了。

关于知性的译名（一般译作"悟性"），贺译《小逻辑》的《译者引言》曾作了详尽的说明，值得注意。

《路德维希·费尔巴哈与德国古典哲学的终结》中同样说过：

> 黑格尔所称为"形而上学"方法的那种旧的研究方法和思想方法，即主要把事物当作一成不变事物研究而其残余至今还牢固盘踞在人们头脑中的方法，是曾经有过伟大的历史根据的。在着手研究某种过程以前，曾经应该研究事物。起初应该知道该事物是什么，然后才可以研究该事物里面所发生的变化。当时自然科学方面的情况正是这样。认为事物一成不变的旧形而上学，就是从那把自然界的无生物和有生物都当作某种一成不变事物来研究的自然科学中成长起来的。

这里无非说从古希腊人的原始的朴素辩证观—形而上学—今天的唯物辩证法是人类认识运动的合理的发展过程。

一九七六年

# 读黑格尔的思想历程*

  我开始接触黑格尔是在被隔离审查的第二年。经过一年多时间,我的问题基本清楚了,内查外调已经结束,我被允许读书读报。我读的第一本黑格尔的书,是一九五四年三联书店初版印行的贺译《小逻辑》。这是根据解放前的商务本子重印的。这本书我现在还保存着,纸已发黄,封底业已脱落。在最后一页上记有:"一九五六年九月七日上午第一次读毕。"下面有这样几行文字:"用了一个多月的时间。开始很吃力,但越读兴味越大。深刻,渊博,丰富。……作了重点记号。作了第一次笔记。"时间过去整整四十年了,我已记不起当时所记的笔记内容,这些笔记早就遗失了。记得初读《小逻辑》时,宛如进入一个奇异的陌生世界。我完全不能理解黑格尔所用的专门名词和他的表述方式。费尔巴哈曾经说,黑格尔将具体的例证都放到脚注中去了。他的正文是思辨性的、抽象性的。试想这怎么能够使一个从来不习惯于思辨思维的人去理解它?在读《小逻辑》的开头几天,我完全气馁了,几乎丧失了继续读下去的勇气。

---

\* 本文原为拙著《读黑格尔》(百花洲文艺出版社 1997 年版)序文。序文开头有这样几句话:"《读黑格尔》是我的两本笔记的影印本。一本是读《小逻辑》的笔记,另一本是读《美学》第一卷的笔记。两本笔记都是二十多年以前记的。"

可是我想我应该像许多开头并不懂黑格尔的读者一样，无论如何应该把这部难读的书读完。我打算反复去读，先通读一遍，然后再慢慢细读或精读。这个决心一下，我驱走了失望情绪，耐心地去读第二遍。在上面提到的那本现已破旧的《小逻辑》最后一页上，我记下："一九五六年十一月一日下午第二次读毕。此次历时两个多月，做了十一册笔记，共三百二十六面，约二十万字左右。"我在第二遍阅读时，开头很缓慢，每天早上只读书中的一节。我要求自己尽量读通读懂，对书中的某些疑难问题，有时一直从早上考虑到下午。这样一点一点去消化，使我养成了一种钻研的习惯。后来我从一些艰深著作中得到了读书之乐，就是从这时开始的。六十年代初，我向熊十力先生问学时，他批评读书"贪多求快，不务深探"的作风，而提倡"沉潜往复，从容含玩"，使我深契于心，即由于我有过上面那一段读书体验的缘故。这次所写的十一册笔记连同差不多时期所写的读《资本论》第一卷的十来本笔记，我于一九五七年隔离结束后将它们带回家中，"文革"动乱中也没有随同其他书札一起被毁，幸而保存下来。两年前我将它们全部捐赠给上海档案馆了。

在一九五四年三联初版印行的《小逻辑》最后一页上，还记载着"一九七四年十月二十九日第三次读毕"字样，下面没有附加任何说明。现在本书所影印的《读〈小逻辑〉笔记》就是第三次读毕之后所写的笔记，记笔记的时间约在一九七四年十一月到十二月光景。我读黑格尔《小逻辑》共有三次。韦卓民先生在通信中，曾称我读黑格尔"韦编三绝"即是指此。这三次阅读《小逻辑》是就通读而言，至于平时翻阅检索的次数，就没有记录了。我应该承认，如果说我也有一些较严格的哲学锻炼，那就是几次认真阅读《小逻辑》为我打下了基础，使我以后可以顺利地阅读黑格尔的其他一些著作。

自从读了黑格尔哲学以后，我成为黑格尔的景仰者。我觉得他的哲学具有无坚不摧扫除一切迷妄的思想力量。我曾经几遍几遍重读书前所载黑格尔在柏林大学授课前向听众所作的《开讲辞》：

> 精神的伟大和力量是不可以低估和小视的。那隐蔽着的宇宙本质自身并没有力量足以抗拒求知的勇气。对于勇毅的求知者，它只能揭开它的秘密，将它的财富和奥妙公开给他，让他享受。

我每次读《开讲辞》这几句结束语，都会感到心情激荡，它体现了文艺复兴以来对人和人的思想充满信心的那种坚毅的人文精神。在那些愁苦的岁月中，它增加了我的生活勇气，使我在隔离中不致陷于绝望而不可自拔。从那时到现在已经有数十年过去了。虽然我这些年不再像过去一样，对于理性主义怀有那种近似宗教式的热忱，但我仍牢记黑格尔所说的"精神的伟大和力量是不可低估和小视的"这句话。

《小逻辑》给我的最大启迪，就是黑格尔有关知性问题的论述。这些论证精辟的文字对我的思想起了极大的解放作用。因为知性的分析方法，长期被视为权威理论，恐怕至今还有人在奉行不渝。它使我认识到，自康德以来的德国古典哲学把知性作为认识的一种性能和一个环节是完全必要的。这可以纠正我们按照习惯把认识分为感性和理性两类，以为前者是对于事物的片面的、现象的、外在联系的认识，而后者是对于事物的全面的、本质的和内在联系的认识。按照这种两分法，我们就很难将知性放在正确的位置上，甚至还可能把它和理性混为一谈。知性和理性虽然都是对于感性事物的抽象，但两者区别极大。从辩证观点来看，知性具有形而上学的性质，并不可能达到对事物的全面的、本质的和内在联系的认识。我们应该重新考虑德国古典哲学的说法，用感性—知性—理性的三段式去代替有着明显缺陷的感性—理性的两段式。那时我在被隔离中，虽然前途茫茫，命运未卜，却第一次由于思想从多年不敢质疑的权威理论中解放出来，而领受了从内心迸发出来的欢乐，这是凡有过同样思想经历的人都会体会到的。

我隔离结束回家后，利用长期等候作结论的空暇，重读了马克思《〈政治经济学批判〉导言》。这篇不长的文字中所提出的"由抽象上升到具体"的方法是我们学术界长期争论未决的问题。一般认为这个说法很难被纳入认识是由感性到理性的共同规律，于是援用《资本论》第二版跋中所提出的"说明方法"和"叙述方法"来加以解释，以为"由抽象上升到具体"是指"叙述方法"。对于这一说法我一直未惬于心。当我根据《小逻辑》中有关知性的论述再去思考这个问题时，渐渐从暧昧中透出一线光亮。越思考下去，问题越变得明朗。就马克思在《导言》中对这问题的说明来看，我认为马克思也是运用了感性—知性—理性三段式的。如果这样去理解他对"由抽象上升到具体"所作的说明，问题就变得明白易晓了。马克思在《导言》中仔细地阐释了这个方法的全部过程。我们可以把他说的过程分为三个阶段：第一阶段"从混沌的关于整体的表象开始"（即指感性）—第二阶段"分析的理智所作的一些简单的规定"（即指知性）—第三阶段"经过许多规定的综合而达到多样性的统一"（即指理性）。问题太明显了，这三个阶段不是阐明感性—知性—理性又是什么呢？这一发现不禁使我欣喜万分。我觉得我的诠释是切合《导言》本义的。同时，用感性—知性—理性代替感性—理性的想法，由于从对"由抽象上升到具体"的诠释中得到印证，更使我对自己的观点加强了信心。我很希望自己的愉快别人也能分享。一九七九年我有了投稿的可能,就把对"由抽象上升到具体"的理解写成一篇短文,投寄《学术月刊》。这是我在沉默二十多年后发表的第一篇哲学文章。但是它并没有得到什么回应。我并不因此放弃自己的看法。两年多以后,我比较充分地阐释了自己的观点,写了《论知性的分析方法》,发表在上海另一个杂志上。在这篇文章中,我批评了在理论界盛行不衰的"抓要害"观点。所谓"抓要害"即指抓主要矛盾或抓矛盾的主要方面。我在文章中说:"这一知性观点经过任意套用已经变成一种最浅薄最俗滥的理论。"当时"文革"结束不久,大家对大批判攻其一点不及其余的滋味记忆犹新。这篇文章在读者中产生了一定影响,现在它也没有完全被人遗忘,偶尔还被人提起。

当时我对于《小逻辑》所提出的三个范畴即普遍性、特殊性与个体性的理论最为服膺。恩格斯曾说这三个范畴始终贯穿并运动在黑格尔的逻辑学中,他对此甚为赞赏。在黑格尔那里,这三个范畴是紧密相连不可分割的。普遍性是自我同一的,又包含特殊性和个体性在内。特殊的即相异,或有特殊性格,又必须了解为它自身是普遍的并具有个体性。个体性为主体和基本,包含有种和类于其自身,并具有实质的存在。黑格尔认为任何事物都是一个推论,就是说明一切事物都包含这三个环节于自身之内。后来我读了黑格尔《美学》,发现他在《理想的定性》中阐述理念经过自我发展过程而形成具体的艺术作品时,就是按照上述三环节的理论加以论证的。后来我曾经撰写过一篇题为《情况—情境—情节》的文章,论述黑格尔的上述美学观点,现被收录于《清园论学集》中。美学中所说的情况相当于逻辑学总念论三范畴中的普遍性,情境相当于特殊性,情节相当于个体性。艺术家在创作活动中可以将情况、情境、情节中的任何一个作为中项或中介来带动其他两项。就《美学》中的这个例子来看，我更理解了黑格尔所说的"一切事物都是一个推论"这句话的合理性。

但黑格尔并不到此止步，在《小逻辑》中，他进而论述了"抽象的普遍性"这一概念。他认为这是知性的概念。所谓"抽象的普遍性"，就是排除了特殊性与个体性的概括性，因此概括的外延愈大，它的内涵也就愈抽象愈空疏。与此相反，总念的普遍性却统摄了特殊性与个体性于自身之内。当时我对于黑格尔关于两种普遍性的划分十分钦服，认作是逻辑学中的一个重大揭示。长期以来我不止一次援用了这个说法。近几年我为了清理自己的思想，对黑格尔哲学进行了反思，这使我的看法有所改变。我认为黑格尔在总念的普遍性问题上，没有能够摆脱给他带来局限的同一哲学的影响。知性的普遍性固然不可取，但以为总念的普遍性可以将特殊性与个体性一举包括在自身之内，却是一种空想。它在逻辑上虽然可能，但在事实上却做不到。黑格尔在《哲学史讲演录》中曾举出东方哲学的特点在于不承认与自在自为的本体对立的个体具有任何价值。他说，个体与本体合二为一时，它也就停止其为主体而消失了。我不懂黑格尔在论述总念的普遍性时为什么会作出与此相反的论断。这恐怕要归咎他刻意追求逻辑的彻底性的缘故吧。无论总念的普通性如何优于知性的普遍性，如果不承认它是不可能将特殊性与个体性一举囊括在自身之内这一事实，那么这样的思想就会给人类生活带来极大的灾难。卢梭在设想公意超越了私意和众意，从而可以通过它来体现全体公众的权利和利益的时候（这也是以为普遍的可以一举将特殊的和个体的统摄于自身之内），原来是想为人类建立一个理想的美好社会，可是没有料到竟流为乌托邦的空想，并且逐渐演变为独裁制度的依据。① 当黑格尔陷入同一哲学的时候，我们必须注意它的后果。最近我在一篇与友人论学书中，曾经专门谈到这个问题。不过这里必须说一下，我在反思中虽然有了这样的认识，但并不因此减少我对于黑格尔总念三环节理论的服膺。他所说的普遍性、特殊性和个体性和我国先秦名辩哲学中的同类概念是可以互相印证的。比如《墨子·墨辩》所列举的达名、类名和私名，以及荀子所说的大共名、大别名和"推而别之，别则有别，至于无别然后止"的个体名，都是用来代表普遍性、特殊性和个体性这三个逻辑概念的，这是很值得探讨的有趣问题。

最近我在文章中常涉及黑格尔，只是想清理自己的思想，就自己受到黑格尔影响的那些观点，进行剖析，提出新的认识。这些年我几次在文章中提到逻辑和历史的一致性，就因为过去我对这个问题十分信服。六十年代，我曾向研究精神病理学的周玉常医生请教人的生长过程。在他的帮助下，我认识到从受精卵到胎儿，几乎在大致上重复了从动物到人的进化史，即由单细胞生物发展到高级动物的生命史。我又从阅读中知道，可以从不同年龄的儿童的认识过程（有人曾把这一过程分为特化阶段—泛化阶段—分化阶段—概括化阶段四个时期），来探讨早期人类的认识史。我以为这些事例都可

---

① 需要说明一下，照卢梭看来，私意（个人的意愿）、众意（众人的意愿）并不真正了解他们本身的利益是什么。因为私意、众意往往着眼于自己的私利，是片面的，只顾跟前，看不到长远的根本的方面，只有公意才着眼于公共的利益。（从这一论断可以推出这样一种看法，即人们为了维护或争取自己的利益，并不真正懂得应该去做什么，只有一个在政治、思想，道德上更完满具有奇里斯玛魅力的领袖才知道他们应该做什么和怎样做。）黑格尔在《小逻辑》中谈到普遍、特殊、个体三环节关系时特别举卢梭《社会契约论》为例，说任性荒诞不真的意志不是意志的总念，而卢梭所说的公意（黑格尔解释说它无须是全体人民的意志）才是意志的总念。我们似可据此来考虑我们对于"人民"一词的理解。

以作为历史与逻辑一致性的佐证,从而为我们提供了一种可信的研究方法。比如我们如果要知道概念是怎样在人的认识发展过程中形成的,或美感是怎样在人的认识发展过程中形成的,我们只要注意对婴儿的观察,记录他们在不同发育成长阶段的认识活动或意识活动,就可以测知大概近似的情况了。我还发现,黑格尔本人的著作也是根据逻辑与历史一致性的原则来构成整体的框架的,不仅《逻辑学》《美学》《哲学史讲演录》《精神现象学》各书如此,而且我们还可以将《小逻辑》和《哲学史讲演录》加以对勘来读。因为在逻辑学中,各个概念出现的程序,正是和哲学史上各个概念出现的程序同步的、一致的。这些理论上的思考和发现,使我对黑格尔提出的这一原则深信不疑。

可是后来我的意见改变了。我开始对这一信念产生动摇,也是在近几年的反思时期。正像这一时期我的某些看法发生变化,不完全是借助书本的思考,而是来源于生活的激发,这一次也是一样。数十年来,在思想界已经形成了一种新传统,即所谓"以论带史"。研究问题,不从事实出发,不从历史出发,而从概念出发,从逻辑出发。这一风气不限于史学界,而且是弥漫在各个领域,甚至渗透在生活中。后者带来的深刻教训是使人不会忘记的。运动中妄加给人的罪名,往往不是从事实出发,而是根据逻辑推理作出的,所以后来我在讨论历史与逻辑的一致性时,曾以审案为例。我说应当强调法律上的证据法,而不能根据逻辑推理,或根据我国传统审案的所谓"自由心证"。因为在审案中根据逻辑推理可以构成的罪行,在事实上却往往是无辜的,这一点在"文革"中已经是屡见不鲜了。从历史的发展中固然可以推考出某些逻辑性规律,但这些规律只是近似的、不完全的。历史和逻辑并不是同一的,后者并不能代替前者。黑格尔哲学往往使人过分相信逻辑推理,这就会产生以逻辑推理代替历史的实证研究。无论哪一个从事理论研究的人,一旦陷入这境地,就将如同希腊神话中的安泰脱离了大地之母一样,变得渺小无力了。我读了黑格尔以后所形成的对于规律的过分迷信,使我幻想在艺术领域内可以探索出一种一劳永逸的法则。当我从这种迷误中脱身出来,我曾把自己的经验教训写进《〈文心雕龙讲疏〉序》中。这里我扼要记述了我近年对于黑格尔哲学反思的经历。我相信,了解这些经历,就会理解我在某些观点上的改变,并非见异思迁或趋新猎奇,而是经过了认真思考的过程的。这样就会以严肃的态度来对待我的思想变化,而不致妄测这种变化的原委,或轻率地说"嘿,看看他有了一百八十度的改变",而加以讥嘲。我并不是简单地希求别人的同情性的理解,而是想以自己的经历昭告后来者,使他们少走弯路。

　　黑格尔的《美学》也是曾经对我发生过巨大影响的著作。我最初读《美学》,已是七十年代了。倘使和读《小逻辑》的艰难比较起来,我读这部书不知要轻松多少。人们常说黑格尔哲学晦涩难懂,其实这并不确切。黑格尔哲学的难懂处,如果撇开在理论结构上由于使用了强制性手段,以致常常暧昧不明之外,主要是由于他拥有一整套与别人不同的独具意蕴的名词和术语,如果掌握了他的专门名词和术语,黑格尔哲学是并不难懂的。我曾经把他的哲学比作像一杯不掺杂质的清水一样纯净明澈。我读《美学》第一卷进展十分顺利。但像这一类书,读一遍是绝对不够的。当时没有作记录,我读了几遍已记不得了。这本读《美学》的笔记大约作于一九七六年。《美学》笔记也像《小逻辑》笔记一样,存在一些当时不成熟的以至今天看来已变得十分粗陋甚至机械的看法,我希望读者把它作为我的思想轨迹看待。黑格尔《美学》给我的第一个印象,就是使我对他的艺术鉴赏力感到惊佩。黑格尔的思想深度是从来不会令人怀疑的，但是仅仅具有深刻思想的哲学家，不一定会写出一本好的美学著作，因为它还需要艺术的感受才行。黑格尔的艺术鉴赏力不仅在学术界是罕见的，就是在艺术领域内也是很少有人可以与之匹敌的。他对于希腊艺术的赞美与分析，对于莎士比亚的真知灼见，对于十七世纪法国古典主义的批评，对于风格、才能、独创性的阐发，对于独创行为的剖析等等，处处显示了渊博的知识和卓越的审美趣味，就是今天看来，如果撇开其中某些可以原谅的失误外，也足以令人为之叹服。

黑格尔如果没有这样深厚的艺术素养，就不可能在美学著作中提出如此深合艺术特征的美学原则。例如，他将古希腊人所说的παθοэ一词，作为激发人的动作和反动作的内在要求。他说这个字很难译。（朱光潜译作"情致绵绵"的"情致"二字，我以为不妥，姑改译作古代文论中所用的"情志"一词，以求较近似之。）它既不是具有低劣意味的情欲（因为它是"一种本身合理的情绪方面的力量，是理性和自由意志的内容"），它也不是经过审慎衡量的理智所形成的思想（因为它是"存在于人的自我中而充塞渗透到全部心情的那种基本的理性的内容"）。举例来说，哈姆雷特的复仇就是一种情志。他的复仇既没有经过"应不应该这样做"之类的盘算考虑（不是一般意义上的理性），也不是听凭感情指引的一时冲动（不是一般意义上的感性），而是根深蒂固盘踞在他的心头、未经思索不招即来的一种意志力量。所以情志既非思想又非感情，同时既有思想的某种性质又有感情的某种性质。一般文学教程从来没有像这样来探讨问题。黑格尔的"情志"说不仅发人所未发，而且将艺术作品中表现思想感情的问题置于更深入更合理的地位上加以解决。遗憾的是在黑格尔提出"情志"说后，很少有人重视这一说法。我们的文学教科书至今仍在沿袭那套文学既表现感情又表现思想的陈词滥调。

　　黑格尔《美学》与一般文学教程或美学课本的不同之处，特别表现在《想象、天才和灵感》《作风、风格和独创性》这类章节上面。这些都是一般论者不敢轻易下笔论述的问题，因为它们属于艺术家的微妙的创造活动，倘使不在日积月累的创作经验中亲身领受它的奥妙，那么在论述这些问题的时候，就很容易流于简单机械，出现刻板呆滞的毛病。黑格尔是不可能具有什么艺术创作活动的经历的。为什么有时连一个内行也难以表达出来的奥秘，他却能够谈得这样妥帖入微，使最挑剔的人也不得不折服？这是我迄今仍感到惊讶并百思不得其解的。我所指的是这类论述，比如：关于才能和天才——他说，单纯的才能只是在艺术的某些方面达到熟练，而只有天才才给艺术提供生气灌注作用。关于艺术的表现能力——他说，形象的表现方式就是艺术家的感受和知觉方式。而真正的艺术家可以毫不费力地在自己身上找到这种方式，就像它是特别适合他的器官一样。凡是在他想象中活着的东西，好像马上就转到手指上。关于灵感——他说，艺术家把事物变为自己的对象后，应抛开自己的主观癖性。如果在一种灵感里，主体作为主体突出地冒出来发挥作用，而不是作为艺术主题本身所引起的有生命力的活动，这种灵感就是一种很坏的灵感。关于独创性——他说，艺术家须根据他的心情和想象的内在生命去形成艺术的体现。艺术家的主观性与表现的真正客观性这两方面的统一就是独创性的概念。独创性是从对象的特征来的，而对象的特征又是从创造者的主观性来的。关于区别于风格的作风——他说，作风是指某一特殊的表现方式，经过反复沿袭变成普泛化了，似乎成了艺术家的第二天性，这就可能出现这样一种危险，作风愈特殊，它就愈容易退化为一种没有灵魂的因而是枯燥的重复和矫揉造作，再见不出艺术家的心情和灵感了……诸如此类的论述,真是胜义披纷精美绝伦,构成了《美学》的最动人的篇章。我初读《美学》时原来只希望得到哲学性的启迪,可是渐渐我领受到从艺术鉴赏与审美趣味得来的乐趣。那时我不禁默默祷念:黑格尔,你的哲学是人类奇妙的创造。你的书打开了我的心灵。感谢你,使我在你的知识海洋中可以汲取取之不竭的智慧……

一九九六年五月二十九日于清园

第三辑

# 西方文学评论

## 《约翰·克利斯朵夫》

……我第一次读到这本书是在四年前。那时的情形我记得很清楚,我一早就起来躲在阴暗的小楼里读着这本英雄的传记,窗外可以看见低沉的灰色云块,天气是寒冷的,但是我忘记了手脚已经冻得麻木,在我眼前展开了一个清明的、温暖的世界,我跟随克利斯朵夫去经历壮阔的战斗,同他一起去翻越崎岖的、艰苦的人生的山脉,我把他当作像普罗米修斯从天上窃取了善良的火来照耀这个黑暗的世间一样的神明。他行动之前并没有预先看到成功的希望,不像投机家有了成功的保障之后再来动手。他不是为了成功,而是为了信仰才去战斗。当我读到这个不谙世故的大孩子用了拙劣的措辞批评狭窄的小城,批评积满了油垢的艺术界,批评盲目庸俗的小市民,而遭受了残酷的嘲笑和玩弄的时候,我为他的不幸的遭遇流下了同情的眼泪。这时他所有的朋友都不见了,最后一股刚强清明的友谊,曾经在艰难时期帮助过他而他此刻极需要的亲爱的高脱弗烈特舅舅,也死掉了,永远不回来了。包围他的只是含有敌意的眼光,这些人希望他陷落下去,变得和他们一样的平庸。可是克利斯朵夫回答道:

> 他们爱把我怎样说、怎样写、怎样想，都由他们罢，他们总不能阻止我保持我的本来面目。他们的艺术、思想与我有什么相干！我统统否认！

这种英雄的心使我得到多少鼓舞啊！那时，上海正统治在日伪手掌下，戒严、封锁、屈辱、思想的压迫使许多人陷入极端的沮丧中。可是当我认识了克利斯朵夫的艰苦的经历之后，我看到他处于这样不幸的境遇仍旧毫不动摇地趱奔他的途程，始终不放松他的远大的理想，什么都不能阻挠他的果敢的毅力。"在这种榜样之前，谁还有抱怨的权利？"比起他的痛苦，那些小小的苦恼又算得了什么？我相信，克利斯朵夫不但给予了我一个人对于生活的信心，别的青年人得到他那巨人似的手臂的援助，才不致沉沦下去的一定还有很多。凡读了这本书的人就永远不能把克利斯朵夫的影子从心里抹去。当你在真诚和虚伪之间动摇的时候，当你对人生、对艺术的信仰火焰快要熄灭的时候，当你四面碰壁、心灰意懒，预备向世俗的谎言妥协的时候，你就会自然而然地想到克利斯朵夫，他的影子在你的心里也就显得更光辉、更清楚、更生动……

记得在读《约翰·克利斯朵夫》之前，我曾先看过一本罗曼·罗兰的传记。作者说，罗兰在这本书里主要的企图是借他几个主角表达"德国精神""法国精神""意大利精神"的融会合流。老实说，我对这种说法感到困惑。罗曼·罗兰真的只是想表现几种欧洲精神的汇合吗？一个伟大的心灵就会被这种抽象的封条封闭吗？罗曼·罗兰传记的作者是他的挚友，他的话不无可信之处，也许罗兰写《约翰·克利斯朵夫》时的确有这样的企图。但我要引海涅的话："一个天才的笔，向来是比他本人伟大的，它要远远扩张到它的暂时目的以外去。"塞万提斯写《堂吉诃德》的企图，不过是要体现西班牙的政府和教堂对于武侠小说的禁令,可是结果却创造了伟大的《堂吉诃德》。我们不能说罗兰并没有意识到竟写出一部伟大的作品。这里不过是证明了狭小的企图有时并不能限制伟大的心灵对于人生的拥抱。

其次,使我奇怪的是,外国许多批评家和中国许多批评家一样,常常喜欢为一本名著中的人物找"索隐"。"红学"学者几乎花费了毕生的精力去推敲贾宝玉是以谁为模特儿。对于克利斯朵夫也一样,有的说他是根据贝多芬,有的说他是根据韩德尔,有的说他是根据雨果窝夫……总之,几乎把克利斯朵夫比之于所有著名的音乐大师。这样研究作品就如同吃菜时辨别里面放了多少盐、多少醋、多少酱油似的反而失掉了原有的滋味。读《约翰·克利斯朵夫》,谁能够抛弃那种文学 ABC 的滥调俗套,用自己的朴素的眼睛去看,谁才会领略到原作的真正的精神。

《约翰·克利斯朵夫》的写法是很独特的。托尔斯泰、果戈理、巴尔扎克、莎士比亚……他们常常用了言语、行动、表情这些所谓"外在的形象"来表现人物的性格和心理状态,现实的轮廓是明确的,他们的作品就是一幅时代的风俗画。《约翰·克利斯朵夫》却不同。不必讳言,这本书里面甚至有许多不合艺术规律的写法:冗长沉闷的大段叙述,作者常常要插进来直接向读者说话,"外在的形象"是薄弱的。罗兰像一个音乐家,不是要创造"物质世界"领域中的现实,而是要创造"精神世界"领域中的现实。音乐里面物质世界的现实轮廓越分明,它的品格反而越低下,音乐倘使不表现人类的灵魂、精神、情绪,只是用声音来传达马蹄的奔跑、虫鸟的鸣叫等等,难道还会使我们感动吗?对于《约翰·克利斯朵夫》,我们也应该这样去看它。

我曾经读到一些讨论罗曼·罗兰思想问题的论文。批评家多半都承认罗兰在思想的道路上自始至终是一致的,但是他们又往往不自觉地以第一次世界大战作为界线,把他判为两个不同的人。这种意见发挥得最精辟、最透彻的是罗兰的同国人又是他的景仰者的批评家布洛克。但是自从读了《约翰·克利斯朵夫》之后,我对布洛克的意见发生了根本的动摇。布洛克说,罗兰在一九一四年以前,他的理想主义是以十九世纪法兰西的非宗教的三个柱石"自由、荣耀、祖国"作为基础。布洛克再加上一根柱石:"艺术"。大战来了,把四个柱石顺次折断了:

祖国吗?一个嫉妒的、褊狭的偶像,一条单纯的抛在政治和财政的结合上面的被盖。

荣誉吗?一个响亮的字眼,亏了它,人们才能使得具有同一文明的孩子,为着同一的动机,面对面地从容死去;一种空洞的、静止的、无能反抗一个被利益统治着的世界的卑劣的力。

自由吗?一个死了的伟大的事物的残滓。现在战战兢兢退缩在一些平凡而又懒惰的权力周围的它,已经只能借着个人主义与自由主义的名称,营养一种由恐惧、猜疑、不肯服从、有所束缚等等组成的小市民阶级的无政府主义。

艺术吗?一个毫无所谓的为着暴君和英雄而跳舞着的女孩子。

布洛克这一段话,的确深刻揭穿了十九世纪法兰西的非宗教思潮的虚伪。但是倘说这种思潮代表罗兰在一九一四年以前的理想主义,我觉得并不合宜。《约翰·克利斯朵夫》就是一个有力的反证。这本书产生在大战之前,而且远在一九〇二年以前罗兰就已经着手动笔。克利斯朵夫攻击病态的理想主义,可以使我们明白罗兰拥护的是哪一种理想主义。法国和德国进行战争的时候,克利斯朵夫和奥理维的对话,可以使我们明白罗兰对于祖国的看法是怎样的。克利斯朵夫向巴黎的艺术"节场"的挑战,难道这不能充分说明罗兰的艺术观吗?

一九四五年

# 重读《约翰·克利斯朵夫》

罗曼·罗兰的《约翰·克利斯朵夫》在《半月评论》上发表了以后,世人分成了两个部分:爱罗兰的人和恨罗兰的人。我们以前的《约翰·克利斯朵夫》的读者,都已经做过这种选择。一部分人是把罗兰当作二十世纪黎明期的曙光,与当时压倒一切的鄙俗的物质主义和怯懦的理想主义做着战斗的战士,在文学中驱走重浊和腐败空气,输入了新鲜血液,照亮黑暗,震醒昏迷的巨人;他成了他们的"不倦的朋友,温柔而又易警的心,忠实且宽容的通信者,许多失意人的秘密的顾问"……另一部分人,正因为罗兰对于善的追求和对于恶的永不妥协的态度,正因为他是那些英雄传记、史剧、《约翰·克利斯朵夫》,以及第一次给黩武主义者以打击的《超越混乱》的宣言这类战斗的杂文的作者的缘故,而永远不能宽恕他。

经过了二次大战的火的洗礼和更加尖锐的生死斗争的考验,对于先进的理论有了更明确更深刻的认识,掌握了马克思列宁主义的读者,今天怎样来看待《约翰·克利斯朵夫》呢?现在这部书的价值是否有了新的变化?它还能像从前一样发挥巨大的作用,对于我们的事业也可以尽一些力量吗?或者只有害处?

"人对人不是一条狼",罗兰始终抱着这种不可动摇的信念,相信人类能够"臻于至善"的境地。这不是思想的商标,而是伟大的火焰,它燃烧在罗兰的全部人格和作品里面。这是对抗所谓拿好感觉写不出好作品的那条定理的重要根据之一。在半世纪前的法国文学中,还有什么作品比《约翰·克利斯朵夫》更早用事实的表现来反抗这条丑恶的定理呢?

"没有伟大的品格,就没有伟大的人,甚至也没有伟大的艺术家。"一九〇三年罗兰在《贝多芬传》的序文中写下的这个壮烈的宣言,将使那些反映了灵魂里的污秽、蒸发了思想的卑琐的作品,不能再在文学中僭占任何一个不重要的位置。如果要懂得这个宣言的价值,首先我们应该明白:这个人人已经领悟的简单的真理,在当时拥护它的人就要不顾一切地同堕落的潮流对抗,就要不怕被敌人叫着"异端"。我们不能因为自己执着火炬就嘲笑以前那些在湿柴烂草中点燃火种的人。倘使再看看罗兰的国度,即使直到现在,上述那条丑恶定理仍在改头换面的自然主义和否定了任何道德的某些新异的主义里面泛滥着,那么我们就应该以更严肃的心情来看待罗兰的这个宣言,应该觉得轻而易举地妄图一手推倒《约翰·克利斯朵夫》这个精神里程碑和一笔抹煞苦斗了一生的罗兰的伟大战绩,将是最不公平和最不负责的态度了。其次,虽然善的概念会随着历史而变化,虽然我们可能不在所有的地方同意罗兰的关于善的见解,尽管有人觉得《约翰·克利斯朵夫》的服饰不合时尚,使懂得怎样穿着才不会闹出笑话的人见笑,尽管有人发现了《约翰·克利斯朵夫》的过时的风格,使断章取义的人找到了挑剔毛病的机会,但是不相干,"这些都是细节","这个作品值得我们重视的地方,是这种热肠,这片伟大的火焰,这个对于人能臻于至善的信仰,这种对于善的确定的信念",主要的是罗兰对于善的追求的"性格的本身"。

罗兰是在"两度被征服"的法国生长起来的。

巴黎公社的溃灭和普法战争的战败，使法国的知识分子压在悲观主义的重荷之下，在文学方面造成了自然主义的赫赫声势。其中最有眼光的人，也不过以为"思想可以不需要行动"。最忠实于艺术的人，也不过希望创作"一本描写虚无的书"。最能反映现实的人，也不过宣言"为叶子本身而观察叶子，要了解自然得和自然一样镇静"。最重视科学方法的人，也不过主张"收集、纪录所能获得的任何素材"。最有反抗精神的人，也不过被特莱弗事件"激起了一时的爆发"……其余的更是把小市民对于现实的追随代替了现实的表现，以坏感情代替好感情来作为创作的基础。他们也许可以驾驭熟练的语言惟妙惟肖地刻画各种冷淡的形象，利用采访的材料作庸俗社会学的图解，根据纯生物学的方法作心理试验的纪录……总之，他们可以描写一个人的每根头发的形状，却写不出一个平凡的灵魂的伟大。

罗兰就是在这种吞没一切的潮流中开始了自己的文学活动。他在一八九〇年给玛尔维达·封·梅森堡的信里，就已经对于把"生命和才能一直消磨在爱情圈子里"的莫泊桑表示了不满。他说"才能不过是广阔的艺术园地中更多的一粒砂"，在莫泊桑的作品中，"我们找到的只能是艺术，第二个还是艺术，除了艺术就没有别的……"

对于他同时代的布尔日，罗兰表示了更大的反感。莫泊桑虽然使他抱着"绝对的憎恶"，可是至少"可以恨他，因为他是一个人，他是有血有肉的人，他有一个残酷的性格——但无论如何总是一个性格"。可是"布尔日简直不像活着"。他说：

> 我讨厌布尔日的态度更甚于他的小说。他的枯燥的心理学

似乎太容易了——除了使人不能忍耐之外。……我甚至并不觉得他和"心理学"有什么关系；他的每一个观察，不过是讲述、发挥、解释而已。人们可以感觉到布尔日先生率直的，但是五体投地的对于自己的巧妙的崇拜。每次他分析了一个感情世界的细节（而且难得有一次是深刻的），他似乎就以为是发现了美洲。此外，我也忍受不了他的教授式的冷淡。他的人物简直不是人，不过是几何学的图样。当我读他的时候，我觉忍不住要跳到我的椅子上去（请别笑我），或打碎一只瓶子（请别笑我），或者惹我家里的一个什么人（请别笑我），为了要松弛一下我剧烈的厌倦无聊。不管如何对生活研究，这本小说总是死的；不但是死的，而且塞满了稻草。我说得有点辞不达意；可是我的意思是明白的。啊，像这样的作品永远不会慰抚我们生活中的烦闷，更不会在痛苦里面加上一丝甜味！①

罗兰一开始，就和这种文学潮流认真地对立起来。他扫荡了各种萎靡不振的腐败空气，而要"使英雄再生"！他在第一部"信心的悲剧"中说："只有爱才能了解别人。"他在第一部"英雄传记"中说："我们应当鼓起对生命对人类的信仰！"当时，只有像罗兰这样抱着无畏的大勇者的精神，在血肉里面渗透着热烈的爱憎，才能够在荆棘和乱石中开辟道路。

罗兰从他决心把自己献给文学事业的最初时刻起，就知道了这是一场艰苦的顽强的战斗，似乎已经预感到将会给自己带来多少重大的创伤。

---

① 引自满涛的译文。

他的青年时代完全牺牲在枯燥乏味的考试上，为了不负家庭亲人的期望，他一步步地通过高等师范学校、学士、研究生……的考试。正当这一切最繁重的工作都做完了，上流社会的大门为他洞开的时候，他却不愿跨进去，而宁肯挑选一条艰苦的道路。甚至连深爱他的老师迦勃里尔·蒙诺也认为他放弃即将获得酬报的教书生活是一种"轻率的举措"。但是他早已决定了永远不做一个"只求成功，企图通过最稳当又最方便的捷径来达到目的的人"。

这样一个默默无闻的青年人，竟准备向整个堕落的文学潮流挑战，自然这不是一件容易的事。敌人的力量是这么强大：占据了全部的出版物，垄断了所有的剧场，阻断了他和读者的一切交通。他的经济又是经常受着威胁，没有一个有力量的朋友。在新闻界、出版界、剧场方面得不到丝毫的同情。虽然他写了一打的剧本，而其中八本竟未能印行，上演的只是少数几个，而且没有演过几晚的，大多只演一次便无声无息地埋没了。除了他那信任的朋友玛尔维达推崇过这些剧本以外，谁也没有提到过一个字。他和几个朋友自己掏腰包办了一个刊物，不登广告，也不领取一文稿费，默默地支持了十五年之久。他预备写出一系列的如历史铜像的英雄传记。就在他们的刊物上发表的《贝多芬传》以及其他几本传记，也被人当作废纸似地忽视了。甚至当他发表了八卷《约翰·克利斯朵夫》以后，他还是默默无闻，没有回声，也没有响应。虽然有好几次，只要他表示妥协就可以得到声名，但他都毫不犹豫地傲然地拒绝了。等到《约翰·克利斯朵夫》的《节场》那一卷发表了以后，他从此永远失掉了巴黎出版界对他的善意。

十年、十五年、二十年……他一直在孤独和寂寞中工作着。他在《约翰·克利斯朵夫》中写下的这句话："他的目的不是成功，是信仰！"其实正是他自己的写照。是的，写出《约翰·克利斯朵夫》

的这个人,正像约翰·克利斯朵夫一样:有着他那种不问是人是鬼、是古是今,凡阻挡前进的就一脚踏倒它的硬干精神;有着他那种不为自己留些退路,也不为别人留些余地,碰见敌人就低着头撞过去的毅力。为了信仰就不怕失败,为了战斗就不怕受伤,为了洗清积满油垢的艺术界就不怕被冷淡、被打击、被围剿。

当时,也只有像他这样顽强的人,才能够屡仆屡起向腐败的文学潮流作孤军的抗战。

"世上不是稀稀落落有几颗石子,人类的元气真要丧尽了。"正是他才在巴黎的艺术"节场"中坚持了光明和进步。

《约翰·克利斯朵夫》第一卷《黎明》于一九○二年问世,最末一卷《复旦》是在一九一二年才完成的。罗兰下笔写这部小说之前经过了整整十年的酝酿。他在高等师范学校读书时就已经计划写一部"一个真诚的艺术家击碎世界岩石的历史",一八九○年他在罗马的法国考古学院得到了约翰·克利斯朵夫更明显的面貌:"这是个自由的人,为伟大的信心所激发,虽然人类弃绝他,他在人类中却还有着信心。"

罗兰在写《约翰·克利斯朵夫》以前,约翰·克利斯朵夫的影子一直占据在他的心里,使他感到压迫,有一吐为快的必要。这部小说不是临时抱佛脚到社会角落里去搜集一点材料就可以写成功的。不管如何伟大的自然主义的作品,都诚如他自己所说的:"缺少那Fiat lux!(要有光!)"因为"太阳的光明是不够的,必须有心的光明"。罗兰和自然主义作家的最大区别就在这里。他使别人感动之前自己先就感动,使别人相信之前自己先就相信。他把伟大的思想化为自己的血肉,把伟大的理想渗入自己的行动。信仰的火把首先就燃烧在他自己的心里。可是,多少人却把那些生吞活剥借来装饰门面的思想来和真正有血有肉的思想等量齐观！多少人却把那些虚张声势的大言壮语来和战斗的大勇主义一视同仁！

尽管有一打以上的理由，用了陈腔滥调的传统理论，来指责《约翰·克利斯朵夫》里面常常占据了十几页甚至几十页的直接的叙述，说它破坏了艺术的法则，但是不相干，它不能损害这部伟大作品的一笔一画！还有什么比这种对于艺术的阉割更使一个真正的艺术家不能忍受的吗？重要的是它的真诚、它的深厚的感情、它的火一般的现实感……永远和我们相通。

不错，《约翰·克利斯朵夫》可能赶不上现在它的读者的社会意识的水准。可是我们得说，这个"相信善的胜利的贝多芬"，仍旧可以作为那些"觉得没有心的参与的社会意识，就能济事的男女"的一个少不了的榜样。

一种社会意识如果没有伟大的品格作它的基础，没有人格的印证作它的血肉，没有心的参与作它的生命，即使以科学的方法来标榜，以客观的态度来吹嘘，它却无论如何也不能掩饰自己的冷淡。这种冷淡的表现，有时如罗兰在布尔日的作品里所看到的那种枯燥的心理学，简直不是人，而是几何学图样似的人物。有时如我们在辛克莱的作品里所看到的那种把政治经济学机械地翻译成形象语言的不高明的"暴露文学"。辛克莱可以写出"暴露"资产阶级罪恶的《屠场》《煤油》之类的作品，也可以写出世界主义的赞美诗《两个世界之间》。难道是他朝三暮四，或者相反的人格可以产生在同一心灵的土壤里？他在那些"暴露文学"中所表现的没有心的参与的社会意识是虚伪的东西。这是每个投机取巧的商贩最难渡过的关口，也是我们区别真伪的最重要的试金石。我们把辛克莱从前那种貌似进步的社会意识当作欺人的赝品看待，就是根据它缺乏"心的参与"这个原则。反复无常才正是有些人所说的"转变"这两个字的恰当的注脚。如果不加分辨、不假思索把"转变"的恶名妄加在一个始终相信人能"臻于至善"的战士头上——他在最初因为时代的限制,虽然没有一下子完全脱出狭隘的栅栏,却早已包含了一种不可克服的思想去找寻积极的民众——这种张冠李戴只是由于根本不懂区别真伪的结果。

只有这样才会明白《约翰·克利斯朵夫》中的弱点,以及为什么我们要说这些弱点只是"过渡的"或"过时的",而避免用"易朽的"这几个字。这不是由于我们的偏爱,对于罗兰抱着过分的崇敬,而是由于我们把这些弱点都看作是毫不伤害罗兰整个基本精神的细节。

罗兰走过了不少迂回曲折的道路,才达到了终点。在早期罗兰的形象中,也可以看出后期罗兰的萌芽,正像种子里已包含了未来植物的生命一样。相反的,那些投机取巧的商贩,虽然有时也可以伪装的面目出现在我们的面前,但他们达不到罗兰所真正达到的终点。我们如果以后来居上的态度,用挑剔毛病的办法,是可以把《约翰·克利斯朵夫》"批判"得一文不值,并且也可以有数不清的证据来证明自己的社会意识远比罗兰进步而引为骄傲。

过去有人曾经企图在《约翰·克利斯朵夫》里面找出"毒素",来断定它是"资产阶级文学的回光返照"。[①] 且不说这种说法的离奇古怪,就是这个论者拿来作为根据的理由也是极其单薄脆弱的。他以为《约翰·克利斯朵夫》只是一本教授青年谈恋爱的书。这里用得着重引一遍罗兰自己的话,来证明他对于"把生命和才能一直消

---

① 这里及以下观点引自何其芳的说法,但后来他的意见改变了,姚文元在批判他时又用同样的语言。这段历史可惜无文字查考。——补注

磨在爱情圈子里"的莫泊桑抱着怎样的反感吗？用得着用《约翰·克利斯朵夫》本身，来证明罗兰并非是一个教青年恋爱的老师吗？

《复旦》这一卷虽然被人看作是约翰·克利斯朵夫永远"告别了下层民众"，重复着又是"爱情""友谊"之类的少年时期的"贫乏可怜的人生"的表现，可是一位法国作家却说："阿娜和克利斯朵夫的遭遇是法国小说里面最伟大、最单纯、最美好的一样东西。"

不容讳言，用今天的眼光来看，《约翰·克利斯朵夫》里面是存在着"过时的"或"过渡的"东西。凡读过这部小说的读者，大概都会留着克利斯朵夫"蔑视群众"的印象罢。但那时候，罗兰看不到昏睡的群众的革命性，这不是他的过错，而是他的不幸。

我们更应当明白，克利斯朵夫所憎恶的"群众"并不是觉醒的大众，正如易卜生所反对的"多数"，只是代表"中等资产阶级的小小世界"的"多数"，而不是觉醒的大众的多数一样。在这个问题上，恩格斯批判了爱伦斯德的机械论，因为爱伦斯德误把易卜生所反对的"多数"当作了劳动大众的缘故。克利斯朵夫憎恶的"群众"，只是那些浮沉在巴黎"节场"里的残渣，那些在小城市里用"人言可畏"作武器的小市民，那些在音乐厅或歌剧院里用贝多芬来消遣一两小时无聊光阴，并用恶毒的哄笑和倒彩来欺辱一个真诚的无名的音乐天才的听众……克利斯朵夫，这个刚强的艺术家为了反抗"时行的、病态的、空虚的艺术"，大胆地站起来向这批"群众"挑战，这在当时当地，还没有第二个人敢于这样做。因为那时候，倘用罗兰自己的话说，就是："数字——包括戏台下面看客底数字和卖座收入底数字——底宗教，在这商业化的民主国里控制了全部的艺术思想。批评家跟在作家后面，柔顺地宣言艺术品主要的功能是取悦大众。社会的欢迎是它的铁律；只要卖座不衰，就没有指摘的余地。所以他们努力预测娱乐交易所里的市价上落,在批评家的眼里窥探对于某部作品应该表示何种意见。于是所有的眼睛都相对瞭视;彼此只看见各人固有的犹豫心理。"

诚如罗兰说的:"在这样怯弱的一个时代里,谁又有勇气来干呢?谁肯以责任之故使自己陷入地狱呢?"那么能够把这个追求真理坚持进步而作着自我牺牲的战斗的约翰·克利斯朵夫,看作是尼采式的超人或者是真正群众的轻蔑者吗?如果能够这样,当时那些"数字宗教"的奴仆岂不都变成了真正接近群众的人物?

远在被视为"蔑视群众"的《约翰·克利斯朵夫》发表之前,罗兰就发起了"民众剧场"运动,企图把艺术交还给民众,要用民众的力量拯救艺术,并且宣言说:

> 爽直地说话!不加涂抹不加修饰地说话!为了被别人理解而说话!不是被一群精细的人理解;而是被千千万万人理解,被纯朴的人理解,被卑微的人理解……

倘说罗兰在《约翰·克利斯朵夫》里面"蔑视群众",这是不理解在大众化问题上存在着平庸对原则的胜利和原则对平庸的胜利的区别,自然性对自觉性的胜利和自觉性对自然性的胜利的区别。罗兰反抗巴黎"节场"里面的"群众",也正是为了要坚持这个原则性和自觉性的战斗!

是的,克利斯朵夫在《燃烧的荆棘》里也曾经接触了下层群众——与"节场"中的群众截然不同的另一个世界。这次"闪电式的地狱之行",是罗兰在十卷《约翰·克利斯朵夫》中接触下层群众的唯一的一次。紧接造成奥里维之死的五一示威运动以后,克利斯朵夫又从这些下层群众的身边走开了。诚然，罗兰笔下的这些下层群众像"千头动物"似地蠕动着、狂叫着、暴怒着……他们的面貌也的确是"模糊"的。可是我们倘使看到那个被罗兰称为"直接从民间来的、有力的、坚实的"高尔基，甚至在他的早期，所把握到的坚强的性格也还不是完全觉醒的工人阶级，而只是流浪汉，那么对于罗兰又怎么能够作过分的苛求？何况他对于示威运动中的群众，除了感到目眩似的迷乱之外，并没有对他们进行诬蔑，这和他对"节场"中的"下贱的群众"的态度是根本不同的。

一九〇〇年，罗兰就在《民众剧场》里说，他找寻的是"自由思想的民众，不为物质的需要和难受的劳役所压迫的民众，不为偏见和宗教狂所蒙蔽的民众，以主人自居的民众"。

这种健康的积极的民众，固然在"节场"里找不到，即使在《燃烧的荆棘》里，当"人类的力量还没有被人民的胜利重新组合起来"的时候，也不过只能看到它的一股盲目的、还没有觉醒的力量。虽然罗兰没有找到积极的民众，可是他却宣誓要为"以主人自居的民众"的光辉理想奋斗到底。仅仅这一点，就必须把这个伟大的精神战士的理想主义和犬儒者的懦怯的理想主义区别开来。他自己也这样说过："我嘲骂'理想主义的毒药'，那是为真正理想主义复仇。"

罗兰说，他在三十年的路程中，为了找寻这种积极的民众，把自己根须埋入黑土，终于碰见了高尔基的根须，而且像兄弟似的结合起来了。他在写给苏联人民的信中说：

> 你们的战斗不但为着你们自己，并且还为着我们，你们是为大家战斗的。

可是，有人说这是罗兰缴械投降式的突然转向，因为罗兰在《约翰·克利斯朵夫》中,曾经激烈地批评了"社会主义",尤其对于那些"社会党员"简直采取了轻蔑的态度。对于这种说法,首先应当明白《约翰·克利斯朵夫》中以罗荪为代表的那些"社会主义者"究竟是怎样一种人物。这些人丝毫不能代表工人阶级是非常清楚的。何况其中还包括了那位巴黎交际场中的时髦人物吕西安;罗兰斥他为"社会主义的蛀虫"是并不过分的。因为克利斯朵夫在当时"社会党的宣传品上",看到充满着吕西安之流的"为艺术而艺术的小文人,贵族的无政府主义者。……他们单有地位不够,还得有荣誉。……社会主义的阁员也同意受勋是应该庆贺的事情。……"

罗兰老实不客气地说:"他们实在并不信仰社会主义。"难道这不是正确的说法吗?罗兰倘不无情地唾弃这种"社会主义",就绝对不可能对于真正的社会主义发出欢呼。

"不懂得罗兰的时代就不懂得他的作品。"刺外格在《罗曼·罗兰传》中说的这句简单的话,的确是一个重要的提醒。如果忘记了罗兰的时代以及在他周围的具体环境,那么无论是继承、无论是发扬、无论是批判、无论是否定,都是说不上的。

一位法国作家曾经指出《约翰·克利斯朵夫》中的"奇特的矛盾",就是其中某些场合的一种叙述手法同时也是一种思想方法的唯心论。但是为什么这些只是"过时的"或"过渡的",而不能采用"易朽的"分量比较重的说法呢?因为"单独的建筑物的门把可丝毫不能代表整座建筑物"。我们不能把《约翰·克利斯朵夫》的个别的弱点来掩盖它的全体,正如不能仅仅根据一颗完整的牙齿把一个生满脓疮的病人看作健康一样。

一九五〇年六月十五日

## 契诃夫和我们

契诃夫的作品,在五四以后不久,就已经和中国读者见面了。从那时起,就一直被中国读者所喜爱。还在二十五年前,也正是契诃夫逝世纪念的时候,鲁迅就曾经说过:"契诃夫要算在中国最为大家所熟识的文人之一。"

契诃夫笔下的许多人物都是我们所熟识的:死去了儿子,找不到人倾吐衷曲,只有和自己的小马去谈心的贫穷的老车夫姚纳(《苦恼》);思想僵化、以机械死板的规律去限制并妨害所有人的普利希别夫(《下士普利希别夫》);照例在打输了牌或闹过酒之后,就要痛骂妻子儿女的家庭暴君日林(《家长》);发现小时同学做了枢密顾问官,就马上改变口吻,脸上现出一副谄媚的、叫人恶心的恭恭敬敬神气的波尔菲里(《胖子和瘦子》)……这些人物好像生活在我们周围,我们随时随地都可以碰到他们。

契诃夫使我们觉得接近,不仅是由于他在作品里所表现的俄国社会和中国社会有着类似之处,而且也是由于他在作品中所显示出来的对生活的高度看法;用这看法照亮了它的倦态、它的愚蠢、它的挣扎、它整个的混乱……

"笑"是契诃夫作品的特点。就是他以契洪特笔名所发表的"小笑话"里面，我们也可以从"笑"的背后，看到积极的内容。

正像鲁迅在他所翻译的《坏孩子和别的奇闻》的《前记》中所说的：

> 这些短篇，虽作者自以为"小笑话"，但和中国普通之所谓的"趣闻"，却又截然两样的。它不是简单的只招人笑。一读自然往往会笑，不过笑后总还剩下些什么，——就是问题。生瘤的化装，蹩脚的跳舞，那模样不免使人笑，而笑时也知道：这可笑是因为他有病，这病能医不能医。

既然是把"生瘤的化装，蹩脚的跳舞"指给人们看，这种"笑"已经不是轻松的，而是严肃的了。所谓"契诃夫式的幽默"，被认为是喜剧性和悲剧性的有机的结合，就因为他使人笑后剩下来的，往往不是轻松愉快，反而多半是沉重的悲哀。

读契诃夫的作品和读果戈理的作品一样，开头是笑，继之却是眼泪，终于你不得不从内心深处发出这样的叫喊："在这世界上真是烦闷啊！"契诃夫通过平凡的人、平凡的生活，写出了"几乎无事的悲剧"。揭示了专制社会的不可医治的病症。人们在死气沉沉的、灰色的小市民生活中，毫无意义、毫无价值地浪费生命，消磨精力，一天比一天变得庸俗、愚蠢、冷淡。他的喜剧往往比别人的悲剧包含更多使人战栗的东西。

我们看看他所写的《姚尼奇》，这正是说明一个人如何陷在庸俗泥沼中的真实而又可怕的图画。

契诃夫曾经对高尔基说过："俄国人是多奇怪的东西！他跟一个筛子一样，什么东西都留不住。年轻的时候，他贪馋得不得了，只要是他碰到的东西，他都抓来填塞他的心灵；过了三十岁以后，这一切都完了，只剩下一种淡灰色的杂拌儿。"

姚尼奇就是这样一个人物。最初我们看到他的时候，他年轻，有朝气，爱自己的工作。可是在那个沉闷和单调的城市里住了几年以后，他胖了，变得又肿又红，呼吸困难；而且有了一点不自觉地染上手的娱乐，就是每天晚上从口袋里掏出许多行医赚得的钞票。当他听到有房子出卖的时候，就毫无礼貌地去看那幢房子，穿过所有的房间，也不管那些惊奇地望着他、没有穿好衣服的女人和孩子，用手杖敲着所有的门，说："这是书房？这是卧房？那间是什么？"看病的时候，他也常常用手杖敲打地板喊："我问你什么就回答什么！别多开口！"

专制统治下死气沉沉的小市民生活，使他完全变了一个人。开头的时候，姚尼奇也想接近人，找人谈话，可是经验一点点地告诉他，只能跟那些人在一起打牌或者吃一顿，如果跟他们谈到些什么不能吃用的东西，他们立刻就会哑口无言，或者发出愚蠢恶劣的论调，使你只能挥挥手，离开他们远远的。哪怕跟他们之中最有思想的人，只要说"人类往前迈进，再过下去，就会用不着护照和死刑"，这时那位居民就会斜着眼睛，满怀猜疑地瞪他，问道："你是说，那时候大家可以随心所欲地在街上杀人吗？"

在这城市里，被称为最有才能的土尔金一家人，是吸引过姚尼奇的。可是，几年以后，姚尼奇再去拜访他们，发现母亲薇拉·约西福夫娜还是在向客人朗诵她自己所作的小说，女儿柯蒂克还是弹奏她的大钢琴，父亲伊凡·彼得罗维奇还是用说不完的俏皮话卖弄他的机智。甚至临别时，伊凡·彼得罗维奇也仍旧对柏娃说："柏娃，表演一个罢！"不过，这时柏娃已经不是一个腮帮鼓起的十四岁的孩子，而是一个长着胡子的年轻人了。姚尼奇看到他还像从前一样，摆好姿势，一只手往上举着，用悲剧的声调说："给我死去，不幸的女人!"这个表演现在只有使姚尼奇生气。他发现曾经被自己欣赏过的这一家人,原来竟是这样浅薄和空虚。

这是一个平凡人的生活历史。描写苍蝇、毒蛇,并不可怕,像姚尼奇所过的生活,散发着浓重的腐朽气味,才真是令人毛骨悚然。

有人说:"安特莱夫叫人恐怖,并不使人恐怖;契诃夫不叫人恐怖,反而使人恐怖。"读了契诃夫的作品使人感到战栗。不过,这并不是由于他刻意展示丑恶,而是由于他通过人人熟悉的平凡生活,揭露了那个畸形社会的矛盾、不合理和无法医治的病症。不理解他的人,说他是"用冷血偶然写些事物",说他是"不可救药的悲观主义者"。可是,事实上相反,他揭开生活的可怕真相,是为了使人鼓舞起来。

他说:"人要活得正派,活得像一个人,就得工作。带着爱和信念去工作。"他又说,可是人们并不这样做,而是拼命地吃喝,喜欢白天睡觉,闭上眼睛就打鼾,简直像狗似的,挨了打就轻轻地叫几声躲到自己的窝里去,得到爱抚就仰面躺在地上,四脚朝天,摇着尾巴……他指出这是可怕的,叫人感到战栗。而他正是要使人在战栗中清醒过来。

真诚、善良的万尼亚舅舅,充沛着无处可使的生命力,在"广袤而杂乱的俄国的穷乡僻壤里悄悄地腐蚀了一生"。枯燥、庸俗、可怕的生活环境,像水蛭一样吸干了他的生命,使他变得暴躁、乖戾、怀恨、嫉妒……

在最后一幕,那些无止境的、无聊的争吵已经过去了,老教授赛布雅可夫和他的年轻的妻子叶琳娜离开了,万尼亚舅舅他们似乎恢复了过去的生活,在安静的夜晚工作着,笔在纸上沙沙地写着,蟋蟀唧唧地叫着,温暖、舒适。表面上看,这一切是多么平静!这时,阿斯特罗夫医生走到地图前面:

我看，这会儿在非洲那种地方一定还是热得怕人罢？

一句话就把这表面平静的生活的帷幕揭开，使你看到他们的生活的不堪设想的空虚和寂寞！马雅可夫斯基曾说过，别的剧作家需要用自杀去解释的东西，契诃夫仅仅用这一句话就把它表现出来了。

契诃夫在《三姊妹》中，写出了庸俗和虚伪的胜利。娜塔霞和三姊妹的哥哥安德烈结了婚以后，闯进他们的家庭，一步一步地变成家庭的主人。契诃夫写娜塔霞的时候，没有为了所谓"加强效果"的夸张，他没有把娜塔霞写成一个天生的邪恶的性格。可是你愈看下去，就愈感到她的庸俗、虚伪、自私。她的感情愈真实，你就愈恨她。照理说，对于孩子的母爱，应该是动人的、使人感动的。可是当娜塔霞向人夸奖自己的孩子时说："这真不是一般的小婴儿！""真是一个可爱的小宝贝！"你不由得要从心坎里感到厌恶，觉得她的生活的天地是狭窄的，只关心自己的态度是庸俗的。后来，你看到她为了孩子的缘故，竟要伊琳娜让出房间，搬去和俄尔迦一起住，并且禁止假面舞会的举行，粗暴地夺去别人的欢乐，这时，你就会发现她的母爱原来是卑鄙的自私。

契诃夫能够随处发现"庸俗"的霉臭。《三姊妹》的结尾，庸俗和虚伪战胜了。娜塔霞愈到后来，愈占上风，像黑影一样遮没了一切。在娜塔霞的势力下，哥哥安德烈变得更懒惰、麻木、阴郁，他放弃了做一个学者的念头，甚至安心在妻子的情夫名下做一个地方自治会的会员，不准手下人叫他的名字，要叫他"大人"。大姐俄尔迦亲眼看到妹妹们的生活被破坏，但她没有办法伸出援助的手来，"她的胸怀里面连一个抗议庸俗的有生气、有力量的字都没有"，她只有哭泣。当娜塔霞吼骂老奶妈，叫老奶妈滚出去，她只能说："你刚才待奶妈这么鲁莽……对不起,我实在看不惯……我眼里都发黑了……""亲爱的,你要懂得……我们也许受的奇怪的教育;我真受不了。这样的待人我真难受,我要病了……我真绝望!"第二个姊妹玛霞,从表面上看似乎有着怪僻、无恒、刻薄的性格,但实际上,她善良、洋溢着热情、有着崇高的梦想。她和魏尔希宁的恋爱,完全不是一个军官钟情有夫之妇的缠绵的俗套恋爱故事。他们分别的时候,玛霞一个人孤单单地留下来,站在篱垣旁边;正在开拔的军队的军乐声还可以隐约听见,一阵痛哭窒息了她。她不由自主地唱着"海湾里有棵碧绿的橡树……"从这里可以看到她的"对生活的渴望和对生活的怨恨"。那个最小的姊妹伊琳娜。在最后更是陷入不幸之中,她是违背了自己的志愿去嫁给男爵屠寻巴赫的,因为这是唯一的办法,至少男爵并不坏,无论如何将来的生活要比眼前有希望。可是连这个也被剥夺去:男爵在决斗中被打死了。

一九五四年

# 莎士比亚评论译文题记

## 歌德:《论哈姆雷特》译文题记

本文译自歌德的长篇小说《威廉·麦斯脱的学习时代》有关《哈姆雷特》部分。书中主人公威廉·麦斯脱参加了一个业余剧团,准备上演莎士比亚的《哈姆雷特》。在排演过程中,威廉·麦斯脱和演员们谈到剧本、人物及小说和剧本的区别等问题,这实际上是反映了歌德本人的看法。现把这些有关片断归纳为七个部分,并由译者加上小标题,以醒眉目。(1962年《古典文艺理论译丛》第3期发表的《〈威廉·麦斯脱的学习时代〉中关于哈姆雷特的分析》,只是这里译出的第一部分中的头两节。现将书中有关部分全文译出,俾使读者得窥全貌。)

在研究莎士比亚的外国古典评论家中,歌德可以说是最早从《哈姆雷特》中揭示了全剧关键所在的人,他的看法基本上是符合莎士比亚的剧本原旨的,尽管后来的很多评论家写出的分析《哈姆雷特》的文章汗牛充栋,可是始终没有人能够超过他。他对哈姆雷特性格的分析,对后来的评论家一直有着很大的影响。歌德援引了哈姆雷特的一句话："这是一个颠倒混乱的时代,唉,倒霉的我却要负起重整乾坤的责任。"以为这是理解哈姆雷特行动犹豫迟缓的关键。歌德说:"莎士比亚是要表现一个伟大的事业承担在一个不能胜任的人的身上的结果。在我看来,全剧似乎都是由这种看法构成的,就像一棵橡树种在一个贵重的花盆里,而这花盆只能种植可爱的花卉,树根生长,花盆便破碎了。"哈姆雷特所经历的剧变是他毫无准备也无法承受的。突然间,他的父亲被叔父杀害了,母亲嫁给篡夺王位的叔父。过去在他看来显得那样神圣、可爱、纯洁的东西,一下子变得虚伪、阴暗、险恶……他的周围埋伏着可怕的杀机,处处都要提防脚下的陷阱。在吹笛子这场戏里,当他的两个友人罗森克兰滋与基腾史登奉命打探他的内心隐秘时,他激愤地对这两个叛变他的朋友说:"哼!你把我看成了什么东西!你会玩弄我,你自以为摸得到我的心窍;你想要探出我的内心的秘密;你会从我的最低音试到我的最高音;可是在这支小小的乐器之内,藏着绝妙的音乐,你却不会使它发出声音来。哼,你以为玩弄我比玩弄一支笛子容易吗?无论你把我叫作什么乐器,我是不让你把我玩弄的。"这是些近乎疯狂的语言。哈姆雷特在人格尊严受到凌辱后,说出了多么深刻的思想!这都足以说明他并不像世人所说的是一个迟疑不决优柔寡断的懦怯者。他在行动上表现的犹豫是因为他骤然之间经历了一场他所难以承受的剧变。正如海涅说的,堂吉诃德把风车当作巨人,把娼妓当作贵妇,把傀儡戏当作宫廷典礼;而哈姆雷特却从巨人身上看出了风车,从贵妇身上看出了娼妓,从宫廷典礼看出了一场傀儡戏。他的精神危机使他一下子由儿童变成了成人。今天,歌德的分析还可以作为我们借鉴的资料。

在这篇文章中,歌德针对当时文艺界的不良倾向,反对为了迁就自己的意愿或者迎合观众的趣味去剥削、割裂、歪曲莎士比亚原作的轻率态度,他说:"引起公众所愿意的感情,而不是使他们感到应有的感情,这是一种对公众的虚伪的服从。……广大的观众应该受到尊敬,不能像小贩从孩子那里骗取钱财一样去对付他们。"这里显示了歌德对于艺术的严肃的态度,也是值得我们注意的。

歌德论述莎士比亚的文章,已译成中文的还有:《莎士比亚的命名日》和《说不尽的莎士比亚》等(刊登在 1962 年《古典文艺理论译丛》第 3 期),可参阅。

1953 年

## 泰纳:《莎士比亚论》译文题记

黑格尔曾经说过:"法国人最不会了解莎士比亚,当他们修改莎士比亚的作品时,他们所删削去的正是我们德国人最爱好的部分。"泰纳这篇文章一开头也说:"我要论述的是一个为所有法国式的分析头脑和推理头脑所迷惑不解的非凡心灵。"这里指的是法国 17 世纪的古典主义派。

统治了法国达两百年之久的古典主义派是以冷静的理智为基础的。古典主义派所谓的"纯正的鉴赏力"是非常狭隘的。他们认为艺术创作在意义和表现方式上都要做到符合规则和沿袭陈规,必须把现实生活刨平磨光,成为平滑的概念化的东西。他们使舞台上充塞着矫揉造作和豪言壮语。他们为艺术所规定的清规戒律、条条框框,使莎士比亚成为不堪卒读的荒谬作品。伏尔泰就这样说过:莎士比亚是一个"喝醉了酒的野蛮人",而莎士比亚的作品只是"在粪便里夹杂着珍珠"。

这里移译的泰纳的文章可以说是一篇向古典主义派挑战的檄文。虽然他不是头一个起来背叛自己本国传统的艺术家,因为在他以前司汤达和巴尔扎克都以深刻的艺术鉴赏力表示了对于莎士比亚的推崇，可是在法国以反古典主义派的观点比较全面地来论述莎士比亚，毕竟还要算泰纳最早。

泰纳的艺术理论，以笔墨酣畅、风格华丽见称。他那流利的词句，如瓶泻水，使读者毫不疲倦地一口气读下去。在这篇《莎士比亚论》中，他企图通过作品的分析，描绘出一幅作者的肖像，以显示作者的精神面貌。这种写评论的方法，可以说是另辟蹊径，别具一格。他在理论表述方式上也显示了强烈的艺术色彩。他的语言充满形象，采用了各种比喻，显得生动活泼，使读者产生一种具体感受，从而往往把读者不知不觉地引导到他的论据方面，自然而然地被他的观点所感染。

就思想体系来说，泰纳属于文化历史派。文化历史派是指十九世纪下半期受孔德实证主义影响的一些理论家。在法国有泰纳，在丹麦有勃兰兑斯（即《十九世纪文学主潮》的作者），在德国有谢莱尔（德国语言学家）。泰纳认为决定一部文学作品有三个最根本的因素："种族、环境和时代"。其中作为"第一性因素"的"种族"，属于人的天赋、情欲、本能、直观、想象等，成为决定一切的"永恒的冲动"。这个"永恒的冲动"是形成历史发展的根本动力。他像孔德一样，把力学、生物学、社会学兼综在一起，并且宣称科学的任务是描写人类的主观感觉。他在论述莎士比亚的时候，自然也不免流露了这种实证主义美学观点。例如他说："人们把一切事物都涂上了自己的思想色彩，人们是按照自己的观念去形成世界的。"他认为莎士比亚本人身上的种种性格特点，都必然会在他笔下人物身上反射出来。不过，由于原则和原则的执行之间往往存在着差距，他在对具体问题进行具体分析时，有时不一定严格遵循他的思想体系的先验结构。

在本文开头,泰纳说:"我要论述的是一个为所有法国式的分析头脑和推理头脑所迷惑不解的非凡心灵,一个既能描写庄严又能描写卑贱的才气横溢的全能大师;这是在准确地表现真实生活细节方面,在千变万化地运用幻想方面,在复杂深刻地刻画出类拔萃的激情方面的最伟大的创造力;他有着诗人的气质,放荡不羁,灵感焕发,由于一种先知式的入神状态的突然启示而超越在理性之上;他的悲欢是这样趋于极端,他的步伐是这样唐突奇特,他的迷恋是这样凶猛强烈,只有这个伟大的时代才能诞生这样一个婴孩。"这段话可以说是他对莎士比亚的纲领性的评价。

这里译出的文章原是泰纳的《英国文学史》第二部《文艺复兴时期》的第四章,据凡隆的英译本转译。泰纳著有:《十九世纪法国哲学》《英国实证主义》《论理智》《艺术哲学》(已有中译本),《英国文学史》《意大利游记》等。

1960 年

## 威廉·席勒格:《莎士比亚研究》译文题记

威廉·席勒格(1767—1845)是德国的浪漫主义文学家,主要从事翻译和评论工作。他在这篇文章中说,他对莎士比亚的钻研,"曾奉献了自己生命中的不少年代"。这并非虚言。仅就翻译莎士比亚作品这一方面来说,他就花费了十多年的心血,惨淡经营,数易其稿,迄今仍可说是一部优秀的译述。由于这种辛勤的劳绩,他被载入文学史册。勃兰兑斯在《十九世纪文学主潮》中说:席勒格的翻译"可以被视为堪与莎士比亚比肩的德国诗人的作品"。这种说法也许不免有些过分,但席勒格的贡献确实是巨大的。在他以前,还没有人按字逐句地来翻译莎士比亚。他的翻译不仅忠实于原著精神，而且在诗体形式的推敲上也是字斟句酌，煞费苦心。文学史家说，自席勒格的翻译问世，中欧和北欧成千上万不懂英语的读者，才得以发现莎士比亚的才华，从而使这位伟大的英国诗人在自己的域外国度里"再生"了。

席勒格在莎士比亚的评论方面也作出一定贡献，并形成了后来研究莎士比亚逐渐高涨的热潮。在他以前，德国的文学家莱辛、赫尔德、歌德、蒂克都曾涉及莎士比亚，尤其莱辛和歌德的片断论述，不乏卓见，发人深思，这本可掀起一种运动。但是，不幸正如约翰·布莱克所说，对于莎士比亚的重视"这种情况一开始便中断了"。席勒格不仅提供了研究莎士比亚的完善译本，而且他本人也对莎士比亚作出了全面系统的探讨。所以，论者多把他视为自浪漫主义思潮兴起后，首先以新精神肯定并研究莎士比亚的先驱。他的评论有：《罗密欧与朱丽叶》《关于威廉·麦斯脱所见的莎士比亚》等。堪为代表作的则是译者迻译的这篇《莎士比亚研究》，它是席勒格的《戏剧艺术与文学演讲》中的第二十二讲和第二十三讲。译文系据布莱克的英译本转译，题目和上下篇章名系译者所加。

读者读了泰纳的《莎士比亚论》后，也许会觉得席勒格的文章又晦涩又枯燥。不过译者以为这并不能据以判定两者的优劣。它们代表两个民族在理论上的不同风格。法国人写论文在风格上多偏重于华丽，以轻快流利见长，而其病往往在于缺乏深度，时有巧而碎乱之弊。德国人的风格多半偏重于严谨，好作抽象议论，以深沉见长，而其病往往在于晦涩，不够明朗开豁。但是优点和缺点经常是交织在一起的，去其短则往往不免失其长。因为理论风格是由理论家的思想方式形成的，我们对于不易见功的席勒格的论文，要习惯他的抽象叙述方式和用概念表达思想的手段，只有耐心地读下去才可见其底蕴。

在这篇文章里，席勒格批判了在他以前一直把莎士比亚看作是一个不自觉地创作的盲目粗野的天才这种风靡一时的见解。在扭转前人成见这一点上，他对后来的评论家影响很大。同时，关于塑造人物形象，他也提出颇有启发的看法。他认为孤立地去观察人物是大多数剧作家的共同缺陷，而莎士比亚却是把他的每个重要人物都作为反映其他人物的一面镜子，席勒格强调人物性格分析成为开启后来英国评论家赫兹列特写作《莎士比亚戏剧人物论》的先河。席勒格在这篇文章中也提出了他的浪漫主义文学主张。他认为某些古典主义者把不是原封不动地去表现自然面貌的东西一概斥为违反自然的这种观点是错误的。他提出创作活动需要幻想参与，要求作家把自己提升到日常生活现象之上，但同时他也强调诗和浪漫剧必须具有生动的真实性。

席勒格在哲学思想上受到费希特和谢林的唯心主义的影响，他的理论有时带有浓厚的神秘色彩。例如他把莎士比亚说成是"半神""先知""高级守护精灵"等等，都使人有神秘徜恍的虚浮之感。在美学观点上，他和他的兄弟弗里德里希创"讥讽说"（ironic），黑格尔在《美学》中曾对此说（《美学》中译本译作"滑稽说"）加以剖析和批判，读者可参阅。在这篇文章中，席勒格也运用了"讥讽说"去分析莎士比亚使悲剧性和喜剧性互相交叠的手法，以印证自己的观点。他说："人与人之间的关系都可以用一种讥讽的观点来加以考察，而并不混淆区别善与恶的永恒标志。"照他看来，莎士比亚也是按照这种原则来写作的。这种强古人以从己意的说法，显然是牵强附会的。莎士比亚打破古典主义的传统，使用了悲剧性与喜剧性交迭的手法，是一个值得探讨的问题，但决不能说这是出于莎士比亚对人生采取了一种讥讽观点的缘故。莎士比亚的人生观充分体现了当时人文主义的严肃性,仅以他的四大悲剧来看,就足以证明。

1962 年

## 柯勒律治:《理查二世》译文题记

西方把莎士比亚研究分为英国学派和德国学派。他们都以反古典派的浪漫主义去评论莎士比亚,使莎士比亚在经过两世纪之久的冷遇之后,声名噪起,成为文坛上的巨匠、戏剧界的大师。柯勒律治在英国起着发难的作用,据他自己说,"早在席勒格于维也纳作关于莎士比亚的演讲之前,我就作了关于同一题目大体相同的十八次演讲"。

柯勒律治(1772—1843)是个诗人,又是一个哲学家,他的评论显示了他的深思和诗人气质,但也多少带点玄学意味,这使他的一些独到见解有时笼罩在神秘气氛中。如果耐心读下去,仍可发现其中闪烁着精辟之见。他的文笔相当晦涩、压缩,其中夹杂着不少希腊文、拉丁文、苏格兰文。此外,还有许多双关语、隐喻、省字符号,读来十分吃力。译者外语水平差,更难译好。

他的《关于莎士比亚的演讲录》,迄今看来,仍是写得很好的名著。大概由于难以移译的缘故吧,国内一直很少有人研究、介绍。这里试将其中一篇论述《理查二世》的文章要旨简述如下。

在谈到这个剧本第一幕第四场时,柯勒律治作了这样的分析:这一场有一道新的光芒照射到理查的性格上面,在这以前他一直显示了君王的华贵,可是这一场,当他一旦无拘无束的时候,他性格中的固有弱点马上显露出来了。这种弱点并不在于他缺乏个人的勇气,也不在于才能上存在特殊的缺陷,而是由于他具有一种脆弱的气质，使他感到有依赖别人的支持和信赖那批谁都知道的下流角色的需要。必须把理查的一切恶行看作是这种弱点的后果。他的隐瞒和狡诈，所有这些手段都完全是为了排除眼前的困难。他不是一个堕落的人，可是我们在他身上看到人们通常具有的那种诡辩。人们可以用这种诡辩欺骗自己的良心，为自己的过失进行辩解，同时在日后再重蹈覆辙。柯勒律治认为，莎士比亚以非常独特的方式再现了这种特性。他并没有把理查写成一个可爱的人以抵消他的过失，而是依靠理查的不应受到的折磨和逐渐露出使人同情的善良，毫无保留地把这些过失公开地全面地揭露出来。这所以可能，是由于理查的过失不是积极为恶，而是萌于他性格上的缺点。柯勒律治在谈到第二幕第二场时，对理查的性格作了补充说明。他认为莎士比亚并没有把理查写成一个粗卑放荡的人，而是把他写成一个表面看来任性的人，一个脆弱的友情主义者，一个对自己所接近的人具有妇人般的爱心的人，一个误认那些被自己所爱的人也必然爱自己而感到喜悦的人。柯勒律治认为，莎士比亚总是尊重所有精神天性的产物；他从不以轻蔑的态度去阐述真的、不管是多么难以说明的人类的感情来玷污他的缪斯。

柯勒律治提到了这个剧本的另一个人物，他认为在莎士比亚作品中很少有其他人物比约克的性格写得更令人惊叹。约克的宗教的虔诚和他对君主愚昧所感到的深刻悲哀产生了剧烈的矛盾。他恪守他的誓言和他的忠诚。观众可以看出他的老年的衰弱和环境的不可抗拒。他竭力要在抽象的忠心中得到慰藉，甚至不惜付出牺牲自己儿子的重大代价。这种偶发的软弱，跟理查不断增长的思想力和不断减少的行动力是平行的。

柯勒律治时或从一句台词中揭示出人物的心理和性格。当波林勃洛克击败理查，以胜利者的口吻说："贵爵，请你到那座古堡的顽强的墙壁之前……"柯勒律治言简意赅地指出:"看:波林勃洛克在踌躇满志和必须做作之间的微妙的心理斗争。"这些都是十分深刻的。

在英国莎学研究著作中,我最喜欢的就是柯勒律治这本《关于莎士比亚的演讲录》,应该把全文移译出来,可惜至今没有人着手来做。这大概是由于翻译这本书的难度太大了。诗人写理论往往独具风格,文字精练,意蕴深含,风格隽永。这往往是理论家所不可企及的。在德国,海涅也是一位诗人兼理论家,他的许多理论文字也是我所喜爱的。

我对柯勒律治没有什么研究,小时上英语课时,读过他的《古舟子咏》,其中若干警句,至今尚可背诵。后来我也读过他的几篇哲理性很强的论文。而比较读得多的就是他的《关于莎士比亚的演讲录》了。

1964 年

## 赫兹列特:《莎士比亚戏剧人物论序》译文题记

威廉·赫兹列特(1778—1830),英国著名的莎士比亚评论家。《莎士比亚戏剧人物论》是比较流行的一部书。他在这篇《序言》中,肯定了波普的意见,赞扬了席勒格的论述,批判了约翰逊的观点。这表明赫兹列特是站在浪漫主义立场上,反对古典主义派的。

撒缪尔·约翰逊是英国 18 世纪的著名学者,曾编注过《莎士比亚戏剧集》,他为这部戏剧集所写的《序言》已译成中文(见 1958 年第 4 期《文艺理论译丛》)。约翰逊的文艺理论与其说是"朴素的现实主义",倒不如说更接近于 17 世纪以来盛行一时的古典主义。

他主要是吸取了亚里士多德的"模拟说"和贺拉斯的"教益说",因此尽管他为莎士比亚不遵守三一律而辩护,尽管他也批判了伏尔泰贬斥莎士比亚的某些观点,可是实质上也像17世纪法国古典主义派一样,是以理智的基础去衡量文艺作品的。唯一的区别只在于他不是那样呆板死硬地墨守古典主义派的陈规罢了。

虽然约翰逊对莎士比亚的评论也不无一些可取之处,但他的确存在着赫兹列特所指出的那种"时褒时贬"的古怪现象,他的论点缺乏逻辑的一贯性,常常互相矛盾,他所赞扬的东西往往会一变而为他所指斥的目标了。例如,他在《序言》中说:莎士比亚的戏剧是"生活的镜子",写得那样自然,那样逼真,以致读了他笔下的那些场景,"连一个隐士也会对尘世间的事务作出判断,甚至一个修士也会预测到爱情怎样发展",而不像"其他剧作家只能用夸张的或涂黑的人物,用难以令人相信的和绝无仅有的美德或罪恶来吸引人们的注意,正如粗俗的神怪小说用巨人和侏儒来刺激读者的好奇心"。这似乎对莎士比亚的现实主义给予了高度的赞美,可是,仅隔一二页,他就以教诲主义的面目来斥责莎士比亚"牺牲美德,迁就权宜,而不大考虑如何给读者以教导,因此他的写作似乎没有任何道德目的。他没有给善恶以公平合理的分布,也不随时注意使好人表示不赞成坏人";甚至连莎士比亚的词句也是违反自然的,因为他"喜欢用过多的浮夸华丽的字眼和令人厌倦的迂回曲折的长句,本来应该用几句话把一个事件平易地说出来,他却费了许多话来说它,但仍没有把它说好"等等。这一类的吹毛求疵的批评,只能说是夸大的、狭隘的、偏颇的。正像赫兹列特所说的,约翰逊不理解莎士比亚,因为他的理智根本无法掌握美。

不过,赫兹列特竭力推崇的席勒格的关于莎士比亚的论述也并不是没有缺点的,这一点我们在前面已经说过,这里不赘述了。

这里再简单介绍一下赫兹列特本人的简历。他曾就学于霍克奈学院，但真正的学识得之于薄伽丘和莎士比亚，以及18世纪的文学家和哲学家，如卢梭、菲尔丁、斯摩莱特等人。上世纪初他曾在巴黎研究绘画，并对拿破仑极为崇拜，曾写过一部《拿破仑传》（1828）。他在伦敦结识了柯勒律治和华兹华斯，经常参加兰姆和葛德汶的政治文学小组的活动，亦曾为该小组作过哲学讲话：《试论人类活动的原则》（1805）。他的著作还有：《现代哲学的发展和进化》（1812）、《莎士比亚戏剧人物论》（1821）、《英国戏剧概况》（1818）、《论诗人》（1818）、《论英国喜剧作家》（1819）、《略论书、人及物》（1820）等。

1962 年

## 赫兹列特：《奥瑟罗》译文题记

本文译好后过了三年多，1964年《古典文艺理论译丛》第9册，发表了柳辉译的赫兹列特《论莎士比亚》，其中包括了《奥瑟罗》的部分译文，约为全文的三分之一。

赫兹列特对莎剧人物作了细致的剖析。他具有一定的鉴赏力，不过没有什么深度，也缺乏创见卓识。他重视人物的个性，但没有去分析性格的构成和在特定情境中的反应的根源这些较复杂的方面，而是把一切归于人物的天性，这就未免显得简单和肤浅了。

奥瑟罗是嫉妒的吗？评论家几乎都对这问题作了肯定的回答。只有普希金说："奥瑟罗并不嫉妒，相反，他轻信。"造成奥瑟罗悲剧的埃古正是把他当作一个"轻信的人"。奥瑟罗中了埃古的奸计，也并不是没有原因的。这出悲剧所以发生就在于奥瑟罗和苔丝德梦娜的恋爱是违反当时社会的常例这一点上。只有苔丝德梦娜这样的女性，才会为了奥瑟罗"所经历的多次战争、围城和意外的遭遇"和他"在少年时代所遭逢的不幸"而爱上他。当时上流社会的女性，谁会有这种爱情呢？在以种族、等级、门第去衡量一切的社会中，这种爱情是罕有的，也是不容许发生的。苔丝德梦娜的父亲勃拉班旭及元老们以及埃古都是这样看待这种爱情的。就对奥瑟罗本人来说，这场爱情对于他也是意外获得的幸福。他说："自从我这双手臂长了七年的膂力以后，直到最近这九个月的时间在无所事事中蹉跎过去以前，它们一直都在战场上发挥它们的本领，对于这一个广大的世界，我除了冲锋陷阵以外，几乎一无所知。"他的人生经验这样少，怎么能够去理解被传为微妙、神秘、变化无常的威尼斯上流社会少女的内心世界呢？他和苔丝德梦娜的婚前恋爱是短促的，他们的爱情经常是在被监督情况之下，而且一结婚就到赛普勒斯去作战了。按照原作提供的这些事实，并不像斯坦尼斯拉夫斯基在《奥瑟罗》导演计划中根据想象所推断的那样：奥瑟罗在情场上是个很有本领的人。到了战地不久，这对新婚夫妻就遭到了埃古的暗算。埃古那出于变态心理去谗害他们的动机是这样难以捉摸，而他本人又几乎被所有的人看作是一个诚实的汉子。他说："世人知道的我不是真正的我。"谁能看出甚至猜到埃古的强烈嫉妒（凯西奥当了奥瑟罗的副将而他仍处于旗手的卑位）和病态的报复心理（异想天开地仇恨奥瑟罗夺去了他在苔丝德梦娜的心头地位）呢？奥瑟罗听了埃古的谗言，当场昏倒了。他经受得住战火的无情考验，可是经受不了埃古的几句话。这是什么缘故？请听听他那撕裂心魄的绝叫：

要是上天的意思，要让我经受种种的折磨；要是他用诸般的痛苦和耻辱降在我的毫无防卫的头上，把我浸没在贫困的泥沼里，剥夺我的一切自由和希望，我也可以在我的灵魂一隅之中，找到一滴忍耐的甘露。可是唉！在这尖酸刻薄的世上，做一个被人戳指笑骂的目标！那还可以容忍；可是我的心灵失去了归宿，我的生命失去了寄托，我的活力的源泉变成了蛤蟆繁育生息的污池……

这是震荡全身心的精神危机！从这里我们可以看到奥瑟罗的爱情中所蕴含着的人文主义者的理想追求。奥瑟罗是有着浩瀚无边的广阔胸怀的。不幸这恰恰是赫兹列特评论中应该涉及而没有涉及的。

1962 年

## 兰姆：《关于莎士比亚悲剧上演问题》译文题记

19 世纪英国拥有一批表演莎士比亚剧本的著名演员：加立克、肯布尔、铿等人。他们享有盛誉，蜚声海外。令人感到遗憾的是表演艺术受到时空的严格限制，除从当时看过戏的人所留下的印象和观感的记录去了解他们之外，别无办法。我曾在司汤达的《一个自我中心者的手记》中，读到他在伦敦看了铿表演奥瑟罗后所发出的热情赞美。但是这毕竟不能替代自己观看演出的亲身感受。我也读到别林斯基在文章中推崇加立克的话，激起我想更多地去了解加立克的愿望，但我也有些疑惑，因为别林斯基似乎没有亲自看过加立克的演出。许多年来，我一直没有找到谈论这些名噪一时的演员的专著。六十年代初，我偶尔发现加立克曾著有《戏剧杂谈》，曾辗转托人到图书馆去借，到国外去买，却始终未能觅得。直到今天这仍是我的一大遗憾。

却尔斯·兰姆的《莎氏乐府》是一部家喻户晓的著作。我在中学读的英文课本就选有其中好几篇文章。这里译出的这篇《关于莎士比亚悲剧上演问题》是一篇颇为奇特的论文。它一开头就使我惊讶地读到他对加立克的抨击。他说他在威士敏斯特寺院散步时,发现一座矫揉造作的塑像,下面还刻有这样几行铭文:

> 根据神圣的旨意去描绘美丽的大自然,
> 他的灼热的手握着上天赐与的魔笔,
> 莎士比亚出现了,接着又来了加立克,
> 把他的名声传播在这广大的世上。
> 虽然诗人描绘的形体湮没消散,
> 演员的天才却使它们再生,
> 虽然它们像诗人本人一样在黑夜中长睡,
> 不朽的加立克却使它们还魂。
> 莎士比亚和加立克像两颗灿烂的明星,
> 他们的崇高力量给昔日的一瞬,
> 留下了永远不会磨灭的标记,
> 于是神圣的光辉照亮了这大地。

这座被兰姆称为光怪陆离的塑像和荒谬无稽的铭文,使他大为反感。他说:"我虽然还不致于像某些外国天主教徒一样,把所有的演员都排斥在神圣的场所以外,可是我得承认,在这个使我们远隔尘世嚣扰的地方竟会发现一种剧场气氛,不能不使我为之不齿。"这番话不免激愤,却也不仅是一种偏见,而有着一定原因。兰姆把作家的剧本和演员的表演看成是截然不同的性质。他感叹人们竟然丝毫不假思索地把创造诗的意象的能力,和把这些意象化为文字后再去朗诵它们的能力混为一谈。他认为，戏剧诗人所拥有的掌握人类心灵的本领，和演员用以娱乐观众耳目的低级技巧是毫不相干的两回事。因为演员只需平时留心一下悲伤、发怒等等这类一般感情，在姿态和外表上所产生的少数几种作用就足以掌握它的技巧了。可是要懂得奥瑟罗、哈姆雷特这样伟大的心灵的内部活动，要懂得这些心灵在什么时候和为了什么激动起来，以及激动到怎样程度，要懂得他们的情欲发展到怎样的高峰，这就需要具有一种完全不同于只会模仿面貌姿态和表现情欲的才智了。

我以为兰姆的这些意见是偏颇的。他所划定的作家和演员之间不可逾越的界线，严格说来并不存在。好的演员也应该像他说的作家那样去掌握人类的复杂微妙的心灵，并以精湛的演技把它表现出来。反过来，不好的作家也往往像他所说的娱人耳目的演员那样流于平庸和浅薄。兰姆把他所看到的某些现象推到极端，从而作出结论。他的话说得太绝对了。接下去兰姆又提到观众，他认为观众从戏剧中得到的一切愉快，只有依赖演员的表演。他以自己为例说："我不能这样忘恩负义地忘记了几年前我头一次看到莎士比亚的一个悲剧演出时所感到的高度满足。这次演出由两位大演员分饰剧中的主要角色。它似乎使得我们头脑中一直没有明确形成的想象具体化、现实化了。可是，为了这种幼稚的愉快和这种明确的意境，我们却付出了整整一生作为代价。那种新鲜感过去了，我们沉痛地发现我们只是把一个美妙的幻境贬低到物质化的标准。我们为了寻求一种不能实现的实体而放弃了梦幻。"

我不能说这些针对加立克这样的演员所作的指摘是否公正。不过，我觉得倘用来印证我们的某些表演艺术，我们就会发现，这些批评竟是如此切中肯綮，好像正是针对我们的剧场而发的。许多名著改编后演出的情况甚至比兰姆说的更为严重。最近上演的充满脂粉气的电视剧《红楼梦》与被改得面目全非的《长生殿》,都使我觉得应该重新考虑兰姆对于表演艺术的评价。他认为卓越的剧本不是为舞台而写的,只能供读者去阅读,这种看法我不能苟同。不过,他指出舞台演出损害原作的情况,却是相当普遍存在的。几年前我看了英国老维克剧团演出的《哈姆莱特》,使我产生了一种茫然若失的感觉,好像原著的形象从我心目中消失了。

1962 年

## 史密斯:《莎士比亚评论集序》译文题记

这篇文章评述了自 1623 年《莎士比亚戏剧集》第一对开本问世直至 19 世纪中叶莎士比亚评论的发展历程,由于它所提供的资料具有一定的参考价值,所以将全文译出在这里。

关于作者尼古尔·史密斯,译者知道得很少,不能说出什么来。但就这篇文章来看,他显然是属于一种客观主义的批评。他竭力为德莱登和约翰逊这两位早期的莎士比亚评论家进行辩解,赞美之诚溢于言表,也许是怀着一种思古之幽情并慑于他们在英国所享有的盛名吧。但是最主要的是这两个人对莎士比亚的评论恰恰都是折衷主义的杂烩。他们一方面套用古典派的陈规把莎士比亚说得一钱不值,一方面也许是不想违反公众的爱好把莎士比亚说得天花乱坠。我实在不懂,莎士比亚如果真像德莱登所说的"他时常是单调的,乏味的,他的喜剧的智慧陷入了生硬,他的豪言壮语陷入了夸大","他的才智比他的语言更为粗俗",那么,这样一个拙劣的诗人还有什么可以值得我们赞赏的地方呢?可是史密斯却同意约翰逊对德莱登评论的评价,因为德莱登也说出一些谀美之词,于是它就成了

"赞美的批评的典范"。并且，史密斯还以绅士的礼貌，用委婉的词句，含沙射影地指摘了赫兹列特对约翰逊的批判（见《莎士比亚戏剧人物论序言》），赫兹列特对约翰逊的批判虽然并不完全正确，但就基本倾向说是好的，从而取代了体现17、18世纪陈腐理论的约翰逊的落后观点。史密斯看不出文学发展史上的新旧之争，他在脚注中竟认为以柯勒律治、赫兹列特为代表的19世纪英国莎士比亚的评论"是早期英国评论的自新的直接发展"。这说明他的文学史的识见是多么粗陋。

照史密斯看来，只要说莎士比亚是一位自然的诗人就等于说出了真理。班·琼生是这样说的，德莱登、约翰逊是这样说的，柯勒律治、赫兹列特是这样说的，于是英国的评论从16世纪开始直到19世纪中叶一脉相承，形成了一种"自然的直接的发展"。史密斯忘记了把艺术当作生活的一面镜子这种观点最早是由莎士比亚本人提出来的（见哈姆雷特对伶人谈话的一场戏）。除了这种不应有的疏忽之外，史密斯还忽略了一个更严重的问题，就是古典主义和浪漫主义赋予"自然"这个字的涵义是具有原则的差异的。如果把它们混淆起来，就等于取消这两大流派的根本分歧了。

史密斯对于19世纪赞美莎士比亚的评论颇多微词，他的贬责有一条是"偶像崇拜"。偶像崇拜往往产生于一种缺乏智虑明达的愚昧，一种幼稚无知的狂热，一种牺牲独立的奴从；自然是可厌的。但是史密斯把偶像崇拜用在莎士比亚身上并不恰当。是的，我们不应该像席勒格那样把莎士比亚说成是一个先知，或者像卡莱尔那样把莎士比亚说成是一个神人（见《英雄与英雄崇拜》）。不过，我们必须把对于杰出人物的崇敬之情和偶像崇拜严格地区分开来。整个19世纪，除了少数例外，那些文学巨匠和伟大的批评家都对莎士比亚怀着应有的崇敬，如果用"偶像崇拜"去加以指责，那是不公正的。就以这一时期的英国评论家来说，也并不全都作出了夸大的溢美赞歌。例如柯勒律治就是一例，他在评论《李尔王》时就指出了这个剧本中的某些缺陷。他是以尊敬之情来指出这些缺陷的。尽管如此，照我们看来，他的评论远较德莱登、约翰逊的过甚其辞的时褒时贬是更接近于事实的。

史密斯在这篇文章中还竭力为英国的莎士比亚评论家吹嘘，一再强调英国的评论并未受到德国评论的影响。他似乎把影响简单地看成是抄袭或引申别人已经说过的话。但是影响的真实意义应该从文艺思潮上去理解。18世纪末至19世纪初浪漫主义思潮统治了西欧的文艺界，这种思潮在西欧各国之间彼此都有着互相影响的痕迹。无论是柯勒律治或是席勒格都卷入在浪漫主义思潮中，正因为这个缘故，他们两个人在各自独自思考的情况下得出了大致类似的看法。

就译者的理解，关于英、德两国在评论莎士比亚方面谁影响了谁的问题，应该认为是德国人领先的，因为歌德早在柯勒律治和席勒格之前就论述过《哈姆雷特》了，他是他们两人的先驱者。这里还没有把莱辛计算在内。就评论内容的深度来看，英国人也是远逊于德国人的。英国在16、17世纪之际出现了伟大的唯物主义思想家培根、霍布斯等。英国的古典经济学为马克思所推重。但是在文艺理论方面，却显得贫乏而平庸。在莎士比亚评论方面只有一个柯勒律治的某些片断尚有可观，这实在令人为之感叹。但事实是最顽强的，任何人的意志都无法改变它。

1962 年

## 附记

50年代后期,我和张可鉴于莎士比亚研究在国内尚不多见,因此想尽自己的微薄力量,译出一些外国学者的评论文章,以资借鉴。截至"文革"开始,我们共译出了英、德、法莎士比亚研究论文近五十万言。每篇都有我写的"译者附识",现在选出其中8篇改题为"题记",收在这本书中。

在十年浩劫中,张可因我而受到株连,被非法隔离,甚至因高血压昏厥也不准看病,以致在1979年夏由那时所积下的病因而突然中风。幸而这时"四人帮"已被粉碎,经医生抢救得以脱险。目前她已康复,但是留下的后遗症未消除,至今仍不能用脑工作,读写都很困难。我们的译稿,汇编成集,书名为《莎士比亚研究》,于1983年交译文出版社出版。出版时的译者用张可的名义,因为书中收入的译文虽也有出自我的手笔,但大多是她翻译的。

我们两人都是热爱莎士比亚作品的。不过,我在青年时代却并不理解莎士比亚,对于他的古老的语言表达方式不能接受,对于他那洞见人类心灵的深邃观察力也几乎茫然无知。后来我倾心于莎剧,主要是受到张可的启发。60年代初,我曾写了《莎士比亚四大悲剧论》的十万言,可是在"文革"中被销毁了。后来我曾想根据追忆,把它重新写一遍,但始终未能如愿。大概当时那些思想将永远沉入忘川。为了记下我对莎士比亚的爱好,姑以上面这些题记为代。

1989年2月记于深夜

# 巴尔扎克的小说情节

巴尔扎克的写作生涯不容许他从容不迫地精心撰构，他像一架写作机器，每天的工作时间都排得满满的，恐怕连构思都是匆忙的、赶时间的。

如果挑剔的话，他在小说中安排的某些情节，就不总是经得起细心读者认真推敲的。例如《邦斯舅舅》中，作者说，邦斯不知道自己收藏的古董在市场上的行价，因为他不上拍卖行。直到庭长太太带着女儿到他家里相亲那一天，他才从浪子勃罗纳那里发现自己的收藏原来是一大笔家财。这里有一个很大的破绽。在此以前，我们从小说中已经读到，邦斯在送给庭长夫人那柄华多绘的扇子时，曾经说出了一大批古董（瓷器、家具、绘画）的行价，甚至连古董商人都要向他求教。我们能想象邦斯天真到连自己的收藏家底的一个大概数目都不清楚吗？还有，邦斯给庭长女儿和勃罗纳做媒，开头是那样一帆风顺，可是眼看大功就要告成的时候，勃罗纳突然提出了独生女问题，于是一下子告吹了。这种急转直下的情节，虽然很能吸引读者，但也是不自然的，这是一般以出其不意取胜的情节小说的通病。不幸，巴尔扎克有时也采取了这种手法。这并不是说出人意料的情节都是坏的。莎士比亚戏剧情节的传奇性就是值得赞美的。在莎士比亚笔下，无论怎样突如其来的情节，都具有充分的说服力，是可信的。读莎士比亚的时候，自然而然地被情节所卷走，不感到它们的离奇曲折，只觉得惊心动魄。而一般情节小说，只是在挑动读者的好奇心，迫使读者只是想知道：下面会发生什么，结局会是怎样的⋯⋯

一九七六年

# 追求真理的热忱

我想谈谈怎样从文学的真实性和倾向性方面去看待文学史上那些杰出的作家。这是一个很复杂的问题，绝非三言两语可尽。我只想就其中关系比较重大的方面谈谈自己的想法。过去，我们只谈这些作家的阶级局限性，几乎已经题无剩义。但是，我觉得是不是也应该进一步探讨一下，在某种程度上他们也可以摆脱这种局限？我认为不能把阶级的局限认作是他们绝对不能逾越的鸿沟。恩格斯曾经概括了文艺复兴时期杰出人物的特点。他认为在那个人类前所未有的伟大变革的进步性运动中，顺应时代的需要出现了一批学识渊博、思想深刻、性格坚强的多才多艺的巨人。他说，这些"为现代资产阶级打下基础的人，无论如何，都是些不受资产阶级观点局限的人"。这清楚表明文艺复兴时期的那些杰出作家是摆脱了资产阶级观点制约的。例如，莎士比亚就是明显的例子。如果说，莎士比亚笔下的一些英雄人物如亨利五世和《约翰王》中的庶子菲利浦，还是体现了刚刚从中世纪社会母胎脱生出来的新兴资产阶级依附王权去消灭封建割据的观点，那么，莎士比亚在另一些剧作中却摆脱了这种阶级观点的局限。比如《李尔王》就存在这种情况。李尔让出王位之后，失去了君王的尊荣，降到底层。当他认识到并懂得了民间的疾苦，人的感情在他身上觉醒起来。他在大雨倾盆、狂风怒吼、雷电交加的旷野上所发出的那段关于"衣不蔽体的人们"的独白，曾被柯勒律治说成是比大自然的暴风雨更为壮烈的心灵的暴风雨。我们可以把它看作是莎士比亚本人的动人心魄的内心表露。倘使莎士比亚对于资本主义原始积累时期的圈地运动的羊吃人现象，和由此所造成的无家可归的流浪汉遭受统治者血腥立法的残酷迫害，不是抱着深恶痛绝的态度，他是写不出这场戏的。在同一剧作和另一剧作中，莎士比亚还如实地反映了出现在他那时代的另一类人物形象，他们泼辣、强悍、精力饱满，却又像魔鬼般的奸诈，像豺狼般的狠毒，这就是那些在资产阶级萌芽时期的最早野心家冒险家爱特门、埃古之流。倘使莎士比亚不是对他们疾恶如仇，就不会像禹鼎铸奸般地把他们载入自己的戏剧史册，垂诸后世。对于莎士比亚这样的作家究竟应该怎样予以正确的评价？按照通常的说法，就是这些作家体现了人民的要求和愿望，他们的作品是具有人民性的。这样说大体上是不错的。不过，人民性却往往被笼统地加以解释，成为一个模糊的概念。我们通常把文艺复兴说成是资产阶级上升时期，并认为在这样的时期，资产阶级和无产阶级的矛盾尚未激化，而且在反封建反神权方面，资产阶级和劳动人民的基本利益是一致的。这就是资产阶级作家可以体现人民的要求和愿望，在作品中表现人民性的理由和根据。六十年代苏联出版的奥夫斯亚尼柯夫编纂的《简明美学辞典》仍沿袭这种说法。实质上，这种说法是以资产阶级在上升时期和劳动人民有着基本一致的利益为前提的，因此这可以被理解作资产阶级作家表现的人民性仍然是站在资产阶级立场上反映了资产阶级的观点，从而小心地回避了恩格斯指出的"无论如何都是不受资产阶级观点局限"的科学论断。为什么要采取这种遮遮掩掩的态度呢？我们应该理直气壮地承认这一真理：在某种情况下作家可以在一定程度上摆脱阶级的制约，不受阶级观点的局限。

　　自然，我们也应该看到过去那些杰出作家的世界观呈现了错综复杂的情况。但我不同意把他们的具有矛盾的世界观完全看作是保守的，甚至是反动的。如果我们承认生活在阶级社会中的人除了具有阶级性之外，还可能具有某种不是阶级性这一范畴所能容纳的人性，那么，为什么那些杰出作家反而不可能出现这种情况呢？也许人性和人道主义是使他们在作品中摆脱阶级局限的一个主要原因。我以为这问题可以进行探讨。这里，我且不谈这个问题，只想再援引恩格斯所举的另一例证。他曾经说："歌德像黑格尔一样，各在自己的领域内，都是真正奥林帕斯山上的宙斯，然而两人都未能完全免去德国庸人习气。"这句话如果作简单化的理解就会产生误会。我以为所谓庸人习气主要指的是政治态度方面，歌德他们不像文艺复兴时期的巨人那样具有革命激情和坚强性格，用笔或兼用笔和剑投入那场人类前所未有的伟大的进步性变革之中。他们小心翼翼，不敢得罪或碰疼当时普鲁士的专制政府，甚至有时还表现了懦怯的态度。可是，在另一方面他们又都在自己领域内是真正的奥林帕斯山上的宙斯。这一点不可轻视，值得我们思考。我以为，他们在自己领域内做出了对人类的伟大贡献，不仅仅需要天才、勤奋、毅力和学识，而且也需要追求真理的热忱和忠于科学、忠于艺术的优秀品质。这种品质同样值得推崇，并且和他们在政治态度上所表现的庸人习气恰恰相反，形成奇异的鲜明对照。而事实却正是如此。我觉得在巴尔扎克、果戈理等等这些作家身上也都具有同样的情况，我们只要读读他们的传记就可以明白。例如，像巴尔扎克年轻时为了献身文学，要用自己的笔去开拓拿破仑的剑所不曾达到的领域，甘愿清贫自守，住在拉丁区的阁楼，忍受饥寒的煎熬，而放弃家庭的接济和优裕的生活享受。他成名后，也曾经以艺术家的公正而为被漠视、受冷遇，甚至为连雨果也不理解加以一笔抹煞的司汤达仗义执言。为此他宁可放下手边正在进行的主要工作，写出了《拜尔先生研究》。再像果戈理为了坚持他所开创的以自然派命名的现实主义创作道路，在当时充满陈腐偏见的文艺界，遭受多少责难和辱骂，但他毫不妥协，始终坚守自己的岗位。晚年，他虽然产生了思想危机，但终于从斯拉夫主义迷乱中挣扎出来，亲手焚毁了体现这种思想迷乱的《死魂灵》第二部手稿，而不愿背叛自己的艺术信念。这类可歌可泣的动人事迹，直到今天仍使我们深深感动。如果他们以庸人习气去对待自己所从事的文学事业，就会由奥林帕斯山上的宙斯一变而为渺小的侏儒了。当马克思批评当时的庸俗经济学的时候，曾说："超利害关系的研究没有了，代替的东西是领津贴的论难攻击；无拘无束的科学研究没有了，代替的是辩护论（Apologtik）者的歪曲的良心和邪恶的意图。"这不是表明超利害关系无拘无束的科学研究是存在过的吗？马克思说的古典经济学家就是这样的。《资本论》所提到的那些工厂视察员和公共卫生报告医师也是这样的。他们恪尽职守，无党无私，毫无顾忌地秉笔直书，揭示劳动人民的悲惨处境，而并不计较个人得失，趋承上意，像从前诗人所说"颠狂柳絮随风舞，轻薄桃花逐水流"的风流人物那样随波逐流，趋炎附势。科学家不怀任何私人利害打算去探索自然规律，艺术家不怀任何私人利害打算去追求生活真实，他们决不肯为了领取津贴去充当统治阶级的御用工具，决不肯歪曲自己的良心，怀着邪恶的意图进行颠倒黑白的论难攻击。就这方面来看，应该说他们具备了伟大性格，因此他们才写出了伟大的作品。还应该说，正是由于这种缘故，他们才可能在一定程度上在一定范围内摆脱了阶级制约，不受阶级观点的局限。可是，过去一涉及追求真理的热忱或忠于艺术的良心这类提法，马上就会有人出来呵责，斥为宣扬唯心主义。他们忘记了恩格斯早在一个多世纪以前就已回答了史达克对于费尔巴哈提出的理想的力量所作的责难，他说："如果一个人只因他具有'理想的意向'并承认'理想的力量'对他的影响，就算是一个唯心主义者，那么任何一个稍稍正常发展的人就都是天生的唯心主义者了。于是这一点不可以理解：世上怎么会有唯物主义者呢？"让经过惨痛经验教训而在当前这场思想解放运动中重得确认的实事求是精神永远发扬光大吧！

一九八〇年

## 谈近代翻译文学

过去的文学大系向来不列翻译文学的课目，文学史也很少涉及翻译文学。就我所见，在中国文学批评史中，只有罗根泽的一部谈到了魏晋时期传译佛经的理论。写文学史，编文学大系，略去翻译文学部分是个缺陷。因为翻译文学留下了外来文化对中国本土文化影响的轨迹，翻译文学理所当然地应成为文学史的一部分。用施蛰存先生的说法，中国有两次翻译高潮。编入《大系》的，是第二次，即近代的翻译文学（据施先生统计，近代翻译文学在数量上较现当代翻译文学为多）。第一次则是中古时期，即魏晋时代的佛经传译。研究文化史如果昧于魏晋时代的翻译文学，就不能较深了解当时的玄学思潮，后来佛教的中国本土化，以及它如何演变成为对中国文化产生巨大影响的禅宗。甚至直到今天我们的口语或文字中的某些词汇或典故也都是来自传译过来的佛经（如"瞎子摸象""唾面自干"等等）。我曾在拙著中举例说明《文心雕龙》的文质理论系来源于当时佛经传译中的文质概念。这部被章学诚称为"成书之初祖"的系统完整、体例周详的著作，是受到体现了印度文化重逻辑精神的因明学的一定影响。至于当时十分发达的翻译理论对后世的影响则更为巨大。施先生《导言》中援引刘半农在五四时的译诗序言，就有这样说法："两年前，余得此诗于美国 Vantiy Fair 月刊，尝以诗赋歌词各体试译，均苦为格调所限，不能竟事。今略师前人译经笔法写成之，取其曲折微妙处，易于直达，然亦未能尽惬于怀。"这里刘半农谈到他在翻译上是受到传译佛经的影响的。我认为魏晋时期的佛经传译也是值得研究的题目。关于第二次高潮，施先生在《导言》中说得十分周详，这里不再赘述了。

  我只想就《导言》所提出的几个为人忽视的问题，谈谈我的看法。《导言》认为近代翻译文学在民主自由思潮上也起过重大作用。我觉得这一补充很重要，因为一般人只谈严复等所译的人文科学理论在这方面的作用。《导言》对林纾作出了公允的评价。长期以来，一提林纾就说他是一位开倒车的冬烘人物，在翻译文学工作上也一无可取。但《导言》指出："林纾的早期译本，几乎都有序文，他喜欢以司马迁的'龙门笔法'来分析外国文学的艺术性，其中有一部分是中肯的，可以说他和原作者具有通感，但也常常有迂阔之谈。对于某些杰出的外国文学名著，例如狄更斯的批判英国政治社会的现实主义小说，司威夫特的讽刺小说，林纾都在序文中对它们的思想意义，给予高度赞扬，并且还联系中国现实，在慨叹、惋惜的微词中，透露出他对封建专制政体的不满，和对民主自由政制的向往。"我觉得这一补充也是很重要的，可纠过去之偏。《导言》还提出当时翻译文学对创作界的文学语言起显著的影响。施先生不轻下断语，而是采取了提问方式的审慎态度。他举出了既是翻译家又是创作家的包天笑、周桂笙、陈冷血等人，说他们的译文和他们的创作，文体是一致的。我认为这给近代文学的研究提出了一个很好的课题，值得进一步探讨。五四以后的文学语言，无论在字汇、名词、语法上，都受到当时翻译文学的影响。虽然三十年代提倡大众语的极端派把当时文学语言，讥为非驴非马的"骡子文学"，但我认为鲁迅所说的欧化语法是不可避免的，有时甚至渗透到日常用语中。如鲁迅所举的"对于""取消"之类，甚至连反对欧化语法的人也在使用。至于外来语的专门名词就更不用说了。近代文学史上，黄遵宪所体现的"诗界革命"，显然受到翻译文学的影响。过去，人们只强调他的"我手写我口"的白话性质，其实他也是最早采用外来语法和字汇的人。这并不是为了逐新猎奇，而是由于生活变了，文学语言也不得不变的缘故，不如此，反而令人难以接受。记得小时读到一位留学美国的长辈给父母寄来的一首旧诗，诗中说"自是更残难假寐，挑灯重读远来书"。我当时感到奇怪，这位长辈住在十分现代化的美国城市里，难道那里也打更吗？那时我家里用的是电灯，难道美国依旧在用油灯吗？这诗不能唤起我读唐宋诗词的那种境界；相反，却多少使我感到有些格格不入。黄遵宪将电灯、轮船之类入诗，虽被人讥为不雅驯，但这也是应时顺变的必然结果。不过黄遵宪毕竟是特殊的例子。当时翻译文学在文学语言上固然创立了一种新的白话文，而过渡时期的痕迹，却比比皆是，如林译中就不乏"拂袖而去"之类的字句。试问：穿西装紧袖口如何"拂袖"呢？

《导言》指出当时翻译文的严重缺点在于删节原作。如德国作家斯托姆的《茵梦湖》，近年出版的译本有五万字，而一九一六年发表在《留美学生季报》上的同著译文《隐媚湖》则仅有四千字。这种节本类似以前影院所赠发的交代故事梗概的"本事"，为了满足观众急欲知道情节的好奇心，不惜将原来的生动丰富的艺术性斫伤殆尽。由于不懂或为了省力而删节原文，自然是不足道的。但《导言》所指出的另一种删节，却更值得注意，这就是追求译文的雅驯。严复曾以信、达、雅作为译书的要求，事实上严复本人对于雅就已经觉得难办。如果原著有不雅的文字，怎么能用典雅的中文来译述？《导言》援引了严复的话："行文欲求尔雅。有不可阑入之字，改窜则失真,因任则伤洁。"他于是写信去请教古文学家吴汝纶。吴回信说:"鄙意与其伤洁,毋宁失真。凡琐屑不足道之事,不记何伤?若名之为文,俚俗鄙浅,搢绅所不道。"吴并举《左传》《史记》为证,说太史公倘不能将俚鄙不经之事"化俗为雅",一定都"芟剃不言"了。我读太史公书,却并不觉得他有洁癖,其中甚至不乏俚语和口语,包括一些"不洁"的内容。这里要谈的是,严、吴所提出的这种删节既非偷懒,也非媚俗,而是为了贯彻文字雅驯的主张。不过,这里马上出现了一系列问题:究竟应由谁来划定俚俗的界线?是作者还是译者?如果作者认为事虽琐屑、俚俗,但写入文中却并不使艺术本身也变得琐屑、俚俗,怎么办呢?或者译者认为是琐屑、俚俗的部分,恰恰被作者认为是体现了他的艺术风格、创作个性的特征,乃至成为整个艺术有机构成的组成部分,又怎么办呢?……总之,我仍取一种也许被认为是陈旧的看法,即翻译应忠实于原作。作为一名读者,我读译述是要知道原作的真实面目,而不是译者对原著的改造。自然我也愿意知道译者对原著的批评意见,但希望在译者的序跋或文章中去知道,而不希望在译者对原作动手动脚加以删改中去知道。有些才高的译者在译述时往往难免技痒,改动原著,我以为这是不足为训的。鲁迅说严复"做"了《天演论》。我们要研究近代中国的启蒙思潮,自然要读这本书。但是如果我们要知道原著,那就不能读这本书,而需要去读赫胥黎、斯宾塞本人的著作。

其实,在译述中应不应改动原著是个老问题,这问题在魏晋时期就已存在。当时翻译佛经,多用外书比附内典,号称格义,使佛书中国化了,更明确地说老庄化了。佛书中的一些专门名词都用老庄的一些术语替代了。如"菩提"译为"道","涅槃"译为"无为","比丘"译为"除馑","真如"译为"本无"等等。迨至道安因见旧格义于理多违,遂废而不用。道安时期佛教如日中天,名僧辈出,译业弘富;唐代玄奘时期为传译佛经的鼎盛时代。至于佛教的中国化乃是此后的事,它是经过从格义到忠实移译的过程以后,才走上中国化的道路的。如果没有这样的曲折历程,不经过忠实移译的阶段,很难说它是否会形成现在那种中国化的佛学。今天这个问题还在继续讨论,例如陈寅恪是主张格义的,不过他是就学术发展意义上说的,有着特定的含义。而鲁迅则是反对日本上田进那种归化的理论的。他认为翻译外国作品应保存些洋气,而不应以中国面孔为标准将外国面孔用"削鼻挖眼"的手术去加以改造。傅雷是删削原著的。他翻译的巴尔扎克小说就有删节之处。他曾向满涛说过,他认为巴尔扎克行文有冗繁处,就删节了。我不懂法文,不能说出傅译删削了哪些文字。我想懂法文的人对照原文便可知道。《导言》对翻译本身的理论谈得不多,不知近代翻译文学理论除了严、吴的文求雅驯的观点外,还有哪些说法?

我觉得归化和忠于原著的问题,不仅存在于翻译领域,在舞台上,介绍外国戏剧也同样存在。几年前,上海举行了莎士比亚戏剧节。在筹备过程中,不少人提出要用中国戏曲形式,我提出不同意见,遭到主持人强烈反对。后来戏剧节开幕了,据说用戏曲形式演出的莎剧在莎士比亚的本土也得到称赞。当时我写了一篇短文说,我仍认为莎士比亚戏剧开始在中国演出,应采用道安所主张的忠于原本和鲁迅所主张的译文保存洋气,而不能采取以外书比附内典的"格义"及削鼻挖眼的"归化"方式。外国人对于用戏曲方式演出莎剧表示称赞,或是出于猎奇,或是要看中国是怎样理解莎士比亚。但我们的立场不同,我们很多人还从来没有看到莎士比亚的戏,也不知道莎士比亚是怎么回事。如果一个从来没有看过莎士比亚戏剧的观众,看了用戏曲形式使之归化的莎剧后说:"原来莎士比亚戏剧和我们黄梅戏(或越剧或昆曲)是一样的!"那么这并不意味介绍莎士比亚的成功，而只能说是失败！

一九九一年清明

## 附录

### 一九九三年一月二十三日日记

过去谈近代翻译文学，如鲁迅与秋白之《通讯》，施蛰存之《导言》，罕言王国维，仅谈及严复、吴汝纶、林纾等辄止。当时对西学的见解，当以王国维最值得注意。《静庵文集》谓："今则大学分科，不列哲学；士夫谈论，动诋异端。国家以政治上之骚乱，而疑西洋之思想皆酿乱之曲蘖。小民以宗教上之嫌忌，而视欧美之学术皆两约之悬谈。且非常之说，黎民之所惧；难知之道，下士之所笑。此苏格拉底之所以仰药，婆鲁诺（布鲁诺）之所以楚身，斯披诺（斯宾诺莎）之所以破门，汗德（康德）之所以解职也！"这是何等精神！何等见识！纵在今日又何以易之！

### 一九九三年一月二十四日日记

《静庵文集》另一篇文章《论新学语之输入》尤不可忽略。文中评严复译事，造语虽工，而不当者亦多。……又谓严复译述"古则古矣，其如意义之不能了然何？"王氏主张适当引进日译名，但又批评了"好奇者滥用之，泥古者唾弃之"的倾向，此评至今看来仍切中时弊。王氏之通达深邃率多类此。

# 外国文学漫忆

年轻时，我喜欢过一位如今似乎永沉忘川再也不被人提到的俄国作家安特莱夫。他曾被责为阴冷、灰暗、病态。我以为这不是误会就是曲解。我但愿有机会能为他的《红笑》《往星中》《大学教授》《狗的跳舞》《吃耳光的人》这些为我的年轻心灵拥有过的作品说几句话。我也喜欢过英国的费尔丁。他不像狄更斯那样多产，那样获得读者的爱戴。他的作品少，读者也少。但如果把他的《约瑟·安德路传》和狄更斯的《匹克威克外传》放在一起要我选择，我会更倾向前者。费尔丁在书的扉页上书明"拟堂吉诃德"，如果不是他亲自写下这句话，别人是很难察觉它们之间的渊源关系的。狄更斯的书我也爱读，他不但有才气，还有一颗仁慈的心。可是他的匹克威克太像亚当了。我可以举出这两部书有着像家族血缘所形成的那种类似的地方。自然，至今仍使我倾心的是本书中或多或少涉及过的莎士比亚、契诃夫、罗曼·罗兰，虽然后面这位作者在他本国或国外已经被人越来越淡忘了，然而我一想到他，仍感到温暖。他的《约翰·克利斯朵夫》曾经在我度过漫长艰难岁月中给我以勇气。我不能一一列举我喜爱的外国作家的名字，但如果我不提一提司汤达，我会感到负疚的。这位赋有非凡才禀的作家，在他生前默默无闻,他预告一百年后会被人们理解。果然本世纪五十年代,他的作品像旋风般地风靡世界,可是令人感叹的是,冥冥之中似乎有什么力量在左右作家艺术命运的升降。不久,他在光芒四射之后,又隐没在黑暗中了。我愿意说,他在我心目中的地位,超越了当时不懂得他而对他采取漠视态度的雨果。我不禁反问自己:为什么今天的读者很多人读雨果的书而不知道有个司汤达呢?(正如在白朗底姊妹中选取了夏洛特的《简·爱》而将艾密莱的《呼啸山庄》弃置不顾?)是我抱残守缺,还是艺术感觉渐渐迟钝或者变异了?我不能回答。由将来去判断吧。在这里,我唤起青年时代的记忆,让那些曾经使我迷醉的艺术精灵在眼前再生。我早就由文学转入另一个领域,已经长久不谈,以后恐怕也不一定有机会谈到他们了。不管时间的无情浪潮使他们会有怎样的升降浮沉,我是不忘记他们的。

一九九二年

## 读莎剧时期的回顾

一九三八年我认识了满涛。他从俄文译出了契诃夫《樱桃园》，不久，这本书在巴金主持的文化生活社出版了。满涛的译笔漂亮流畅。他用了一些北京俗语，用得很恰当，使全书神采奕奕，增添不少生动气韵。这是我第一次读到契诃夫的剧本。那时读书界还不像现在，认为剧本只供演出而没有阅读价值。满涛翻译的这个本子是很有影响的，我也很喜欢这个剧本。读了《樱桃园》。我马上再去找契诃夫的其他剧本。契诃夫的剧本并不多，我读了《三姊妹》和《伊凡诺夫》的中译本。另外两本《海鸥》和《凡尼亚舅舅》，我读的是商务印书馆印行的加中文注释的英译本。几乎在差不多时候，也是抗战初期，商务印书馆已出版了梁实秋翻译的几本莎剧。我读了梁译的《丹麦王子哈姆雷特之悲剧》。书前有译者写的一篇长序，序中谈到哈姆雷特的性格和他在复仇上所显示的迟疑。这个西方莎学所探讨的问题也引起了我的兴趣。五十年代初，我以它为题，写了一篇探讨哈姆雷特性格的文章。这篇文章没有发表，一直保存到六十年代初。我将它和那时写的论奥瑟罗、李尔王、麦克佩斯编在一起，作为《论莎士比亚四大悲剧》中的第一篇。张可将这部近十万字的稿子，用娟秀的毛笔小楷誊抄在朵云轩稿笺上，再用磁青纸作封面，线装成一册。"文革"初，我害怕了，在慌乱中将它连同十力老人几年来寄我的一大摞论学信件，一并烧毁了。现在我只能简略谈谈留在记忆中的大致内容。在那篇《哈姆雷特的性格》中，我认为造成哈姆雷特的迟疑的原因，不是由于他的怯懦，而是由于他的生活经历了一场大变化。这场变化来得太突然、太急骤了。父王的暴卒，母亲改嫁给有篡弑嫌疑的叔父，而这位奸诈的叔父又马上登上了王位……和平恬静生活立刻变得严峻起来。世态的炎凉，处境的险恶，朋友的背叛，是这位从小在宫廷中养尊处优的王子所无法承受的。他惊恐地发现脚下布满陷阱，随时都会陷落下去。这些突如其来的变化，迫使他不得不怀疑，不得不思考。他需要迅速地去弄清每一变故的真相，去追索它们发生的原因，而摒弃已往的盲目热情、无邪的童稚。他很快地成熟起来，一下子由幼童变成了成人。我在这篇文章中曾援引了海涅的一段话，大意说：堂吉诃德将风车当作了巨人，将马房娼妓当作了贵妇人，将一场傀儡戏当作了宫廷典礼。而哈姆雷特相反，从巨人身上看到了风车，从贵妇人身上看到了娼妓，从宫廷典礼看到了一场傀儡戏。海涅的理论文字，蕴含着深邃的哲理，又具有诗的魅力。这是一般思想家所无法企及的。直到今天我读他的哲学论文的时候，仍引起很大的兴味。我在文章里，还援引了歌德在《威廉·麦斯脱的学习时代》中的一段话。书中人物在排演哈姆雷特时说："莎士比亚是要表现一个伟大的事业承担在一个不能胜任的人的身上的结果。……就像一棵橡树种在一个贵重的花盆里，而这花盆只能种植可爱的花卉，树根生长，花盆便碎了。"这些议论是威廉·麦斯脱作为导演和他的同伴在探讨剧本时说的，但颇可见出歌德本人的观点。歌德和海涅对于哈姆雷特的分析，虽然文字不多，却都言简意赅。现在回想起来，我感到自己过去写的那篇文章，由于出于同情和耽于辩护的立场，过分强调环境的变化才造成了哈姆雷特的迟疑犹豫。(别林斯基论哈姆雷特就是把他说成具有坚强的性格,说他的每一句话都是"涂了毒的箭"。)当我细细思考歌德和海涅的话之后,觉得哈姆雷特的迟疑犹豫,除了归结为他四周环境的急骤变化外,也应考虑他本身的因素。每个人在迎接同一环境挑战时,都会有不同的反应,这里就有人的性格的作用。环境固然是性格形成的重要的原因,但遗传的因素也是不可忽视的方面。

我写了《哈姆雷特的性格》以后,对莎剧仍说不上有真正的爱好,不过我开始不再把莎士比亚看作是一位夸张做作已经过时的伟大天才了。从本世纪初以来,莎士比亚在中国并没有获得好运。五四新文化阵营中有不少人是以弘扬文艺复兴精神自命的,可是他们对于西方文艺复兴的这位代表人物,却显得十分冷漠,对他尚不及对那些无论在才能或成就方面远为逊色的作家的关注,仅仅因为他们被视为弱小民族的缘故。胡适在二十年代初写的日记,有几处谈到莎士比亚,说他"决不觉得这人可与近代的戏剧大家相比"。而莎士比亚的"几本哀剧"(悲剧),只当得"近世的平常刺激剧 melodrama"。他认为,近代大家决不会做《奥瑟罗》"这样的丑剧"。又说,他实在看不出"那举世钦仰的《哈姆雷特》有什么好处。……哈姆雷特真是一个大傻子!"① 鲁迅虽然没有这样激烈的贬莎论调,但莎士比亚并不是他所爱戴的西方作家。他没有写过专门谈论莎士

---

① 胡适对莎士比亚的责备,使人想到莎剧最早评论者德莱登袭英国复辟时期的议论:"他时常是单调的、乏味的。他的喜剧的智慧陷入了生硬,他的豪言壮语陷入了夸大。"而胡适斥责《奥瑟罗》的话,更接近十七世纪评论家汤姆士·雷默尔的论调。雷默尔是这样谴责《奥瑟罗》的:"这出戏里有着一些噱头,一些诙谐与乱糟糟的喜剧才智,一些炫夸,和一些迎合观众的模仿。可是它的悲剧部分只是一种流血的闹剧,并且是淡而无味的。"笔者未能查考,不知胡适是否曾受到这类评论的影响。

比亚的文章，当论战的对手提到莎士比亚的时候，他才涉及他，说《裘力斯·恺撒》并没有正确地反映罗马群众的面貌。五四时期的一些代表人物不喜欢莎剧，虽然各有各的理由，但主要原因除了功利的艺术观之外，也可能是由于已经习惯了近代的艺术表现方式，而对于四百多年前的古老艺术觉得有些格格不入。胡适和不少人大抵都是如此。我这一代人的文学思想是在五四新文化观念的哺育下成长起来的，自然不能脱离五四的影响。具有浓厚意图伦理的五四人物，在文学思想上多重功用。胡适当时所喜爱的是易卜生的社会问题剧。我真正开始进入艺术世界是在四十年代，比五四时期晚了二十年。当时易卜生的剧本已经不能满足我的文学爱好，我喜欢的是契诃夫。毕竟时代不同了，五四时代强烈的功用色彩淡化了。回顾起来，我并不认为我当时爱好契诃夫有什么偏差，契诃夫的剧本一直是我心爱的文学读物。契诃夫为什么吸引了我呢？他的五个多幕剧，在情节上都平淡无奇，几乎大同小异：开头一些人回到乡间的庄园来了，在和亲友邻居等等的交往和接触中，发生了一些纠葛和冲突，引起感情上的波澜。这些事件并不令人惊心动魄，正如平凡的日常生活时时所发生的一样。最后又是一些人怀着哀愁怅然离去。故事就这么简单。但是契诃夫把这些平凡的生活写得像抒情诗一样美丽。在他以前，果戈理写两个伊凡的吵架，从吵架表现了人们把精力消耗在近于无事的悲剧中。果戈理的笔触是粗壮的、强烈的、尖锐的，小说中处处闪露着作者的讽刺微笑。同样，吵架也是契诃夫笔下经常出现的场景。在这些场景中流露出来的淡淡哀愁是柔和的、含蓄的，更富于人性和人道意蕴的。契诃夫似乎并没有花费多少心思用在情节的构思上。当时我正沉迷于十九世纪俄罗斯文学所显示的那种质朴无华的沉郁境界，我不喜欢文学上的夸张、做作、矫饰和炫耀。陆游诗中说的"功夫深处却平夷"，正是我那时所追寻的境界。我认为质朴深沉比雕琢卖弄需要有更多的艺术才华,虽然初看上去前者并不起眼。艺术需要含蓄,需要蕴藉,但这往往是贪多求快的读者所忽略的。当我逐渐懂得去欣赏契诃夫以后,不管经历多少岁月,面临怎样的艺术新潮,我再也不会发生动摇了。等到我从黑格尔美学中理解到"形象的表现方式正是艺术家感受和知觉的方式"以后,我更坚定了我的信念。

别林斯基以自然派的名义来概括十九世纪俄罗斯文学。他曾以下面一段话来说明自然派文学的技巧问题。这段话的大意是:"一篇引起读者注意的小说,内容越是平淡无奇,就越显出了作者过人的才华。当庸才着手去描写强烈的热情、深刻的性格的时候,他可以奋然跃起,说出响亮的独白,侈谈美丽的事物,用辉煌的装饰,圆熟的叙述,绚烂的词辞——这些依靠博学、智慧、教养和生活经验所获得的东西来欺骗读者。可是如果要他去描写日常的生活场面,平凡的散文的生活场面,请相信我,这对于他将成为一块真正的绊脚石。"我是从战前生活书店出版的《柏林斯基文学批评集》读到这段话的。这本书的译者是王凡西。严格地说,这只是一本小册子,全书只是别林斯基的几篇文章的摘译。但它给了我极其深刻的印象,影响了我对艺术的看法。我在五十年代初所写的一些文学论文里,曾不止一次援用过它。

"文革"时期批判所谓二十年代黑线时,说那时的文艺思想来自别、车、杜。事实上,三十年代译出的全部别、车、杜三家论著,除《译文》摘译的别林斯基几篇论文的片断外,只有王凡西的这本小册子。周扬翻译的车尔尼雪夫斯基的学位论文《生活与美学》已是四十年代的事了。至于比较完整介绍别、车、杜的论著,已是到了四十年代末五十年代初了。(当时从事这项工作的是时代出版社的姜椿芳、满涛、辛未艾。)怎么能说三十年代所谓文艺黑线来源于别、车、杜呢？那时左翼文艺理论家所推重的是普列汉诺夫，苏联的高尔基、吉尔波丁、罗森达尔，以及日本的藏原惟人、志贺直哉等，他们几乎没有涉及别、车、杜。我也是在四十年代末五十年代初才较多地知道别、车、杜的文学思想的。人们习惯按照苏联理论界的说法，把别、车、杜称作是革命的民主主义思想家，以为他们的文艺思想显示了强烈的政治色彩。这种说法至少是夸大的。这三位思想家在自己论著中固然表现了一定的政治态度，但并不像我们所设想的那样，他们是把自己的政治概念灌输到审美趣味中去。我始终不能忘记，我在四十年代从教条主义摆脱出来时，别林斯基的艺术观对我所发生的影响。他帮助我把自己的零碎感受提升为一种观念。这可以用我当时所读到的他的一种说法来阐明。这段话现在我已记不起是出于他的哪一篇论文了，大意说，"一个作家如果听从某种思想的指引，必须把它化为自己的血肉，使它获得人格的印证，否则这思想就会成为一种不生产的资本"。① 别林斯基这一论述和长期以来左翼文学理论关于思想性的说法迥不相同，倘非亲身感受是很难领会它所给予我的思想解放力量的。当时正在强调正确的世界观对于文艺创作的决定作用，两位具有权威性的文艺理论家何其芳、林默涵，正在严格地用这一理论去裁决文艺问题的是非。在这种使我感到压抑的窒息气氛下，一九五一年我写了《世界观・倾向性・人格力量》，发表在梅林主编的《文学界》上。这篇文章援引并阐发

---

① 最近我找到我所引用的这段话的原文："倾向自身应当不仅存在于作家的头脑中，主要地在他的心中，在他的血中；最要紧的是，它应当是一种感觉，一种本能，只有那样，它才是一个自觉的观念；倾向非要像艺术本身那样生发出来不可。一种从书中取出来的或从别人听来的观念，即使照应有的样子受到理解，但是并未被你彻底同化，并未受你自己的人格印证，不仅对诗的活动，就是对所有文学活动，都是一种不生产的本钱。"

了别林斯基那段话。一九五二年我编《向着真实》集子时,一位对我怀着善意担任领导工作的朋友,劝我不要把这篇文章编入集内,因为它和当时正在大力宣扬作家必须先改造世界观的指导思想相悖。我接受他的意见,使我在接踵而来的文艺整风中免除了惊扰,但这篇文字也就从此没有编入我的集内了。一九五四年尾,我读到《文艺报》印发的胡风三十万言意见书,那是作为批判材料让大家阅读的。胡风在批评世界观决定论时也阐发了别林斯基的上述观点,还引用了原文"不生产的资本"这一说法。由于胡风没有注明这句话的出处,批判者不知它的来源,所以在反胡风运动中才没有引起对这问题的深究。

　　这里我想为别林斯基说几句话。别林斯基对十九世纪俄罗斯文学曾发生过举足轻重的作用。他依靠友人的转述去理解黑格尔,从黑格尔那里吸取了许多东西。这里可以举一个例子,黑格尔门人及后继者对于黑氏美学中的情志 παθος 这一被阐述得十分精辟的概念,似乎并没有予以应有的注意和回应,别林斯基却认识到它的意义,懂得它是黑格尔美学中重要的思想之一,在他所写的一系列有关普希金的论文中,对这一概念作了引申和阐发,显出了真知灼见。但是他并不墨守前辈大师的规矩方圆。黑格尔对古希腊艺术推重备至,却十分鄙视滥觞于他同时代并在他以后蔚为大观的近代文学,认为后者对前者来说,只是一种退化。别林斯基并不受这种偏颇观点的影响,他用自然派来命名果戈理时期的文学现象。这方面他所作的精辟论述,实际上是对十九世纪以人道主义为内容的俄罗斯文学的系统阐发。在这一点上,他是前无古人的。他比黑格尔生得晚,活在一个俄罗斯文学巨星光芒四射、人才辈出的时代。这些大师的乳汁哺育了他的审美趣味,他把从他们那里吸取的文学养料化为自己的血肉,又反转来成为影响和推动十九世纪俄罗斯文学前进的动力。

普希金、莱蒙托夫、果戈理以后，风起云涌一个紧跟着一个出现的俄罗斯文学巨匠，很少不受这股思潮的扶持或推动，陀思妥耶夫斯基、屠格涅夫、尼克拉索夫、托尔斯泰……都受到它的影响。契诃夫，虽然生得较晚，但也是在这种文学气氛中成长起来的。在开拓这片文学大地的艰苦工作中，使别林斯基获得成功的一个重要关键，就是他的艺术鉴赏力。他逝世多年以后，车尔尼雪夫斯基重谈果戈理时期文学概观的时候，曾说了一句语重心长的话，他说，他在艺术鉴赏方面，不能提出比别林斯基更多一些意见，只能按照他所开拓的方向走下去。尽管车尔尼雪夫斯基比别林斯基受到的正规教育要多得多，但艺术鉴赏力，除了需要学识之外，更需要思维活动中源于禀赋的领悟能力。

　　无论是契诃夫的剧本或者别林斯基的自然派理论，都使我对于那些表现平凡日常生活的作品产生了极大的兴趣。在我读过的剧作中，我把具有这种特点的剧本称作是"散文性戏剧"，将它与"传奇性戏剧"相区别。不用说，在这样的对比下，我的偏爱很自然地会倾向契诃夫，而不是莎士比亚。那时我常和张可谈论这个问题。她并不赞同我的意见。她不善于言谈，也不喜欢争辩，只是微笑着摇摇头，说莎士比亚不比契诃夫逊色。当时我们谁也没有说服谁。我对散文性戏剧和传奇性戏剧所作的比较说明，曾反映在我过去所写的一篇文字中。一九四三年上海国华剧社在金都戏院上演曹禺改编的《家》的时候，我写了一篇剧评，收入我最早的一本论文集《文艺漫谈》里。这篇文章有这样一些说法："每次读完《北京人》我常常想起契诃夫。曹禺渐渐从故事性、紧张、刺激、氛围气、抽象的爱与仇主题走出来，接触到真实广阔的人生，多多少少都可以看出契诃夫对于他的影响。"（我这样说是有根据的，曹禺发表了《雷雨》《日出》《原野》以后，曾在一篇自述中说，在北京的一个秋天,他坐在飘落黄叶的院子里,一边读契诃夫的《三姊妹》,一边沉入了遐想。他说,如果一个剧作者一生只写出一部这样的作品,也就可以心满意足了。)"……《雷雨》充满浓重的传奇色彩,《北京人》只是生活的散文:平凡、朴素,好比一幅水墨画。……我不想判断传奇的悲剧好,还是散文的悲剧好。莎士比亚式的悲剧我喜欢,契诃夫式的悲剧我也喜欢。不过,传奇的悲剧容易渲染过分,以致往往有失真之弊。雨果的《钟楼怪人》是伟人的作品,可是我个人的口味更喜欢史坦培克在《人鼠之间》中所写的莱尼。这是一个力大、粗鲁、丑陋的壮汉,在粗糙的灵魂中同样充满了人性和柔情。他更平凡,也更使我觉得亲切。"以上这些就是我当时的看法,其中许多观点,我至今未变。但是任何一种正确观点,如果固执地推到极端,作为审美标准的极致,就会产生片面化,从而使自己的眼界狭窄起来。当时我正年轻气盛,我的偏执使我在艺术鉴赏上也蒙受影响。具有不同特性或不同体裁的文学作品,有其不同的长处,也有其不同的局限。现代自由体新诗固然比古代格律诗具有种种的优越性,但如果用现代新诗体裁将古人律诗加以今译,就无法在意境、气韵、格调、神采等等各方面保持原有的面貌而不走样。就这一点来说,在抒发思想感情方面比旧体诗更自由的新诗,也有它的局限性。《文心雕龙》是用六朝骈文写成的,在自由抒发方面更受限制,但我读了好几种今译本,发觉没有一种今译可以将原著形神兼备地表达出来。比如《物色篇》赞中的这几句话"目既往还,心亦吐纳,情往似赠,兴来如答",几乎所有的今译都丧失了原有的情趣。前人所谓尺有所短,寸有所长,万物并育而不相害的话,确实是有道理的。

  我通过撰写《哈姆雷特的性格》,已开始感到它是耐人细细品味的作品,而决不是那些俗文俗作可以比拟的。一部作品倘使不能唤起想象，激发你去思考，甚至引起你用自身的经历，去填补似乎作者没有充分表达出来的那些空白或虚线，那么这部作品就没有多少可读的价值了。哈姆雷特的犹豫迟疑曾引起我的思考，从最初读梁译，到写成那篇文章，将近十年。这说明它是一部耐人寻味的剧本。

不过，我对莎士比亚真正产生了爱好，却是在五十年代下半叶的隔离时期。审查一年后，我被准许读书。我将自己的阅读范围很快集中在三位伟大作者的著作方面。这就是马克思、黑格尔、莎士比亚。我以极其刻板的方式，规定每天的读书进程。从早到晚，除了进餐、在准许时间内到户外散步以及短暂的休息占去极为有限的时间外，我没有浪费分秒的光阴。这样全神贯注地读书，一直到一九五七年二月二十二日正式宣布隔离结束为止。这是我一生中读得最认真也受益最大的时候，此后不是由于外在的干扰，就是由于自己的分心，再也不能专心致志地读书了。那时我所读的莎剧，最引起我关注的是《奥瑟罗》，这个剧本一下子把我吸引住了。我的全身心都投入到奥瑟罗的命运中去。在隔离审查中，由于要交待问题，我不得不反复思考，平时我漫不经心以为无足轻重的一些事，在一再追究下都变成重大关节，连我自己都觉得是说不清的问题了。无论在价值观念或伦理观念方面，我都需要重新去认识，有一些更需要完全翻转过来，才能经受住这场逼我而来的考验。我内心充满各种矛盾的思虑，孰是孰非？何去何从？……在这场灵魂的拷问中，我发生了大震荡。过去长期养成被我信奉为美好的神圣的东西，转瞬之间轰毁，变得空荡荡了。我感到恐惧，整个心灵为之震颤不已。我好像被抛弃在茫茫的荒野中，感到惶惶无主。这是我一生所遇到的最可怕的时候。多年以后，我在一篇自述文章中，用精神危机来概括这场经历。

这就是我读《奥瑟罗》那时的心境和思想状况。当我读到第四幕奥瑟罗的一段独白时,我产生了强烈的共鸣,它使我激动不已。在这场戏中,奥瑟罗遣走了陪伴苔丝狄蒙娜的爱米利娅,台上只剩下他们两个人。奥瑟罗被苦恼重重击倒,过了一会儿,他平静下来,从内心深处发出叹息:"要是上天的意思,要让我受尽种种的折磨;要是他用诸般的痛苦和耻辱降在我的毫无防卫的头上,把我浸没在贫困的泥沼里,剥夺我的一切自由和希望,我也可以在我灵魂的一隅之中,找到一滴忍耐的甘露。可是唉!在这尖酸刻薄的世上,做一个被人戳指笑骂的目标,我还可以容忍,可是我的心灵失去了归宿,我的生命失去了寄托,我的活力的源泉变成了蛤蟆繁育生息的污地!……"奥瑟罗的绝望这样震撼人心,他由于理想的幻灭而失去了灵魂的归宿。伟大人文主义者笔下的这个摩尔人,他的激情像浩瀚的海洋般壮阔,一下子把我吞没。我再不去计较莎剧的古老的表达方式,他那繁缛的充满隐喻与双关语的枝叶披纷的语言,他那多少显得有些矫饰留下了人工造作痕迹的戏剧技巧——这些因时代风习使作品在形式上受到局限的斑痕……要紧的是他写出了人和他的灵魂,还有什么比这更重要,更值得读者去沉潜往复从容含玩呢?任何作品的形式都不可能臻于至善至美,它将随着时间的流逝而更新,但人类心灵中所闪烁的光芒却是恒久的。……我不想把那时一些想法都当作我的成熟思想。一年多隔离审查的幽居生活,在发生精神危机之后,我的神经系统出现了一些异常征兆,嘴角歪斜了,舌头僵硬了,说话变得含混不清。(十多年后,我在"文革"再度被隔离审查时,又出现了同样病兆。在一次批斗我的会上,我感到脸上身上有无数小虫在爬,使我疼痒难熬,禁不住全身抽动着。一位因去过苏联也被批判过的女同志,看到这副古怪的样子,大为生气,对我恶声叱骂,眼里向我投射出憎恶和仇恨的光芒。她不知道这是病,还以为我在装假。)但我觉得在孤独中我的头脑似乎变得更清晰、更灵敏。事过境迁之后，我才感到我的许多想法是病态的。由于感情长期被压抑不得抒发，一旦激动起来，就会一发不可收拾。那时我也意识到必须抑制自己，但我的想法仍难免有夸大或过火的地方。我对奥瑟罗所产生的强烈共鸣，仔细分析起来，是和我从小所受到的教养有着密切关联。我这一代的知识分子，大多都是理想主义者。尽管不少人后来宣称向理想主义告别，但毕竟不能超越从小就已渗透在血液中，成为生存命脉的思想根源。这往往成了这一代人的悲剧。但不管怎么样，结果却是，这种对于奥瑟罗失去理想的共鸣，终于改变我对莎剧的看法，引导我重新进入他的艺术世界。奥瑟罗这个人物，正如莎士比亚笔下的其他人物一样，显示了人性中某方面的弱点。这位后来成为我膜拜对象的伟大作家，曾满怀悲悯地向上天发问："为什么上帝先要让人有了缺点，才使他成为人？"（大意）这句充满人道感情的话，一直在我心中发出回响。奥瑟罗确实是嫉妒的，但是如果不明白这出悲剧的波澜壮阔的背景，就不会明白这出悲剧的性质。戏一开始就埋伏下了这对情人的最终命运。他们违反当时社会常规的爱情，其本身就是带有浓厚的理想主义色彩的。这种不问出身、门第、肤色、礼法与习俗的婚姻，竟然发生在威尼斯贵族社会里，这是可以想象的吗？然而这种不讲世俗利害，不顾舆论偏见，只是基于爱情的婚姻，偏偏冲破重重障碍得以实现了。但命运作弄人的地方却是在成功中就已埋下日后必将破灭的种子。戏开场不久，勃拉班修向公爵控诉奥瑟罗用魔法蛊惑了自己的女儿的那些长篇议论，可以说明这场婚姻是不能用当时社会人人恪守的正常情理来判断的。而奥瑟罗的辩解"她为了我所经历的种种患难而爱我，我为了她对我所抱的同情而爱她"，则可以说明这种爱情的理想色彩已远远超出了当时社会所能接受可以理解的限度。这种似乎来自天上的爱情，一旦和现实社会的坚硬顽石相冲撞，焉能不败？对于奥瑟罗本人来说，这爱情的获得也是他料想不到，所以在他获得这种意外的幸福之后就更加珍惜它。当它一旦破灭，就使他倍觉惨痛。

重读《奥瑟罗》以前，我还读过斯坦尼斯拉夫斯基写的导演《奥瑟罗》计划的中译本。解放后，斯坦尼斯拉夫斯基已成为我国最被尊崇的戏剧大师，他的表演体系被视为必须坚守不渝的法典。不但话剧界如此，戏曲界恐怕至今还有一些人心悦诚服地用它作为改革传统戏曲的尺度。但是我对这位大师的文学鉴赏能力却有些怀疑。他所领导的莫斯科艺术剧院被称为契诃夫剧院，可见两者关系的密切。但他并不懂契诃夫，他是依靠丹钦柯的解说和引导才逐渐懂得的。斯坦尼斯拉夫斯基毕竟是一位令人尊敬的艺术家，他曾不加掩饰地在自己的文章中说出这一情况。在《奥瑟罗》导演计划中，他对奥瑟罗和苔丝狄蒙娜的爱情性质作了另一种解释。他认为这场爱情是由于奥瑟罗在凯西奥的帮助下，两个人处心积虑地用了种种手段才得以成功。斯氏这样强古人以从己意的阐释是我不能接受的。我不禁想起，他在导演契诃夫的《凡尼亚舅舅》时，也有类似的误读。他把凡尼亚舅舅想象成一个生活在穷乡僻壤中的土头土脑的地主，而把亚斯特罗夫医生想象为一位风流倜傥的花花公子。契诃夫看到这出戏的排演后，意味深长地向他说，"我写得明明白白，凡尼亚舅舅打着一条奇妙的领带"，而亚斯特罗夫医生的穿着，则是"花格裤、破洞鞋、臭雪茄"。（一个土头土脑的地主是不会打一条奇妙的领带，他不可能有这样的审美趣味，而花格裤、破洞鞋、臭雪茄，更不会是一位风流倜傥的花花公子的装饰。）契诃夫言简意赅，经他一说，可以看出斯氏对两个剧中人的理解全都给弄拧了。后来他接受了契诃夫的意见，纠正了自己的误解。但是对于《奥瑟罗》的误读，他似乎并没有得到什么人的提醒，以致写进书里，传诸后世。

他没有理解那场爱情有着违反当时社会常规的理想性。其实，这一点在剧中是表现得十分清楚的。奥瑟罗在回答勃拉班修指控时所作的自白说："我的言语是粗鲁的，一点不懂得那些温文尔雅的辞令。自从我这双手臂长了七年的膂力以后，直到最近这九个月时间在无所事事之中蹉跎过去以前，它们一直都在战场上发挥它们的本领；对于这一广大的世界，我除了冲锋陷阵以外，几乎一无所知，所以我也不能用什么动人的字句替我自己辩护。"奥瑟罗没有恋爱的经验，更不懂恋爱的技巧。他爱的对象是他从未接触过而在传说中又是十分神秘的威尼斯少女，要这样一个人去玩弄恋爱技巧，纵使有凯西奥助他一臂之力，把这位少女赢到手，这是可能的吗？原著中留下了哪些笔墨，哪怕是一点点暗示，可以作为这两个人玩弄爱情解数的证据呢？这出悲剧的末尾真相大白，奥瑟罗临终前的告白是这样光明磊落，使人不得不对这个犯了弑妻罪行的人产生了同情："……当你们把这种不幸的事实报告他们的时候，请你们在公文上老老实实照我本来的样子叙述，不要徇情回护，也不要恶意构陷。……"珍惜自己的名誉，固然令人钦佩；珍重公正，则更令人敬重。我在隔离时期读这个剧本时，这也是其中最令我感动的章节之一。它在我心中唤起的强烈情绪，一直保持最初的印象，久久没有消逝。二十多年后，我在写《对文学与真实的思考》时，再一次引用这段话作为论文前的题词。

一九五七年隔离结束回到家里，莎剧研究中辍了。我得到组织上的批准，到华东医院去看病。经过粟宗华和夏镇夷两位医生的诊治，病情逐渐好转。最初我已丧失了辨别真假的能力，许多过去的事或新发生的事，我都弄不清楚，以为是不真实的。医生说这是长期孤独生活所引起的心因性精神病症，只要恢复正常生活就可以慢慢康复。在医生的精心治疗下，果然种种不正常的心理现象逐渐消失了。但我的睡眠仍旧不好，天天都要服用安眠药才能入睡。在我疗养期间，外面经历了一场"反右"的暴风雨，我过着与世隔绝的生活，成了化外之民。我和张可都各有一个温暖的家庭，我的父母和姐姐，张可的父母和哥哥，常来看顾我们，给那愁闷的岁月带来了一点欣慰。我的审查结论长期拖延不下，没有分配工作，只拿生活费。家里的经济来源主要靠张可的工资。为了增加一些收入，我和书店接头，替他们翻译书稿。我每天伏案笔耕十小时，这样继续了将近一年。翻译工作告一结束后，我又开始了我的读书生活。这时我完全康复了，不像隔离时期，整天处于精神亢奋状态。

　　我再读莎剧首先感到的是他的艺术世界像澎湃的海洋一样壮阔，没有一个作家像他那样精力充沛，别人所表现的只是生活的一隅，他的作品却把世上的各种人物全都囊括在内。我不知道他凭借什么本领去窥探他们的内心隐秘，这是对他们胁之以刀锯鼎镬，他们也不肯吐露的。当时我最喜欢读他的历史剧。写了大宪章时代的《约翰王》之后，他将他那时期的近代史全部载入了他的戏剧史册，其中有表现英法百年战争的《亨利五世》，也有表现红白玫瑰战争的《亨利六世》等。他使这些历史人物复活了，这是任何历史著作做不到的。后来我读到达尔文的自传，发现达尔文也十分喜爱这些历史剧。他说，直到他从事进化论研究，头脑完全用在研磨事实的理论思维方面之后，他才丧失了这种阅读的愉快，为此他感到十分遗憾。《科里奥兰纳斯》虽然写的是古罗马时代，但也是我所喜欢的剧本，它所描写的古罗马民主制的弊端，直到今天也还值得我们从中吸取教训。我希望将来有机会可以专门来谈谈这个问题。这里我不可能过多地去叙述我读莎剧的感想，不过我还应该提一提《李尔王》，因为这出戏启发了我去理解《长生殿》中一个长期聚讼不决的问题。李尔开头以帝王之尊，在划分国土给三个女儿时，显示了一个暴君的专横与任性。但是当他交出王权，经历了人世的苦难以后，他身上的人性的东西渐渐觉醒了。《长生殿》究竟是一出歌赞爱情的戏，还是一出政治谴责的戏？这两种看法在戏剧界形成了非此即彼不可调和的对立意见。认为《长生殿》是歌赞爱情的人，举出《闻铃》《哭像》等折作为例证。认为《长生殿》是政治谴责的人，举出《舞盘》《窥浴》《进果》等折以为例证。两方面各执一词，争辩不下。那时，我读了《李尔王》，忽然有了一种想法：李隆基是不是和李尔王一样，也是在失去帝王的权力之后，经历了一场人性复归的蜕变呢？他做皇帝时过的是荒淫的生活。——就这一点来说，认为《长生殿》是一出政治谴责的戏是对的。等他交出帝王的权力，人性在他身上复苏了，从而他的爱情也变得贞洁起来。——就这一点来说，认为《长生殿》是一出歌赞爱情的戏也是对的。上述两方面错只是错在偏执一面，而不知道《长生殿》也是在写同一个人物在不同境遇下所经历的变化。其实只有如此，才使这出戏的主题思想驾凌在简单的政治谴责或简单地歌赞爱情之上。我一直想把我的想法写进文章里，但始终没有动笔。六十年代初，我和村彬、元美一同去庐山，在那里见到俞振飞和言慧珠。那时他们正想排演《长生殿》，村彬、元美要我向他们谈谈我的想法。我把上面的意见向他们说了，他们听得很认真，可惜后来他们始终没有演出这出戏。

回家后我常到四马路去看书，这成了我在当时的最大乐趣。我从外文书店买回了 Charles Jasper Sisson 编的《莎士比亚全集》。这家书店的旁边是生活书店的旧址，现在改为一家专卖外文旧书的书店。那里的旧书真不少，还不断有新的进货，书价也不贵。我除了买回来柯勒律治、赫兹列特的专著以及从班·琼生到十九世纪莎剧评论名篇的选集外，也买回了泰纳的巨著《英国文学史》（凡隆的英译本）。这部书的第二部第四章是专门论述莎士比亚的。张可移译的泰纳《莎士比亚论》就是据此。那时我知道海外莎学号称两大学派，一是英吉利学派，一是德意志学派。在上世纪，这两个学派为了争作莎士比亚的最早发现者，曾发生过一场争论。前者以柯勒律治为代表，后者以席勒格为代表。席勒格著作的英译本很难找到，我请书店的熟人帮忙。一天，他兴冲冲地向我说，他们店里收到一部席勒格译的莎士比亚全集，附有精美的插图。（席氏放弃自己的诗歌创作，以十年苦工译成此书，为此，丹麦学者勃兰兑斯将他列入其多卷本《十九世纪文学主潮》的著名史册，使他享有翻译家很少获得的殊荣。）但由于书价过昂，我终未买回家去。但是，我急于想要找到的席氏有关莎剧评论的英译本，却意外得到了。这就是他的《戏剧艺术与文学演讲录》。这书是朱维基借给我的。那时朋友很少来找我了，朱维基却是少数来找我的几个人中的一个。一天我向他谈起很难找到席氏莎剧评论的英译本，他说他有一本，下次他来就慷慨地把这本书借给我了。他在"文革"中死去，距今已快三十年了。然而这部书和他赠送给我的他所翻译的但丁《神曲》、拜伦《唐璜》，仍保留在我处。那时张可也在多方搜罗海外著名莎剧评论的英译本。歌德的《威廉·麦斯特的学习时代》的英译本，就是她借来的。书一借到，她就立即动手翻译。这样我们搜罗的资料渐渐丰富起来。但也有失望的时候。我曾托一位亲戚去向她所熟识的朋友郑麐去借 Hordce Howard Furness 编纂的莎士比亚新集注本。在莎集中这一版本是最好的版本，编者将十八世纪至十九世纪八十年代四十四种名家校订本的注释搜罗在内。孙大雨译《黎琊王》，原剧译文一册，译注一册，后者诸说多援自此书。但这部书很难找到，而郑麐却自备一部。郑麐是我的父执辈，曾在北方几个大学任教，解放后，被安置在市府参事室。他精通英语，造诣精深。曹未风翻译莎剧时常向他请教。毛选的重要英译多出自他的手笔。（"文革"中造反派说他把愚公译为 Stupid Old Man，将他剃了阴阳头，罚他天天挂牌扫马路。他就住在我家附近，他扫街时我还看到过。）郑麐没有同意我去借阅新集注本，只是让那位亲戚带回一本通俗小册子给我，大概他觉得初入门者用不着这种专著。这样我就和这部书失之交臂了。

我们收集资料已有了一点眉目。那时张可正在上海戏剧学院戏文系从事莎士比亚的研究。我和她在谈论中，渐渐形成一种想法，就是莎剧研究最好先从西方莎剧评论的移译入手，因为这方面工作几乎还很少有人注意到。那时所谓三年自然灾害已开始降临了。我在国泰影剧院前的繁华马路上，已见到几个外地农村的逃荒者。一个身材高大的壮丁，脸孔浮肿，两眼射出饥饿的光芒，步履蹒跚，他已没有气力行走，但仍缓缓地向前移动。一个领着孩子的妇女，手里捧着一包糕点从他身旁经过。他以十分缓慢的动作抢过了糕点，塞到口中吞吃了。这一切没有发出一点声音，被抢的妇女开头一怔，但很快走掉了，好像什么事都没有发生过一样。在这三年灾害中，食品匮乏，物价腾飞，日子过得十分艰苦。由于缺乏必要的营养，我得了肝炎。家里人尽量去找鸡蛋、黄豆、食糖，来补充我的高蛋白，使我在一个多月后肝功能就恢复了正常。

张可译完泰纳的《莎士比亚论》，要我从文字方面为她校阅一遍。我略略作了一些润饰，主要是借古代文论惯用的语汇，去修订那些过于累赘而又含混不清的表述。这是我们第一次合作。这次合作的经验，使我的兴趣增加了，我决定也来翻译西方莎剧评论，使这项工作进行得快一点。我的英语水平是不能对付莎士比亚的古老文字的，但这项很有意义的工作目前没有人去做，所以也就抱着日月出而爝火熄的想法黾勉以赴了。好在我碰到了疑难可以请教父亲。我为书店做些翻译工作时，由亲戚介绍，聘请了一位曾在教会任职的李仲道先生作为咨询。当时一些最好的翻译家如傅雷、满涛等，也都各有他们的咨询。李先生虽然不是学文学的，但他从小就有优良的英语训练，年纪又不太大，可以细心去查找工具书，因此对我帮助很大。

我们在翻译中，首先碰到的问题就是评论中所引用的莎士比亚原文，究竟由我们自己翻译出来，还是借用别人已有的翻译。我们决定借用别人的译文。当时译出的莎剧已经不少，译者大多都是名家。但我们毫不迟疑地选择了朱生豪的译本。朱的译本于抗战时期在世界书局出版，装订为三厚册。他翻译此书时，年仅三十多岁。他不顾当时环境艰苦，条件简陋，以极大的毅力和热忱，完成了这项难度极高的巨大工程，真是令人可敬。一九五四年，人民文学出版社将它再版重印，分装为十二册，文字没有作什么更动，只是将有些剧本的名字改得朴素一点。我们在翻译莎剧评论时，所援引的原著译文就是根据这一版本。当时我见到主持出版社工作的老友适夷，对他说，他办了一件好事。不料后来，出版社却把这一版本停了，改出新的版本。新版本补充了朱生豪未译的几个历史剧，而对朱译的其他各剧，则请人再据原文校改。校改者虽然大多尊重原译，但是在个别文字上也作了订正。从个别词汇来看，不能说这些订正不对，校改者所订正的某些字，确实比原译更确切。但从整体来看，还有原著的精神面貌问题，即传神达旨的问题必须加以考虑。拘泥原著每个字的准确性，不一定就更能传达原著的总体精神面貌。相反，有时甚至可能会损害原著的整体精神。我国古代文论中，有所谓"谨发而易貌"的说法，即是指此。这意思是说，画家倘拘泥去画人的每根头发，反而会使人的面貌走样。汤用彤曾说魏晋识鉴在神明，从那时起我国审美趣味十分重视传神达旨。刘知幾《史通》区分了貌同心异与貌异心同两种不同的模拟，认为前者为下，后者为上，也是阐明同一道理。过去我们的翻译理论强调直译，这在一定时期（或在纠正不负责任随心所欲的意译之风时）是必要的，但如果强调过头，忽略传神达旨的重要，那也成为另一种一偏之见了。朱译在传神达旨上可以说是首屈一指的，所以我们翻译莎剧评论引用原剧文字时，仍用未经动过的朱译。这一点也得到了满涛的首肯。他在翻译中倘遇到莎剧文字，也同样援用一九五四年出的朱译本子。直到后来，我才知道，朱生豪和我少年时代的老师任铭善先生是大学的同学而且友善，二人在校时即同组诗社唱和。有趣的是任先生学的是外文，后来却弃外文而专攻国学；而朱生豪在校时，读的是中文，后来却弃中文而投身莎士比亚的翻译。朱的译文，不仅优美流畅，而且在韵味、音调、气势、节奏种种行文微妙处，莫不令人击节赞赏，是我读到莎剧中译得最好的译文，迄今尚无出其右者。那时我已感觉到这位译者大概曾受过古代诗词的严格训练，否则难以臻此境界。果然，朱生豪就读中文系时，正是夏承焘诸位先生在那里执教的时候。

随着六十年代第一个春天的降临，我的结论下来了。我被安置在作协文研所，从此天天要去上班，不能再由自己的兴趣去读书了。所里一些青年要我给他们讲授《文心雕龙》。从这时开始，我的研究方向转向了《文心雕龙》方面，一直延续到"文革"后七十年代末我的《文心雕龙创作论》出版为止。不过，我对莎士比亚的兴趣未减，只是研究的课题已定，我不能像过去那样全面投入了。我感到这样东抓一把西抓一把不是认真从事研究的态度，这终将使我一事无成。但是那时能由自己做主的事是很少的，好在《文心雕龙》也是我喜欢的课题，总比把时间和精力消耗在去搞那些时髦的热点理论或创作要好多了。我坚持自己研究领域的最后阵地，不去搞这些东西。在所里那些年，除了去做一些每个人都必须做的看地方文艺杂志写情况汇报，以及交给我去翻译《国际文学》英文版的几篇小文章外，我还能读我愿意读的书（虽然也有几次被批评过）。作协图书馆订有美国莎士比亚协会出版的《莎士比亚季刊》（大概是曹未风建议才订了这份在作协几乎无人借阅的杂志），还有一本 Allardyce Nicoll 编的《莎士比亚概观》，是佐临赠送的，我有时也到图书室去翻阅这两种读物，不过毕竟和以前全身心投入的情况不可作同日语了。

我在研究工作中，也感到了命运的捉弄。我和张可在读莎剧和翻译莎剧评论最起劲的时候，多么希望看到一些重要参考书和工具书，比如上面说过的那部根据四十四种校注本编成的新集注本，可是没有能够借到，这使我们怅然良久。我们也想有一部莎士比亚辞典，可是在五十年代后期要找到这类外文著作是难以想象的。十多年后，"文革"已经结束一年多了，张可正在负责编辑学校的校刊《戏剧艺术》忙得不可开交，而我正在最后修订已准备出版的《文心雕龙创作论》而无暇旁骛，这时候张可的姑父袁濬昌从美国寄来了 Alexander Schmidt 编著的《莎士比亚词语字典》上下两大册和 William Dodge Lewis 编著的《莎士比亚语录》。我们收到了袁姑父从海外寄来的这份馈赠是多么高兴，又是多么遗憾。要是十多年前有这些书该多好，我们将全神扑上去，这将使我们的翻译工作得到多大的帮助！可是现在我们无法享受这种乐趣了。夏天来了，上海的炎热使人气闷。张可在一次系里开会的时候，突然中风，被同学抬到附近的公费医院进行抢救，等她从昏迷中醒过来以后，就完全丧失了阅读能力，一直没有恢复。而我也走上了工作岗位，不可能再潜心研读莎士比亚了。所以袁姑父送我们的这几本书，虽然曾经是我们渴望得到的，但时机已经错过。当我们非常需要它们的时候，我们得不到它们；有了它们的时候，我们又不能去读它们用它们了。这几本书存放在我们处，一直没有发挥它们应该发挥的作用。只是在张可病前,她的老师孙大雨先生,曾经要我们从《莎士比亚词语字典》去查一个问题,我们才利用了这本书。如果不是张可最近清理抽屉找出一张便条,恐怕连这件事也记不起来了。这封信是这样的:

> 元化弟、可妹:我要麻烦你们为我查一查 A. Schmidt 的 Shakespeare Lexicon 内 "A thing of beauty is a joy forever" 这句诗行,是否为莎翁所写,若然,在哪一个剧本里第几幕,第几景,第几行。可查这部字典的上卷 "beauty" 及 "joy" 二字,可以查得出有没有,若有,会标明是哪一个剧本的幕数、景数和行数。若查不出就不是莎剧手笔。我要查这一行的根底,有用;我自己的这部字典被盗匪抢去未还,知道可妹的姨父送给她此书,故托查。多谢。
> 　　祝新春快乐安好
> 　　　　　　　　　　　　　　　　　　孙大雨　二月二日

便条的后面有张可的几行字:

> beauty 在 Volume I,p. 91 内;
> joy 在 Volume I,p. 606—p. 607 内亦没有。

此后我们再没有去碰莎士比亚了。不过我们一同在莎士比亚艺术世界里遨游的日子,将永远成为我们一生中的美好的回忆。

一九九七年四月二十二日

## 老年爱

年轻时，读别林斯基论莎士比亚的罗密欧与朱丽叶。别林斯基说，剧作者让他笔下的那对恋人年轻的时候就双双意外死去，这样处理是很恰当的。因为可以想象到，如果罗密欧与朱丽叶一直活下来，变成了一个老头子和一个老太太，成天坐在一起，哪里还有什么爱情可言？两人对面只有打哈欠而已。这是别林斯基的看法。那时我觉得他说得很对，但是后来我步入中年重读杜甫的"三别"中的《垂老别》之后，我的感受完全不同了。年老夫妇之间，为什么就没有爱情可言呢？《垂老别》写的那个老汉被拉去打仗的时候，杜甫没有用多少文字，把两个老人拳拳相依之心和眷念之情，写得多么深邃，令人感动。其中有一段是用老汉的眼光写出：老妻卧路啼，岁暮衣裳单。孰知是死别，且复伤其寒。此去必不归，还闻劝"加餐"！话极平常，但是我每读到此，总禁不住内心的激荡，它确实有一股催人泪下的力量。

别林斯基是俄罗斯文学中自然派的创始人，自然派以果戈理为代表人物。果戈理的小说集《密尔格拉德》中第一篇《旧式地主》写的是一对居住在乡下庄园里的老夫妻。开始读时，我们觉得这对老夫妻的生活是沉闷、枯燥、庸俗的。果戈理用充满柔情的含笑微讽的笔调，去写他们之间的感情生活。老爷爷对他的那位一向过着平静生活，天性胆小的老妻，总是喜欢用取笑的态度去吓唬她，说她最怕听的话。例如"庄园失火了怎么办？""强盗闯进来抢劫怎么办？"而他自己还准备"用一把大刀和哥萨克的长矛"去上战场等等，直到老太太吓得心惊胆战他才罢休。这对老夫妻的生活当中，最重要的一件事就是吃。老爷爷时而问老太太："该吃些什么了吧？"或者说："我的肚子怎么不舒服了？"于是老太太就用她精心焙制和酿造的各种美食和酒类去满足老爷爷。我每次读到这里，都忍俊不禁。越到后来，读者就越感到果戈理是在歌颂这对老年伴侣身上所蕴藏的真挚不渝、持久不变的爱情。他在最后的段落里曾将这种老年的爱情和当时社会上也出现过的年轻人的爱情作了比较。他说有个青年，因为所爱的人死去，内心发出剧烈的哀痛，简直到了可怕的地步。家人怕他殉情，对他严加防范，可是他还是乘隙用枪打破了自己的头颅。经救活后，他再次一头跳到马车轮下自杀，伤了手脚，又幸而被救治好。可是一年多后，情况完全变了，人们看见他神情焕发，坐在牌桌上打牌，背后站着的是他新婚不久的美丽妻子。果戈理在书中感叹道："有什么样的忧伤不会被时间冲刷掉呢？有什么样的激情在与时间作实力悬殊的较量中会丝毫不减呢？"当作者写到五年后他再去拜望他以前拜望过的那对老夫妻的庄园，就回答了上面的问题。那里似乎一切如旧，可是生活变得混乱。老人由于丧妻的哀痛，虽然脸上仍时时挂着从前那样的微笑，可是眼光呆滞了，头脑麻木了，手脚变得笨拙了。在餐桌上，当老人说起"这盘汤的烹制就是按照……"眼泪开始在眼眶里晃动，继而大颗大颗地滴落下来，手中端着的汤盘打翻在身上，哽咽得说不下去。读到这里，我觉得自己的心好像被紧紧揪住一样，一阵阵酸痛涌现出来。这就是果戈理所写的老年的爱情。不知别林斯基在论述罗密欧与朱丽叶时，为什么竟没有注意及此。

二〇〇五年十月五日

# 约翰·克利斯朵夫的亲情、友情、爱情

复旦同学来读书,读的是《约翰·克利斯朵夫》。这部书是我年轻时最爱读的,并且不知读过多少遍。这次重读,和以前最后一次读它时,相距有四十多年了。目前我的感受和从前不同的是,我不再把约翰·克利斯朵夫看作像普罗米修斯一样的神明,因为我不再有年轻时的那种狂热的激情了。我十分服膺莎士比亚说的:上帝造人先让他有了缺点才成为人。人的认识、人的理性力量,不是无所不能的,而是有限的。克利斯朵夫也是有缺陷的。过去我爱读的是这部书的第四卷《反抗》和第五卷《节场》,对克利斯朵夫不顾一切想要去涤除艺术界多年积存的油垢,向那批用艺术以外的手段去骗取金钱、地位和名誉的文士进行挑战,那时我是多么倾倒啊!我觉得他说的每句话、做的每件事都成了批评的正义和艺术的真理。可是,这次重读我发现,他的批评并不总是对的,有时他做过头了,把值得肯定的作品和值得尊敬的前辈也一概践踏在脚下。我想罗曼·罗兰只是把这种反潮流、反传统的极端态度,当作青年艺术家在精神发展历程中的一个时段。虽然罗兰是含着同情的理解去写这样一段精神历史,但并不意味着他要我们都去学他。罗兰在他的剧作《群狼》和《爱与死的搏斗》中都明确表达了他并不赞成狂热、激进和偏激的观点。

这次重读，我发现罗兰用了一种特殊笔法来写这部书。有些地方我不太喜欢，因为太理论化了。虽然这些叙述体现了作者生活感受的特点，并显示了作者的内在胸怀。例如当克利斯朵夫找到一个真正的朋友奥里维以后，奥里维像维吉尔引领但丁游地狱一样，向他步步深入地去揭示法兰西社会的潜在的深层。过去克利斯朵夫所见到的法兰西只是那些浮在表面的泡沫，而没有见到真正的法兰西精神。奥里维和克利斯朵夫两人在这方面的对话，虽然饱含着深邃的哲理，对我们不能说没有启发，但读来却让我们感到冗长沉闷，这不是文学的形象语言，而是哲理的逻辑语言，我们读《地狱篇》就没有这种感觉。

重读时我又发现，从前已经感到但没有进一步去体会的，这部书写法的另一特点，就是它像一首宏伟、深厚，具有复杂内容的交响乐。罗兰是个很博学的人，尤其擅长音乐。我读《约翰·克利斯朵夫》这部书，总感觉到有一种节奏感、音乐感在跃动。时如款款流水，时如汹涌激流，极富于变化，引发出人的各种复杂感受。比如在《反抗》这卷中，少年克利斯朵夫自从被愤怒的大公爵从宫廷乐师的位子上斥退后，我们感到书中的一切都显得骚动、杂乱，有如发出了兵器的相击声，像一场逼人而来的暴风骤雨。可是急转直下，突然出现了平和恬静、春光明媚、草木青葱、众鸟欢鸣的田园风光，使人感到安详、轻松、平静，这就是克利斯朵夫终于抛弃了一切烦恼，找到了一位敬重他，深爱他的音乐，而从未见过面的苏兹老人。这难道不像在有冲击力的快板之后出现的慢板吗？不知谙熟音乐的罗兰是有意还是无意做这样的结构安排的。另外，这次重读，我最喜欢的是第六卷《安多纳德》。这一卷似乎是游离在全书之外、可以独立存在的一卷。安多纳德这个人物在前一卷就反复出现过了。这种写法也像交响乐的写法。一位教音乐的友人告诉我，这称之为"主题的再现"。安多纳德在上一卷和克利斯朵夫在剧场偶然相遇，接着就消失了。第二次再见，是驶往相反方向的两列火车的车厢窗口，他们认出了，但是来不及相互招呼一下，火车就开走了。过了很久，第三次再现，是在喧嚣、嘈杂的巴黎大街上。他们又偶然见到了，都挣扎着企图走向对方，但被车马人流冲散了，像两个流浪星球似的接近了一下，又在无垠的太空中分开了。这样的主题出现了三次之后，紧接着，书的第六卷就是《安多纳德》。我读到这一卷所感到的女性美、人性美、人间的爱，是我在前两次读这书时很少感到的。

《约翰·克利斯朵夫》这部书在中国青年中曾发生巨大影响，可是，也遭到过蛮横无理的批判。长期以来我们把人性、人道主义当作反动的东西加以唾弃，这部书中描写人性和人道主义伟大的篇章，如《安多纳德》及其他关于爱情、友谊、亲情的章节，都被指为资产阶级腐朽感情。记得何其芳曾这样批评过，后来在六十年代他改正了，承认这些都是好的，但却遭到姚文元用和他过去同样语言的批判，指斥这部书里所描述的无非是爱情、友谊、亲情，而这些只不过是资产阶级货色。这一段历史我至今还记得。

二〇〇五年十月二十二日

# 第四辑

# 鲁迅研究

# 鲁迅的三十年战斗的起点

鲁迅精神是伟大的,只要真诚地学习他,就可以在他那坚韧的战斗意志和圣洁的人格典型里面,得到力量,充实自己。

鲁迅的骨头是最硬的。在他三十年的伟大战斗中间,他始终保持了最可宝贵的品格,不同于那些翻筋斗的作家,而显出了光辉的存在。他和青年们通信时,曾经不止一次地谴责了某些文士的各种庸俗根性:

> 中国有许多知识分子,嘴里用各种学说和道理来粉饰自己的行为,其实却只顾自己一个的便利和舒服,凡有被他遇见的,都用作生活的材料,一路吃过去,像白蚁一样,而遗留下来的,却只是一条排泄的粪。

他再三警惕青年们,必须坚持正确的原则立场,反对那种东倒西歪摇摆不定的态度,反对那种故作激烈而又受不住考验的空谈,反对那种专一冲锋反遭覆灭的无谋之勇的浪漫情绪,反对那种为对方留情面也正是为自己留退路的一团和气的作风。

他说:"如果已经开始了笔战,为什么留情面?留情面是中国文人的最大毛病。"

他的战斗是最顽强的。即使在同辈们"有的高升，有的退隐"的时候，他不动摇。即使在敌人结成庞大的战线向他进行"围剿"，使他处于四面碰壁只身作战的境地的时候，他不气馁。即使在白色恐怖最严重、黑暗和暴力的进袭最激烈、压迫和残害最毒辣的时候，他不退避。相反的，他的是非更分明，爱憎更强烈，战斗更勇猛了。

他的战斗是最实事求是的。他不专讲"宇宙人生的大话"。他以为"赋得革命，五言八韵"的教条主义，对于革命是没有丝毫用处的。他反对伪君子的假慈悲，以为"压迫者指为被压迫者的不德之一的这虚伪，对于同类，是恶，而对于压迫者，却是道德的"。因此他反对赤膊上阵式的勇敢，而主张保全自己杀伤敌人的"散兵战、堑壕战、持久战"。

这些都形成了他的战斗的最大特色。

在他一生中间，曾经遭受敌人多少辱骂，各种肮脏的字眼，都从肮脏的嘴巴里喷出来，投到他的身上。他说："几粒石子，任他们从背地里扔来，几滴秽水，任他们从背后泼来就是了。"

他从没有患得患失地斤斤计较个人的私利。别人称他为"中国青年的导师"，把他比作"中国的高尔基"，虽然他丝毫无愧地可以配得上这些光荣的称号，但是他由于真诚而不是由于虚伪，谦逊地声明自己不是。

他为自己所选择的是一条艰苦的道路，除了为人民、为革命、为真理的神圣目标以外，没有任何世俗的东西可以打动他那钢铁般的心。他把别人不惜以各种手段去追逐抢夺的个人利益，一概踏在脚下。

他说："我对于声名、地位，什么都不要。"

这种像钻石般最可宝贵的品格，正是许多人最缺乏的东西。

他经过了不少痛苦的磨炼和"上下求索"的追求过程,由进化论走到阶级论,终于成了一个共产主义者。但是,可以把他的初期和他的后期,当作南辕北辙式的两个不同的方向吗?可以把他的合于规律的自然发展,当作变化无常式的突然转向吗?

如果不理解他那一贯的战斗的现实主义精神,自然会这么说。

他赞成进化论,并不是把这学说当作抽象的概念来把握、来传播,而是把它当作人类所积累的智慧,从里面汲取养料,武装自己,去解剖旧社会,打击旧势力。他的两脚是站在中国现实社会上面。他的战斗要求是从中国现实社会出发,因此反映了中国人民的呼声。他的斗争对象是中国现实社会所存在的黑暗势力,因此体现了中国人民的斗争方向。他在一九一八年发表的《生命的路》有着这么有力的表白:

> 无论什么黑暗来防范思潮,什么悲惨来袭击社会,什么罪恶来亵渎人道,人类的渴仰完全的潜力,总是踏了这些铁蒺藜向前进。
>
> 生命不怕死,在死的前面笑着跳着,跨过了灭亡的人们向前进。
>
> 什么是路?就是从没路的地方践踏出来的,从只有荆棘的地方开辟出来的。

这是多么雄壮,多么勇敢,多么乐观。多么充满信心!

他始终像燃烧的火把一样,用自己的热,用自己的光,鼓舞了无数的人。不论认识的或不认识的,都可以从他那里懂得自我牺牲的美德,充实自己的战斗勇气。他像一个伟大的火种传布者。在他和青年们通信的时候,他一次又一次地把希望栽在每个人的心里。

他总是用着感人的诚挚的声音向青年们说：

革命的爱在大众。

想到别人和将来……

人生实在苦痛，但我们总要战取光明，即使自己遇不到，也可以留给后代。

将来总会是我们的。

他就是这样"在生活的路上，将血一滴一滴地滴过去，以饲别人，虽自觉渐渐瘦弱，也以为快活"。他去世的两个月前，再一次涌现了这样的感情：

无穷的远方，无数的人们，都和我有关。我存在着，我在生活，我将生活下去，我开始觉得自己更切实了。

不但给别人以力量，去充实别人，同时也从别人那里汲取力量，来充实自己。

他就是这样用了一生的心血去爱护、哺育、培养新生的力量。他并不嘲笑它的幼稚，因为"即使幼稚，也可以希望长成"。他也不怀疑它的单薄，因为"既然已有，即可望多起来"。对于下一代，他的慈爱是深远无边的。

一九〇三年，鲁迅在《自题小像》的诗中，表示了对祖国强烈的爱，并且在这首诗中，誓言要用自己的热血为中华民族的彻底解放服务。

在他青年时期写的诗里说的"寄意寒星荃不察",虽然引自《离骚》的"荃不察余之衷情兮"的旧典,但显然并不是以"荃"喻"君",而是另有所指的。

这诗是作于他到东京的第二年。大概不仅是东京的许多中国留学生那种"学跳舞""燉牛肉"的昏聩现象刺激了他,主要的恐怕还是当时祖国人民的尚未觉醒,而使得他深深地不安。

在他最早写的《摩罗诗力说》中说:

> 今索诸中国,为精神界之战士者安在?有作至诚之声,致吾人于善美刚健者乎?有作温煦之音,援吾人出于荒寒者乎?家国荒矣,而赋最末哀歌,以诉天下贻后人之耶利米,且未之有也。非彼不生,即生而贼于众,居其一或兼其二,则中国遂以萧条。

从这种心情发出"寄意寒星荃不察"的感慨是自然的。在同一篇《摩罗诗力说》中,他把"立意在反抗,指归在动作"的俄国文学介绍到中国来,也正是本着唤醒昏睡麻木的渴望。他为了发出"自觉之声",无情地鞭挞了古老中国由于长期专制统治所造成的精神奴役的创伤——奴隶性。而他自己就成了奴才哲学的最大憎恶者。这在他早期的战斗中有着鲜明的标记。

像《阿Q正传》这篇曾被歪曲为作者"心里藏着可怕的冰块"的讽刺小说,如果我们理解他那"哀其不幸,怒其不争"的基本命意和唤醒昏睡促其自觉的企望,那么无论如何也不能够把"冷嘲"和"滑稽"这种曲解去侮辱作者的。他倘使不是首先肯定了人民的力量,也就不会去批判由于长期的专制统治在他们身上所形成的精神的创伤。对于旧的批判得愈深，正是证明了他对于新的爱得弥切。

　　但是就在阿Q这个被他批判的对象身上，他也不是没有从这个人物对现状的不满中间，看出朦胧的反抗的萌芽。他在《一件小事》里面，通过那个车夫，更进一步地赞美了劳动人民的美德。那种质朴、坦白、正直、牺牲自己帮助别人的优秀的品质，深深地感动了他。他说："几年来的文治武力，在我早如幼小时候所读过的'子曰诗云'一般，背不上半句了。独有这一件小事，却总是浮在我的眼前，有时反更分明，教我惭愧，催我自新，并且增长我的勇气和希望。"

　　他的晚年，正是中华民族临到最危急的考验的时候，日本帝国主义向我们的国土进行疯狂的侵略，在中国共产党领导下的全国人民掀起了风起云涌的爱国运动，大局动荡，已是暴风雨的前夕了。他一连串地发表了声明，衷心地拥护中国共产党向全国人民提出的爱国主张，他说："因我不但是一个作家，而且是一个中国人。"可是就在这紧张关头，他病了，身体渐渐衰弱下去，友人们劝他出国疗养，他拒绝了，并且用"野人怀土，小草恋山"的比喻，说明自己"眷念旧乡"，"不能绝裾径去"。读着这样的话，谁能不从心里激起最大的感动！是的，他那"我以我血荐轩辕"的悲壮的誓言是彻底实践了。在他死后，人民用了"民族魂"的旗帜覆盖在他的灵柩上面，来表扬他的一生的伟大战绩。这称号对他是最正确也最恰当的。

一九五一年

# 鲁迅传与传记文学

解放后三十年过去了。我们已经积累了足够的资料，写出了许多回忆录、事迹考之类的专文或专著。在资料整理方面。如辑佚、校勘、疏证、注释、考据等等，更是做了大量工作。这都为写作鲁迅传提供了有利条件。为什么新的鲁迅传偏偏姗姗来迟至今没有人写出来呢？原因恐怕是多方面的。我想其中相当重要的一个原因是和我们文学理论研究的现状有关。在我们文学理论研究领域内，直到目前为止还留下许多空白点，而传记文学这一课题似乎始终没有提到日程上来。在国外，传记文学早已成为专门名家的学问。且不说所谓"拿破仑学"学者充塞各国图书馆内的众多拿破仑传，仅以卓别林的传记来说，以我有限的见闻，就不下六七种之多。有卓别林本人写的自传，也有别人为他写的传记，而且写法不同，各有各的侧重面，各有各选择的角度，很少雷同，都具有自身的特色。例如，二次大战前法国作家菲力普·苏卜根据卓别林在影片中所创造的那个流浪汉所写的《夏洛传》，就是通过卓别林的艺术创造来探讨他的内心世界。这在传记文学中别具一格，被称为"幻想人物传记"。如果我们把国外的各种传记的写法进行比较研究，是有助于丰富传记文学理论的。我国史学在世界上素享盛誉。黑格尔曾经说，印度虽以史诗著称，但却是个史学很不发达的古国。在那里年代记载纷乱不全，使人茫然不可测知。他对中国两千年来从未中辍的史书，感到了惊讶并表示了赞美。我国古代史学家以编年体或纪传体来写历史。《史记》中的列传，既是历史，又可以说是早期的传记文学。我以为，对于我国史书中的传记文学更应加以总结，把总结的成果引进到我国传记文学的理论中来。

我提出上面的意见，并不是说要等我们的传记文学理论有了一定的研究成绩之后，再来写鲁迅传。在学术上，理论研究和创作实践往往是互相促进的。如果我们写出几本具有不同风格、体例互异的鲁迅传，未始不是对于我们尚处于草创时期的传记文学理论提供有益的研究资料，开拓理论研究的境界，从而对推动理论研究起着催化剂作用。恕我冒昧地对我们的鲁迅研究者提出一点意见，那就是不要把注意力拘囿在狭窄的领域里，天地是广阔的，何必都挤在大体雷同的题目里做着大同小异的研究呢？我们应该提倡一下敢为天下先的开风气精神。研究鲁迅不一定都非得走直径，仅仅限于与鲁迅直接有关的范围。似乎一旦离开了鲁迅的名字，就是离题旁涉、越俎代庖，属于自己职责以外的事了。是不是可以开拓一些表面看来似乎与鲁迅研究并无直接关系而实质上对于鲁迅研究却大有裨益的领域呢？我们的鲁迅研究者中间倘使有人愿意一边研究鲁迅，一边也钻研一下传记文学，纵使自己不写鲁迅传，而是为写鲁迅传开路，创造一些有利条件，那也应该算是做出了一定成就，其贡献并不在辑佚文、释僻典、作注疏之下。

我没有钻研过传记文学理论，只偶尔涉猎一些中外传记作品。听说新的鲁迅传之所以难产，往往在于人们把写鲁迅传认为是一定要做出新式高头讲章式的皇皇巨制，工程浩大，不可轻易下笔。我建议是不是可以多出几种不同类型不同写法的鲁迅传？传记文学本来就不应有必须遵循的刻板模式，或一定的规格和一定的写法。例如，卡莱尔的《英雄与英雄崇拜》和罗曼·罗兰的"英雄传记"，虽然都以伟大人物为对象，以吐露自己的景仰之情，但由于这两位作者在英雄的概念上有显著的分歧，所以这两种性质类似的传记存在着极大的差异。卡莱尔把英雄视为领袖群伦、迥拔众生的先知或神人，认为世界不过是他们的"理想的实现，意象的形体化"。而罗曼·罗兰所写的英雄却并非这类高不可攀的超人，他们"并非以思想或强力称雄的人，而是靠心灵而伟大的人"。罗曼·罗兰的英雄传记是一系列闪耀光芒的青铜像。这些人物不是神，而是也有缺点、经过世间磨难、有爱有憎、有血有肉的人。他们使我们觉得可亲，可以理解，可以作为学习的榜样。如果有人写出一本像罗曼·罗兰写的《贝多芬传》《托尔斯泰传》《米盖朗琪罗传》那种格局的鲁迅传，不堆砌资料，不炫耀广博的征引，不在无关宏旨的细节上作烦琐的考证，而是深入到鲁迅的内心生活中去，探索他的精神世界及其复杂的历程，那将会是一本很能引人入胜的著作。

我认为，我们写鲁迅传不必拘于一格。如果有人采取另一种写法，像车尔尼雪夫斯基写的以别林斯基文学活动为中心的《果戈理时期俄罗斯文学概观》那样，从我们现代文学史的波澜起伏的背景上，理出鲁迅的思想脉络和他在每一历史阶段留下的战绩，那也是很有意义的。不过，这就需要对鲁迅的对手，如早期代表国粹派的《甲寅》杂志，陈西滢和他所属的新月派首领胡适，提倡语录体小品文的林语堂和以苦茶名斋的周作人，以及在另一领域内，而属同一营垒的创造社、太阳社，直到晚年时左联内部的两个口号之争，都进行系统的探讨，占有充分材料，才能做出公正的史的评述。如果只根据鲁迅本人的文章来品评，明于此而昧于彼，那就会使他的许多针对性的观点难以索解。似乎我们至今还没有充分掌握鲁迅对手的资料，把双方的观点摆出来，做出实事求是的深入评述。今天我们可以用清醒冷静的头脑公正地去评价过去我们文学史上那些功过是非了，不能以单纯的顶礼膜拜之情，更不能以意气用事的褊狭之见来代替科学的论断。让我们采取车尔尼雪夫斯基在《果戈理时期俄罗斯文学概观》中论述别林斯基与波列伏依、森柯夫斯基、歇唯辽夫的论争时，以及在论述别林斯基所属的斯坦凯维奇小组和赫尔岑所属的奥格辽夫小组之间发生分歧时，那种忠于历史、尊重事实、公正无私的良史直笔吧。

记得有位外国传记文学家说过，伟大作家把他的一生都蒸发在自己的作品里，因此没有给传记作者留下更多可写的东西。我并不这样想，作品是作家的心血结晶，直接或间接地反映了他的生活经历，有意或无意地表露了他的内心世界，离开作品是不能理解作家的。但是，他的性格的成长，思想的发展，感情的变化，他所处的时代、环境，和他在文学史上所占的地位，所起的作用，以及对他留下来的遗产作出适如其分的评价，则都需要传记作者去探讨，去研究。鲁迅传有许多方面可以写，也可以用多种方式去写。一部不够，几部也不嫌多——自然这不是指那类粗制滥造的雷同之作。

一九八一年

# 鲁迅论与综合研究法

我们的文学理论研究工作，分工分得很细，好处是向专的方向发展，使各个专题可以研究得深，研究得透，避免囫囵吞枣，只留下一个模糊轮廓的粗枝大叶作风。但是，分工过细也会产生另一种弊端，那就是各守各位，画地为牢，为各自所选择的专题所拘囿。这种河水不犯井水的办法，势必造成隔行如隔山的很大局限性，结果是研究中国的对外国的置之不顾，研究古代的对现代的茫然无知。从事文学理论的可以昧于美学意识，遑论把文史哲融会贯通在一起？鲁迅、郭沫若、茅盾、老舍、巴金……都成了一家之学，一个萝卜一个坑，研究者各守自己的领地，只盯住自己的专题，谁也不肯越雷池一步，放开眼界，关心一下自己那个小天地以外的广大世间。这种情况倘不急速扭转，将会使我们的研究者成为分工的奴隶。早在一千多年前，刘勰就已感叹前代和同代那些"各照隅隙，鲜观衢路"的理论家，"各执一隅之解，欲拟万端之变，所谓东向而望，不见西墙也"。我很怀疑目前我们那种分工细到这种地步的研究方法，到底会出怎样的成品，会有怎样的功效？研究自然应有重点。人的才能、禀赋、志趣、爱好互异，修短殊用，难以求备。何况每人都受到时间、条件、精力的限制，怎么能够成为无所不晓的饱学之士？

少时读到胡适说的"为学当如金字塔，要能博大要能高"，虽然心向往之，但实际上却是可望不可即的奢想。这类旷世奇才虽然不是没有，毕竟极为罕见。恩格斯谈到人类文化史上发放异彩的十九世纪，也只举出两个半的百科全书式的天才。不过，我觉得，我们的研究者最好从拘于一隅的狭窄范围走出来，就力之所及争取做到博一点，至少对于和自己专题有着密切关联的学科，也花功夫去钻一下，这不仅有好处，也是必要的。试问：研究我国现代文学的某一作家，能够不去了解他的时代、社会和环境吗？——这就需要有一些政治、经济、历史的知识。能够不去了解他和前代或外国作家的继承或借鉴关系，和同时代作家的交互影响以及对后代所发生的作用吗？——这就需要有比较全面的文学史和文学理论的知识。能够不去了解他在作品中反映出来的时代思潮、思想根源和美学观点吗？——这就需要有一定的思想史和美学的知识。我以为，这些知识都是文学理论研究者不可缺少的。鲁迅研究并不例外，甚至还应该特别注意这一点。鲁迅曾经说过，专家多悖，博学者多浅。倘使抛开上述应有的知识，孤立地研究鲁迅和他的作品，不但难免于悖，而且也往往流于浅薄和空疏。因此，我倡议鲁迅研究要尽量采用综合研究法。

六十年代初期，我们报刊上开始出现过号召研究者注意科学杂交和边缘科学的呼吁，有关科研工作方法问题一度引起了学术界的注意。在古史研究上还提出过文献和文物结合的研究方法，并取得了一定成绩。但是这个良好的开端不久就夭折了。而国外的科研工作却早已迈进综合研究时代，通过杂交出现了许多前所未有的跨界学科，不仅开拓了广大的科研领域，并且取得了惊人的飞跃和突破。我们如果仍旧抱残守缺，固步自封，那将大大地陷于落后状态。近年来，我们学术界重新注意到综合研究是科研工作的必然趋势，可是，在文学理论研究领域内对于这么重要的问题似乎仍未引起普遍的重视。是不是可以在鲁迅研究上先尝试一下采用综合研究法呢？鲁迅的学识是广博的、多面的。他的作品涉及古今中外，其本身就蕴藏着多种学科的综合，一直延伸到自然科学领域。如果不采用综合研究法去进行剖析，就难免捉襟见肘，穷于对付。不要以为对鲁迅作品中所涉及的那些人名、书名、事件……找出出处，作出注解，就算大功告成，任务完毕。这些工作对研究者只起着资料性的作用，只能说是研究的初阶或前奏。我并不是轻视这些注疏考证工作，这种工作也还有待于进一步整理、汇总、编辑成为系统的工具书。迄今我们还没有出版一部鲁迅辞典，而国外著名作家辞典早已大量问世。最近我收到一部国外寄来的两厚册《莎士比亚辞典》，词条达五万左右，内容详赡，检索方便，对研究莎士比亚大有裨益。我们还缺乏这类工具书，出版界也不够重视这方面工作。我曾搞过一点我国古代文论研究，我所用的诸如《通检》之类工具书，却是法国巴黎大学汉学院委托我国专家编纂的。我也接触到一些从事古代文论研究的大学中年教师，他们苦于缺乏必要的工具书。例如，较普通的《说文解字诂林》《经籍纂诂》《三通》《清经解》《增订简明四库目录标注》之类，有的对此竟茫然不知，而我们的出版界至今仍迟迟不予重印，这是有碍研究进展的。

据说鲁迅辞典已在着手编纂，但愿早日出版。然而，无论在鲁迅研究方面从事注疏考证，或编纂鲁迅辞典，毕竟不能代替综合研究。我们需要从鲁迅作品中去探索其中所涉及的人名、书名、事件等和他在思想上的渊源关系。就是对于他并未正面涉及的，也要善于去分辨，去寻找其间的蛛丝马迹。例如，鲁迅晚年有些文章是以周作人为对象的。据我浅见，鲁迅的《喝茶》就是和周作人的《苦茶随笔》针锋相对的。这篇文章十分精辟地勾勒出在大动荡时代的那种回避现实、不敢使自己的灵魂粗糙起来，却又变得具有病态的敏感、细腻，以致不能经受时代风暴考验的怯懦性格。再如，鲁迅在《"题未定"草》第九篇中引张岱《琅嬛文集》述明末东林党和非东林党中的君子与小人一段所发的议论，也是驳斥周作人的。两人同引这段话，却做出了截然不同的相反结论。这些地方都没有只字提及周作人，只有读了周作人文集后，进行比较，才可见出端倪。鲁迅和周作人的分歧代表同一时代两种思潮。如果有人写出这一对兄弟，如何在早期重视手足之情，以后由于思想上的分歧而产生了矛盾，那将是一个有兴趣的题目。

此外，我认为，鲁迅写的《论辩的灵魂》《牺牲谟》《评心雕龙》等杂文中所勾画出来的强词夺理的诡辩，十分深刻地揭露了一直在我们社会中流传不绝的阴鸷反噬之术。试举第一篇中的一则为例："你说甲生疮。甲是中国人，你就是说中国人生疮了。既然中国人生疮，你是中国人，就是你也生疮了。你既然也生疮，你就和甲一样。而你只说甲生疮，则竟无自知之明，你的话还有什么价值？倘你没有生疮，是说谎也。卖国贼是说谎的，所以你是卖国贼。我骂卖国贼，所以我是爱国者。爱国者的话是最有价值的，所以我的话是不错的。我的话既然不错，你就是卖国贼无疑了！"我们是多么熟悉这种诡辩术。在十年浩劫的大批判中就弥漫着它的魔影。如果有人采用综合研究法，从逻辑学角度加以剖析，揭示这种诡辩由于用心险恶在怎样玩弄权诈，甚至不顾违反逻辑的常识，把真理践踏在脚下，那不仅在学术上有很大价值，而且也更有积极的社会意义。可是这项工作，鲁迅研究者没有去做，逻辑学者也没有去做。我们的逻辑学家从生活语言中取材，从名著中取材，为什么竟遗漏了比马克·吐温《竞选州长》所揭露的造谣报纸更可畏、更毒辣如上述"鬼画符"之类的丰富材料呢？这说明综合研究法在我们某些领域内还是一片未开垦的处女地。

一九八一年

# 鲁迅研究和利用科研成果

科研工作有一个利用已有成果问题，这也是采用综合研究法经常碰到的问题。任何研究工作者都不可能靠一己的力量精通和自己研究专题有关的门门学科，他需要利用已有的科研成果，并以此为凭借，联系自己所要解决的问题，进一步钻研下去。这些科研成果越是成绩斐然，他的研究也就越能达到高水平。这种情况可以用俗话所说的"水涨船高"来作比喻。一个国家往往很难使某一学科单独地取得超越的惊人成就。为我国所发明并具有古老传统和积累了丰富临床经验的针灸，现在已发展为针刺麻醉。可是由于在有关机制研究方面（包括神经生理学、心理学、生物化学等的科研工作）跟不上，以致在针灸理论研究上就不能取得更大的进展。文学理论的研究往往不得不依靠史学、哲学、美学等已有的科研成果。倘使研究者选择的专题所涉及这些学科的有关问题，没有任何可资利用的成果，都得白手起家，从头做起，那会是一件令人感到苦恼的事。我想，这种苦恼是不少严肃认真的研究者深有感受的。不过，这里需要说明利用已有科研成果，不是就现成、图省力，更不是指那种转相抄袭的陋习。掠人之美据为己有的抄袭之风，似乎至今未引起广泛的注意，很少有人出来加以指摘。我们时或可以看到，有人提出一种新观点或新论据,于是群起袭用,既不注明出自何人何书,以没其首创之功,甚至剽用之后反对其中一二细节加以挑剔吹求,以抑人扬己。这种学风必须痛加惩创,杜绝流传。所谓利用已有科学成果,应该是在别人所达到的成就上,联系自己研究的课题,进一步做更刻苦更深入的钻研。要对别人的创见采取尊重态度。我们应该像马克思写《资本论》那样,对古往今来提出任何一种新见解的理论家,都在正文或脚注中一丝不苟地予以注明。我们必须培养这种学术道德风尚。

在鲁迅研究上利用已有科研成果问题,已经应该提到日程上来了。虽然目前可资利用的科研成果除资料性的外尚不太多,但毕竟不是没有。例如有些关于中国近代思想史的文章,对于研究鲁迅早期思想,就颇有参考和借鉴价值。自瞿秋白提出鲁迅是由进化论到阶级论的观点以来,近半个世纪过去了,但我们对于鲁迅早期的进化论的思想的研究,似乎一直踏步不前,没有多少进展,还留下许多有关问题需要解决。五四前后,进化论成为当时的进步思潮,而且各种流派的作家,从鲁迅直到胡适,大多卷入这个思潮中。为什么在五四时代,进化论成为当时新文化运动中的思想巨潮?那些受到进化论影响的思想家在吸取进化论观点上又有什么分歧?鲁迅的进化论思想和达尔文的《物种起源》有什么关系?和严复的《天演论》又有什么关系?这些问题都应该成为研究鲁迅早期思想的重点,可是目前尚缺乏深入的钻研。我觉得,鲁迅研究者很可以借助最近出版的李泽厚《中国近代思想史论》中的《论严复》一文来解决上面最后一个问题。鲁迅自称受到严复的《天演论》的影响,赞许严复的感觉敏锐,又说他不是翻译而是做了《天演论》。《论严复》一文论述了严复的思想渊源,指出《天演论》一书按语中多以斯宾塞的普遍进化观念来反驳赫胥黎的人性善的社会伦理学说,并且阐明了斯宾塞的社会达尔文主义理论何以在当时对中国进步思想界发生如此巨大的影响。自然，这些问题还要进一步深入探讨。社会达尔文主义就其本身来说是具有反动性的，但同时它也为一些进步作家所接受。因此，我们对斯宾塞的社会达尔文主义这一学说，还需要做出更深入更全面的评价。我以为，鲁迅研究者倘使沿着这条道路走下去，顺藤摸瓜，一步步深入，就会在鲁迅早期的进化论思想问题上有所突破，从而打破目前停滞不前的局面。希望史学界、哲学界在中国近代思想史上创造更丰硕的成果，以作为研究鲁迅早期思想的起飞跳板。

一九八一年

## 鲁迅与章太炎

鲁迅留学东京时曾师事章太炎,受到章太炎的较深的影响。这种影响自然不仅是文字学,也不仅是排满思潮,而且还表现在其他方面。在近代思想史上,章太炎是推重讽刺文学的为数寥寥的思想家之一。(此外是在他以前的龚自珍。)这里顺便说一下,鲁迅似乎从未提到龚自珍。首先,照理说,鲁迅和龚自珍有许多相通的地方,为什么鲁迅对他没有只字涉及呢?这是我百思不得其解的。章太炎曾斥龚自珍"欲以前汉经术,助其文采,不素习绳墨,故所论支离自陷,乃往往如谵语"。这是极不公允的,只能视为经学今古文之争的门户之见。我不能断定在对龚自珍的评价上,鲁迅是否受到了章太炎的影响。但是如何来解释这个问题呢,我希望有学力、有见解的研究者作出深入的探讨。章太炎曾在《訄书》中说:"瘢夷者恶燧镜,伛曲者恶绠绳。"便是对于社会上反对揭示真相的讽刺文学的有力驳斥。可以看出鲁迅曾吸取了章太炎那种犀利的讽刺笔法。其次,章太炎继清代钱大昕、朱彝尊的余绪,破千年来的传统偏见,著《五朝学》,对魏晋时代文学作了再估价,恢复了它在学术史上的应有地位。在这一点上,鲁迅也很可能受到他的影响。鲁迅曾校《嵇康集》,写过《魏晋风度及文章与药及酒之关系》。他喜爱阮籍、嵇康等人的文章，一扫前人奉儒家为正宗对玄学家和清谈家所采取的不屑一顾的成见，而肯定阮、嵇等人非汤武、薄周孔的反礼教的积极一面。他把魏晋时代称为文学的自觉时代。这一说法不仅中肯，而且具有卓识。他在涉及古代文论时，每每征引陆机、刘勰之说，并以新见解加以引申，不仅殚其底蕴，且发扬光大，使之至今仍具有生命力。例如，他对《文赋》中的"榛楛弗剪"这一论点的阐发就是明显的例子。笔者在拙著《文心雕龙创作论》中，曾五引鲁迅论《文心雕龙》之文，其见解之精辟，就是今天看起来也令人折服。例如，鲁迅引《程器》篇"人禀五材，修短殊用。自非上哲，难以求备。然将相以位隆特达，文士以职卑多诮，此江河所以腾涌，涓流所以寸折者"，加以按语说，"东方恶习，尽此数言"。又引《辨骚》篇"才高者菀其鸿裁，中巧者猎其艳辞，吟讽者衔其山川，童蒙者拾其香草"，加以按语说，此言后世模仿《离骚》者，"皆着意外形，不涉内质，孤伟自死，社会依然，四语之中，含深哀焉"。这类见人所来见的简短按语所包含的深刻内容颇足耐人细思寻味。自然，以上这些观点并非来自章太炎，但章太炎的《五朝学》对魏晋时代文学所作的肯定评价，应该说对鲁迅是起了诱发作用。

《文化偏至论》是鲁迅早期的文言之作，其中有一段话说："……革命于是见于英，继起于美，复次则大起于法朗西，扫荡门第，平一尊卑，政治之权，主以百姓，平等自由之念，社会民主之思，弥漫于人心。流风至今，则社会政治经济上一切权利，义必悉公诸众人，而风俗习惯道德宗教趣味好尚言语暨其他作为，俱欲去上下贤不肖之闲，以大归乎无差别。同是者是，独是者非，以多数临天下而暴独持者，实十九世纪大潮之一派，且曼衍入今而未有既者也。"这篇文章既名为"文化偏至"，显然对于外国传来的某些思潮有所批评。鲁迅所批评的偏至思潮是什么呢？就上下文串通来看并不难理解。文中所说的英、美、法革命,不言而喻,指的是资产阶级革命;接下来所谓"平等自由之念,社会民主之思",也同样不言而喻,指的是宣扬自由、平等的民主思潮。只要略具常识就不会发生误解。但是,以棍子起家发迹的姚文元,望文生解,把其中的"社会民主"竟说成是"社会民主党",然后再以其含沙射影、曲笔构陷的惯伎,把文中对社会民主的批评,说成是"资产阶级对无产阶级的诬蔑"。这个不学有术的家伙,一向拉大旗做虎皮,借鲁迅之名以行其陷害忠良之诈。但是,棍子毕竟不能代替真理,他终于不能自藏嘴脸,在这几句话里现出原形来了。以他为样板整整左右了一代文风的大批判随着"四人帮"的覆灭总算遭到唾弃,可是当其猖獗横行之际,有谁敢冒大不韪指出他这种连起码常识都不懂的谬论呢?

不过,这里有个重要问题:为什么鲁迅在民主革命阶段,竟会对资产阶级民主这样反感呢?这个问题很少有人正面接触,更少有人正面回答。但是,要研究鲁迅的早期思想是不能回避这个问题的。我只能谈谈自己的不成熟的想法。当中国进入了民主革命时期,也正是经过了资产阶级革命的英、美、法发展到帝国扩张时期,自鸦片战争以来,我国迭遭列强的侵略。是不是由于这个缘故才使鲁迅对这些国家所实行的代议民主政治抱怀疑以至不满的态度呢?表面看来,鲁迅当时反对资产阶级代议民主似乎落在他的同辈的思想水平之下。然而,这一点是不是使他在上下求索找寻真理的道路上,终于摆脱了资产阶级思想体系,后来成为一个马克思主义者呢?我觉得,这些问题都值得我们认真探讨。这里,我想再谈谈我的另一些不成熟的想法,供鲁迅研究者参考。我同意这种看法,即鲁迅早期反对资产阶级代议民主思想,和当时章太炎是一致的,很可能在一定程度上也受到了章太炎的影响。如果要进一步弄清这个问题,我要再一次推荐最近关于中国近代史研究所发表的那些文章。章太炎在他作为一个革命思想家的时候，也是反对资产阶级代议民主的。但是，决不可把章太炎的这一观点和那些顽固派、洋务派、国粹派的排外思想混为一谈，从而像有些论者那样把他视为"封建地主阶级思想家"。在这一点上，鲁迅是和章太炎一致的。我觉得，对于随着时代的急骤变化而形成曲折发展的章太炎早期思想不应作庸俗社会学的阶级分析。目前在思想史研究方面我们还很缺乏具有卓见的文章。它将有助于我们进一步去探讨鲁迅的早期思想。自然，借鉴已有的研究成果，并不是摘果子，坐享现成。别人不能代替自己去思想。就是对于别人已经解决的问题，也需要自己去核实、去融会、去深化，更需要联系自己的课题进一步去探讨。鲁迅早期思想究竟在什么范围内、在什么程度上受到了章太炎的影响，以及在影响中有没有"同"中之"异"？这应该是鲁迅研究的一个大题目，有待于我们下功夫去解决。此外，我们既要看到影响的一面，也要看到差异的一面。例如，就在上述同一时期，章太炎是反对严复的《天演论》观点的，为什么鲁迅在这一点上却持相反态度呢？我们应该把问题考虑得更复杂一些，粗枝大叶不行，钻得越深越好，想得越细越好，问题要通盘统筹，而不能偏执片面之解。作为一个读者，我希望鲁迅研究工作者在这方面做出较多的成绩。

目前我因为忙于打杂，不可能潜心从事研究工作。以上提出一些设想，谨供鲁迅研究工作者的参考，并作为对于鲁迅先生百年诞辰纪念的一份微薄献礼。

一九八一年

# 鲁迅的曲折历程

从《二心集》开始，鲁迅虔诚地接受了被他认作是党的理论家如瞿秋白等的影响。这一时期，他的不少文字带有特定意义上的遵命文字色彩。例如，在第三国际反对中间派，认为中间派带给革命的危害比反动派还要大的影响下，他对"第三种人"的批判，对文艺自由的批判，以及对阶级斗争的激进观点，对大众语和汉字拉丁化的意见等等，都留下了这样的痕迹。

现试举另一例。早期，鲁迅在一九零七年写的《文化偏至论》中说"布鲁多既杀该撒，昭告市人，其词秩然有条，名分大义，炳如观火；而众之受惑，乃不如安东尼指血衣之数言。于是方群推为爱国之伟人，忽见逐于域外。夫誉之者众数也，逐之者又众数也，一瞬息中，变易反复，其无特操不俟言；即观现象，已足知不祥之消息矣"。这分明是排众数的主张。但是，他在一九三四年写的《又是"莎士比亚"》和《"以眼还眼"》，对杜衡援引莎剧《裘力斯·恺撒》所描写的这同一历史事件，却做了完全不同的评价："我就疑心罗马恐怕也曾有过有理性，有明确的利害观念，感情并不被几个煽动家所控制，所操纵的群众，但是被驱散，被压制，被杀戮了。莎士比亚似乎没有调查，或者没有想到，但也许是故意抹杀的……布鲁斯特（布鲁多）不仅在文艺复兴时代，而且也在启蒙运动时代，都被当作推翻专制暴君的英雄加以歌颂。鲁迅在早期也是持这种观点，可是后来他不再提了。上面那些为群众辩护的话，显然是牵强的。它使人感觉到鲁迅担心如果不做一些肯定的评价，会使人丧失对群众的信心，其实这是多余的。在罗马以后十几个世纪，俄国思想家车尔尼雪夫斯基曾这样说到专制时代的俄罗斯："可怜的民族，奴隶的民族，上上下下都是奴隶。"列宁评论这段话说："公开的和暗藏的俄罗斯奴隶是不喜欢回忆这些话的。然而我们却认为这是本着对祖国真正热爱所说的话，是因感慨大俄罗斯民众中间缺少革命性而吐露的爱国热情的话。"就是按照马克思主义的观点也并不一定要讳言群众的落后性，或者甚而把群众加以理想化。

在这几年中，纵使从鲁迅身上也可以看出当时的某些思想倾向的影响。早年，他经常提到的个性、人道、人的觉醒……在他的文字中消失了。直到他逝世前，才开始超脱"左"的思潮，显示了不同于《二心集》以来的那种局限性，表现了精神上新的升华。他最后发表的那些文章：《我的第一个师父》《女吊》《死》《凯绥·珂勒惠支版画选集序目》等，写得既沉郁又隽永。

一九八八年

# 再谈鲁迅与太炎

鲁迅说章太炎在革命史上的业绩比学术史上的要大。鲁迅和太炎在思想倾向上是很不同的。但是，如果不把学术上的承传当作简单的模仿或因袭，而视为潜移默化的汲取，那么，我认为鲁迅对国学的某些看法，在一定程度上是受到太炎的影响的；不论这影响是自觉的，还是不自觉的。

蔡元培称鲁迅曾受清代学者的濡染，认为他杂集会稽郡故书，校《嵇康集》，辑谢承《后汉书》、古小说、唐宋传奇，编汉碑帖、六朝墓志目录、六朝造像目录等，全用清儒家法。鲁迅自称，他在写作上先受严复后受太炎影响。我认为，鲁迅受太炎的影响，除早期文言文喜用古字和成为鲁迅文章特色的犀利笔法外，还有其他一些方面，现简述如下。

章太炎继顾炎武、钱大昕、朱彝尊的余绪，破千年来的偏见，对魏晋南北朝学术思想，做出再认识、再评价。他的《五朝学》可以说是一篇为魏晋玄学所作的有力辩词。文章以汉末与魏晋作对照，批驳后世所谓魏晋俗敝之说，用史实证明汉末淫僻之风远过魏晋。《五朝学》说："经莫穿乎礼乐，政莫要乎律令，技莫微乎算术，形莫急乎药石。五朝名士皆综之，其言循虚，其艺控实，故可贵也。"

这是对于魏晋玄学的很高评价，发前人所未发。鲁迅早年校《嵇康集》，写小说《孤独者》魏连殳采用阮籍居丧故事，这些事本身就说明了他对魏晋玄学的态度。后来他撰《魏晋风度及文章与药及酒之关系》，就更说明了他对那个时代的学术思想的重视。这篇文章的着眼点与《五朝学》不同，但从学术渊源来看，仍可发现二者之间的某种关联。最为突出的是这两篇文章都提出了玄学和礼教的关系问题。应该说这一儒玄可通的观点始滥觞于《五朝学》。按照以前的说法，二者是很难调和的。如王、何注解儒经就曾被儒家极端派斥为"罪深于桀纣"。太炎据史论玄学兴起之原因，认为当时倘徒陈礼教，不易以玄远，则不足以戒奢惩贪。这是史有明证的。可是后人不见汉末风气已坏至唐则尤甚这一事实，独斥魏晋，以致责盈于前，网疏于后，是极不公正的。《五朝学》称："五朝有玄学，知与恬交相养，而和理出其性，故骄淫息乎上，躁竞弭乎下。"这也是说魏晋玄学实可纠汉末风气之弊。太炎指摘魏晋的乃是自魏文定九品官人法以来所形成的士庶区别门阀制度，故他批评顾炎武所谓魏晋矜流品为善的说法为"粗识过差"。这些看法都与鲁迅相契合。

当时在古史研究中有疑古派，也有对疑古派表示质疑和不满的人，在这一问题上，也不难寻觅鲁迅与太炎的思想渊源。我认为鲁迅对顾颉刚的忿詈诋諆，不能仅归于性格作风。二人交恶除萌发于"以俟开审"之类的具体事件外，也夹杂着学术观点的分歧。后者往往是更主要的。鲁迅不只一次地讥讽了顾颉刚所谓大禹是一条虫的说法。这件事应该放在一定思想背景上来看。太炎少时师事俞樾，受全祖望、章学诚影响，后来成为经古文派的最后一位大师。他对于以今文疑群经最所痛恨。戊戌前一年，太炎致谭献信中，记述他与梁（启超）、麦（孟华）诸子相遇，"论及学术，辄如冰炭"。他在《汉学论》中称："清世言《公羊》已乱视听，今《公羊》之学虽废,其余毒遗蠱(螫)犹在。人人以旧史为不足信,而国之史实蹶矣。"姜亮夫记太炎对他说过这样的话:"宜守家法,不可自乱途辙,杂糅古今。"太炎其他弟子也发过这样的感慨:"康南海《新学伪经考》出,则群经可读者鲜矣。崔适《史记探源》出,则史之可读者鲜矣。"孙思昉还记述了太炎曾指斥奇衺怪迂之谈,其中就有"斥神禹为虫鱼,以尧舜为虚造",这与鲁迅之讥颉刚几乎完全一致。(鲁迅在《理水》中亦嘲讽把禹当作虫、把鲧当作鱼的说法。)顾颉刚主办的《古史辨》是疑古派的大本营,影响波及海内外达数十年。他以怀疑精神破经书之神化,其成就不容抹煞。顾称古史研究即在证伪与造伪之辨。这固然有一定道理,但往往流于为破伪而成新伪。疑古派固不可简单地说成就是今文派,但从基本上来看,仍可说倾向于今文。二十年代上半期,北京学界发生争论,有"某籍某系"之说,这一说法,实含有将鲁迅与太炎连在一起的寓意。因为当时北大中文系教师多浙籍,也多为太炎弟子。《古史辨》的疑古派多重宋学,与太炎尊汉学异。据钱穆回忆,顾颉刚在中山大学教书时,以讲授康有为今文学为中心。鲁迅则对宋代理学多所訾议,他的文章曾批评宋代业儒,在小说中曾为理学家取名为"道统",为其子取名为"学程"。这篇题名《肥皂》的小说系描写一个人物想用肥皂洗净丐女,而作者命意却在洗去假道学的伪装。我认为凡此种种都给我们提供了线索,使我们可以从学术上去探究鲁迅与顾颉刚之争的思想背景。

太炎对秦代及其学术思想的评议,也与鲁迅有某种契合。太炎撰《秦献记》《秦政记》,为秦代申辩,称贾生过秦为"短识"。他认为秦皇微玷,独在起阿房,以童男女三千资徐福渡海求仙诸事,而"其他无过"。《太炎文录》有《与王鹤亭书》,其中说:"经术之用,不如法吏明矣。"鲁迅对秦代及其文化没有像太炎上述这样肯定的评价，不过，他在早年所写的《文化偏至论》等文言文中，对"平等自由之念，社会民主之思"的指摘，与太炎的两记颇有相通处。《秦政记》称"古生民平其政者莫遂于秦"，两记并以此为主导思想去评骘秦代文化。鲁迅在《华德焚书异同论》中，为始皇叫屈，说他与攻陷亚历山德府的阿拉伯人、希特勒之流不可作同日语，认为后者也做不出始皇所做的书同文、车同轨的大业。秦代无文，鲁迅在《汉文学史纲要》为李斯独立一篇，称他尚有华辞，而在划一文字上则有殊勋。其第七篇合贾谊和晁错为一章，其中谈到《吊屈原赋》《鹏鸟赋》《治安策》，而未及《过秦论》，不知这是否受到太炎所说的"短识"的影响？鲁迅曾明言，自己有庄周的"随便"与韩非的"峻急"。他说"背了这些古老的鬼魂，摆脱不开，时常感到使人气闷的沉重"。我认为从以上所揭示的一些资料，可以进一步发掘鲁迅与太炎在学术思想上的关系。

一九九二年

# 纪念与超越[*]

当我们回顾即将逝去的二十世纪的时候，不得不想到在文化界思想界曾经发生过深远影响的一些人物。鲁迅的名字是和二十世纪的中国紧密相连的。今天如果还是对鲁迅仅仅讲一些在感情上颂赞或崇拜的话，已经没有太大意义了。鲁迅的历史地位已经确定，他的影响也仍在一代一代传下去。

本世纪几代知识分子的向往与追求，彷徨与探索，挣扎与努力，取得的成就和留下的遗憾……都在鲁迅身上有着不同程度的反映。他成为凝聚了这个世纪的炽热激情的一个缩影。今天我们应该怎样来评估这样一段历史，这是一个十分重要的问题。只有经过正确的估价，我们才能从过去的文化资源中淘炼出最精粹的部分。这需要更理性更深入地去进行思考——不仅针对鲁迅个人，而且还应该针对作为鲁迅思想背景的五四新文化运动本身。如果我们面对的是一个运动，一个时代，那么在评估鲁迅的历史功过的时候，就不应该将怀着恶意的动机用寻垢索瘢手段去诬蔑诋毁和对历史负责作实事

---

[*] 本文据一九九六年二月二日上海鲁迅纪念馆来访者笔录作者当时的谈话整理而成。

求是的回顾与总结混为一谈。

　　鲁迅喜欢过日本的白桦派。他很赞赏有岛武朗对幼小者所说的话："毫不客气地拿我做一个踏脚，超越了我，向更高更远的地方走去。"（大意）今天看来，这几句话仍旧很有意义。鲁迅正是抱着这样的态度，希望他的后辈跨越他前进。他的好的地方，我们当然要继承。他受到时代等等多方面影响所显露出来的局限和缺陷，我们也不要回避。我们应当超越过去，向着更有人性的境地走去，这才符合鲁迅生前所愿望的。

　　做一个更完满的人，能够为人类带来更多幸福的人。从这个角度来纪念鲁迅，我们就不会仅仅停留在对他的颂赞和崇拜上了。自然这并不是说，今天就无须对他表示尊重和敬意。我们虽然指出鲁迅也有缺陷，也有不足的地方，但这并不意味着可以后来居上，去嘲笑那些在崎岖的人生道路上披荆斩棘艰苦备尝的先驱者。须知如果我们能够少走一些弯路，避免一些挫折，多取得一些成就，那都是前人以血汗代价换取来的。有了他们的失误，才使我们变得聪明一些。鲁迅也是这样一位先驱者。

一九九六年

# 和鲁迅研究者谈话[*]

目前鲁迅研究大多集中在某几个问题上，这些问题谈得都很多了，但是还有很多领域没有涉及。鲁迅与传统文化方面的研究就比较薄弱，其中很多话题没有很好地展开和深入。如鲁迅与章太炎在学术上有没有传承关系，还有鲁迅对顾颉刚等推崇今文学和倡导疑古派治学方法的批评也是很值得研究的。鲁迅对中国传统文化的一些看法和太炎非常接近。可以推断，鲁迅对太炎的学术观点基本上是认同的。尤其在魏晋南北朝文化的看法上，二人是一致的。魏晋南北朝玄学屡遭骂名，太炎的《五朝学》出，则破千年之偏见。太炎对魏晋和汉代作比较之后，认为魏晋时代占主导的并不是惯常认为的骄奢淫佚之风。鲁迅也看重这一历史时期，对这一时期的玄学家嵇康、阮籍诸人采取了肯定的态度。他撰写的《魏晋风度及文章与药及酒之关系》等文章是与太炎的研究有密切关系的。然而，现在似乎没人研究鲁迅与太炎《五朝学》的关系，更没有人从文化思想来检讨一下鲁迅在这领域研究的意义和价值。鲁迅在晚年曾有贬责太炎之说，认为太炎后期不再革命，衣被学术的华衮，俨然成为

---

[*] 本文系对《上海鲁迅研究》编者的谈话，由李浩记录，经本人修订。

一代儒宗。这些批评并不妥切，太炎晚年虽然改变了早期的批儒态度，但他始终未放弃革命的立场。

鲁迅对中国传统文化具有很深的见识力。我喜欢《文心雕龙》跟鲁迅对刘勰这部书的推崇是有关系的，鲁迅书中有五处论述到《文心雕龙》，都是极其精辟的。比如，《文心雕龙·辨骚篇》有"才高者菀其鸿裁，中巧者猎其艳辞，吟讽者衔其山川，童蒙者拾其香草"四语，鲁迅说刘勰在这里所要阐述的是那些《离骚》的模仿者，"皆着意外形，不涉内质，孤伟自死，社会依然，四语之中，含深哀焉"，鲁迅用短短数语就道出了其中的深沉含义。他说刘勰这四句话，隐寓着深深的悲哀：那些模仿者没有一个人看出屈原的深刻思想。他们不知屈原的成就不仅在文学上显示出华采，而且更重要的是对社会所发出的正义呼号。我原来是读过《文心雕龙》的，当时就看不出这里面有这么沉痛的意思。读了鲁迅的简短评语后，再读《文心雕龙》就有深层体会了。此外，《文心雕龙》另一篇文章《程器篇》中说"将相以位隆特达，文士以职卑多诮，此江河所以腾涌，涓流所以寸折者也。名之抑扬，既其然矣，位之通塞，亦有以焉"，鲁迅对此评价说"东方恶习，尽此数言"。从这里我们可以看到鲁迅对中国文化有极其精深的见识。现在为什么不在这领域进行很好的开拓呢？

从历史评价方面来说，鲁迅不能免掉五四时代文化的局限。五四文化思想对我们的好处很多，但也有它的局限。哪个时代没有它的局限？没有局限的社会不是真实的社会，没有局限的人不是一个真实的人。中国传统文化中有很多很好的方面，需要继承，但不能因为有很好的方面就全部接受，要有鉴别；同样也不能因为有坏的地方就一概否定。五四时代往往做不到这一点。但国外就不是这样。比如柏拉图曾公开赞成奴隶制。但柏拉图在思想文化领域有很多真知灼见，对于西方文明具有深刻影响，我们接受他的思想文化遗产时不去接受不好的方面就可以了。难道可以说我们赞成柏拉图就是赞成奴隶制吗？外国人就没有由此喊出"打倒柏家店"的口号。我们对待孔子也应该这样。

现在鲁迅研究中重复的东西太多了，没有新意，思想狭隘。鲁迅的领域大得很，不要只抓住一些问题谈，要扩大研究视野，开拓出去，这样鲁迅研究才能有更广的发展前途。

二〇〇四年

第五辑

# 文艺漫谈

# 向自由王国飞跃

艺术的本性就是人充分发挥自身的创造力向自由王国飞跃。只要多少领略过创作的甘苦,就可以懂得创作自由乃是艺术的生命。我并不认为作家可以抛弃自己的时代责任感,不顾作品的社会效果。作家不仅为自己写作,也是为人类的进步写作。但是,有一个事实,是每个作家都不得不承认的:写作需要自由,不能受到任何方面的横加干涉。作家一旦进入创作过程,倘使不顾艺术本身的要求,无论受到别人的强制,或出于自己的意愿,用临时抱佛脚的方式,增加一些与作品自然流露出来的思想感情格格不入的成分,这种在主题思想上追求急功近利的做法,意味着艺术的消亡。违反艺术本性去追求社会效果是不行的。

我觉得一位十九世纪理论家所提出的创作理论,至今看来仍值得注意。他说:"创作是无目的而又有目的,不自觉而又自觉,不依存而又依存,这便是创作行为的法则。"这并非戏论。在艺术创作中,别人强迫不行,就是作者心悦诚服地去接受那些就艺术本身来说是异己的成分,也是不行的。创作自由就是不受干扰地遵循艺术本性向自由的王国飞跃。套用我国一句老话就是"从心所欲不逾矩"。决定作家写什么、怎么写有种种因素,创作行为不是主观任意性的。我觉得恩格斯在致梅林的一封信中谈到思想体系问题和上面所说的情况有些近似。他说:"思想体系虽然是思想家有意识做成的,但其意识是虚假的,推动他的真正动力对于他始终是莫名其妙的,否则就不成其为思想体系的过程了。"每个人的生活经历、内心活动、思想感情、教养、气质、才能、禀赋以及个人感受、生活方式等等,是积年累月形成的,甚至某些是来自遗传的素质。当它们一旦形成后就成为客观因素,你不能违反这些因素。这应当是个常识问题。如果写出来的东西不行,只能在平时通过长期的艰苦锻炼去改变这些因素,而不能在这些因素未变之前,在创作时急于事功,用取巧的办法,妄求取得脱胎换骨之效。

  荀子曾经说过这样的话:可以强迫人的口沉默不讲话,可以强迫人的身体或伸或屈,但是不能强迫人的内心改变他的意念,是之则受,非之则辞。荀子在两千多年前就懂得这一思想规律,今天我们怎么能主张违心之论呢?撒谎还成什么文艺家?龚自珍是中国最早的杂文家,他曾经说过:庖丁之解牛,羿之射箭,僚之弄丸,伯牙之操琴,古之神技也。如果你对庖丁说,不许多割一刀,也不许少割一刀;对伯牙说,只许志于高山,不许志于流水;对羿和僚说,只许东顾,不许西逐,否则我就要鞭打你;那么这样一来神技也就没有了。作家进入创作过程,就只能顺沿创作自身的轨迹前进,而不能以主观的任意性去代替。有人说,鲁迅的小说《药》,由于作者在坟上添了一个花圈,就增加了作品的亮色。我不赞成这种说法,亮色必须在作品中自然而然地流露出来,而不是外加的办法所能收功奏效的。

一九八〇年

# 有生命力的文学是站着的文学

在文学史上，随着每个重大历史时期的递嬗，都经历了一场艺术形式的变革，尽管莎士比亚仍然像歌德所说的是一位不可企及的伟大作家，可是现在哪个剧作者还会用莎士比亚那种繁缛的充满隐喻和双关语的枝叶披纷的语言呢？今天的小说作者也不会再采用巴尔扎克按部就班去描写宅邸、陈设、人物、服饰、面貌那种整齐划一因而多少显得板滞的表现手法了，虽然巴尔扎克仍然为今天的不少作者所敬重。这并不奇怪，因为十九世纪作家所惯用的表现手法已经不能完全适应表现我们今天生活的气息、节奏、氛围和复杂多变的内容了。现实生活要求充分而完美地去表现它本身的新形式。

在最近一次座谈会上有两位作家的发言不约而同地说出了和我完全一致的信念："只有真的才是美的和善的。"我认为这一说法较之过去出现过的把真善美割裂，或者把真善美并列的观点是更合理的。表现手法毕竟不是文学的最根本问题。我同意另一位作家所发出的呼吁：面向严酷的生活，不要为了追求艺术上的声、光、色的美，而把文学注意力从我们还来不及思考和整理的重大生活问题引开去。不要把形式或表现手法在文学创作上的作用加以无节度的夸大，应该承认有不少杰出的作家是"不穿制服的将军"。他们并不特别关心形式和表现手法问题，殚精竭虑地在这方面反复推敲，下功夫去精雕细琢。他们在构思的时候，往往把全部精力倾注在人物性格和生活意义的思考上，而在表现这些内容的时候却漫不经心，匆忙落笔，只求达意就行了。这类作品是榛楛弗剪的深山大泽，而不是人工修饰的盆景。它们蕴含着内在美，可以用我国古代文学家陆机所说的"石蕴玉而山辉，水怀珠而川媚"去形容这类作品的内容意蕴所发挥的作用。尽管写出这类作品的作家没有穿上镶滚金边、威风显赫的元帅服，但任何人都会承认他们是文坛的宿将，征服人类心灵的大师。

五四以后，鲁迅首先把国外的艺术形式和表现手法引进到他那和我国传统作品截然异趣的新小说中来，从而开辟了我国新文学史的第一页。如果没有鲁迅筚路蓝缕、披荆斩棘之功，就不会使我们的小说如此顺利地出现今天这种局面。从国外引进新的表现手法这项工作并没有终结，仍应继续下去。我们早就形成固步自封的闭关锁国。其实早在解放初"一边倒"的情况下，西方就已成了一个未经探测像被魔法禁锢起来的世界。对于这片陌生的土地，我们虽然一无所知，却信心十倍地确认那里的一切，从社会、政治、经济、工业，直到科技、文化、道德、艺术等等，都是垂死的、腐朽的、行将崩溃的。可是当我们痛定思痛，懂得了必须总结过去的经验教训之后，通向西方的窗户终于打开了，我们像华盛顿·欧文笔下的里普·范·温克尔从一场大梦中醒来，惊讶地发现我们并没有看见事实的真相。过去那种深信不疑的确认，原来是经不起事实考验的主观独断。现在我们再向西方望过去，对那些五彩缤纷朱紫杂陈的奇景应接不暇，不免看得眼花缭乱，头晕目眩。于是在匆匆忙忙引进西方的科学技术、成套设备和文化艺术的同时，也涌进了贴上洋商标的盲公镜，已经过时的喇叭裤，走了样的开字头。面对这种从未碰到过的新形势下的新问题,如果有人主张重袭前清顽固派保存国粹的政策,或者干脆采用义和团扒铁路、砍电线杆那套蛮干办法,这是要坚决反对的。迷洋心理固然是值得关心和重视的社会问题,但是我们也不必感叹人心不古,世风日下。我们应认清这是历史对长期以来所形成的闭关锁国的无情惩罚,不必强制那些盲目迷洋的小青年改装易服,还我故衣冠。我们要学会循循善诱,相信他们一旦有了较高的文化素养,他们自会懂得怎样把自己打扮得更美一些。

应该承认,我们过去在写人的时候很少或根本不涉及下意识或其他复杂的心理因素。现实中的人的动作或反动作并不都是像有些小说中所写的那样是经过理性的审慎衡量的,他们往往凭着感情冲动或其他心理因素去行事。为了弥补这种缺陷,去借鉴现代西方的各种艺术流派是必要的。但是必须要有冷静的头脑去辨认、识别、取舍、融化。我不赞成像某些容易激动的外国人那样一窝蜂地搞什么"热"。西方一些作家所盛行的不断花样翻新的做法并不值得我们效法。是不是可以把那里文艺界不断出现的旋生旋灭的种种新异流派,看作是一种逐新猎奇的风习。要知道新的并不一定都是好的。我愿再重述我的一位朋友说过的话,面向严酷的生活,不要借"艺术美"回避生活的尖锐矛盾。风中的物体会有各种各样的形态,站着的、摇摆的、倒伏的,但有生命力的文学从来都是迎着压力站着的文学!

一九八〇年

# 让酷评的幽灵永不再现

请你们在公文上老老实实照我本来的样子叙述,不要徇情回护。也不要恶意构陷。

——莎士比亚《奥瑟罗》

为什么到今天我们还不能按照艺术本身的规律对作品的倾向性作出合情合理的评价?我们对于这两年间涌现出来的一些不是按照通常习惯把角色划分为好人和坏人的写法,而是表现生活真实的作品,并不是都能接受的,有时甚至还发出了不公平的责难。作家需要别人实事求是地正确理解他的作品。评论者纵使不能成为作者的知音,至少也要尽量去理解作者的创作甘苦,可是有的评论者往往把已经习惯了的审美趣味的惰性当作评价作品的唯一准则。如果一部作品出现的人物既不能简单地归为好人,也不能简单地归为坏人,却是像真实生活本身那样具有复杂的性格,而作者对这样的人物又不是简单地抑扬或作出一览便知的褒贬,而是同情中夹杂了批判的成分或批判中夹杂了同情的成分,那么这些评论家就不免对之瞠目结舌,不知所措。而比这更糟的是不屑理解就硬以已经定型的习惯标准率尔判定是非。我不知道评论者根据什么逻辑又有什么权力,可以把别人作品中的复杂的人物性格按照自己所熟悉的非此即彼的分类法去任意归类，把作品中的复杂的思想感情强行纳入自己看人论事的简单划一的尺度去妄作解人，然后再把这种歪曲了原著精神实质纯属捕风捉影的主观臆断当作铁证，从而义形于色地进行无的放矢的指摘？最近我读了一位批评家对一部有争议作品的批评文章，我感到自己不能沉默，因为这类批评并不是孤立的现象。我在本文里不可能以更多的篇幅来评论这个作品的功过，我只是想顺便提一下，嬉笑怒骂虽然皆成文章，但是意在求胜却不应是批评的应有态度。我不懂那位批评家的评论文章为什么要运用比"一个阶级只有一个典型"更偏颇的理论，把作者写的在十年浩劫中一个胡作非为——用作者的话来说"倒下去的人越多，官做得越大"的部队坏干部——充当作人民解放军的全体，从而对作者大张挞伐，并加上了给"最可爱的人"抹黑，给老干部"挂走资派黑牌"等等吓人的罪名？过去一位外国戏剧家把我国的京戏中武士背上的四面靠旗当作了四支军队，这虽然可笑，但是，呜呼！他毕竟还没有把一个军人，哪怕他是军队的"大首长"，作为整个军队的化身！我不懂这篇评论为什么既然声明不敢说作者笔下的一个人物的思想就是作者的思想，可是紧接着笔锋一转，又以这个人物误入歧途的行为作为唯一的根据，去呵责作者本人竟"公然宣扬叛国无罪"？倘使把这种方法施诸前人，像普希金和莱蒙托夫这样的现实主义作家也会遭到无妄之灾。评论者可以质问：奥涅金开枪打死了自己的朋友蓝斯基，这是什么行为？毕巧林的故事冠以"当代英雄"的美名，这是什么思想？作者必须为自己笔下的人物负起道德上以至法律上的责任，因为作者并没有在自己人物身上粘贴区分善恶的显眼标签，为读者提供现成的褒贬答案。如果作家没有采取金圣叹评《水浒》那种眉批夹注的办法，对书中人物的每句话和每一行动都作出塾师批卷式的诸如"妙""丑""狠毒""可畏""绝倒"之类的按语，那就是作者没有表态，没有批判，没有站稳立场。我想，鲁迅所说的分明的是非与热烈的爱憎和这种评论要求完全是风马牛不相干的两回事，那是需要具有思想力和艺术鉴赏力的评论者以严肃认真的态度实事求是地深入到作品艺术形象的真实性中去探讨作家思想感情的复杂表现，才能做出中肯的审美判断。十年浩劫期间遍及全国的大批判造就了一批比著名的忒耳西忒斯还要严厉，还要粗暴，横行阔步的酷评家。随着"四人帮"的覆灭，这种显赫一时的大批判再没有耀武扬威的余地了。但是余毒未清，大批判的病菌也会侵入我们肌体。但愿那种无限上纲，罗织罪名，打"语录"仗式的驳难攻击，永远消失不再重演吧。

一九八〇年

# 和新形式探索者对话

我觉得目前在不少青年作者中所出现的这场意识流热，是和我们过去多年来对西方所形成的闭关锁国的情况密切相关的。同时，是不是有一种避开生活中的尖锐矛盾，认为还是在形式上进行突破比较保险的心理也在无形之中起着作用？过去那些机械的模式和因袭的陈规，压得青年作者喘不过气来，激起他们追求新异，恐怕也是一个重要原因。就后一种情况来说，我还要请青年作者们仔细读一读契诃夫的《海鸥》。这个剧本并不像通常所理解的那样只是单纯地描写恋爱，它也是反映当时俄罗斯文艺界的一幅精致的缩影。十九世纪末二十世纪初，在俄罗斯艺术领域内也经历了一场追求新形式的热潮。《海鸥》中的特里勃列夫就是投入这场热潮中的一位青年作家。他被抛在穷乡僻壤，默默无闻，但他怀着一颗赤诚的心，真挚热烈地探索形式的创新，企图以此来向周围死气沉沉的艺术界的陈腐空气进行挑战。戏在开始的时候，他的母亲伊琳娜，一个自私、俗气、心地狭窄，却在当时戏剧圈子里享有声誉的女演员，和她的情夫特利哥林，一位平庸的却又有些小才气的作家，一起回到乡间来了。特里勃列夫让自己的女友宁娜为他们演出自己新写成的一个剧本。这个剧本的开场是一段独白：

人们、狮子、鹧鸪和苍鹰,长角的鹿、鹅、蜘蛛,住在水里的沉默的鱼,和海星,和眼睛不能看见的一切生灵——一切有生之伦,一切有生之伦,一切有生之伦,既已完成了他们悲哀的循环,都已经寂灭。千年,万年,地球上不曾生出生命,只有这凄惨的月亮在空虚里点着它的明灯。草原上,不再有鸳鸯长啸一声而惊醒,菩提林里,也没有五月甲虫的声音。空虚呀,空虚,空虚;恐怖呀,恐怖,恐怖;寒冷呀,寒冷,寒冷!(稍停)生物的尸骸都已化为灰尘,永恒的物质已将他们变成了岩石、流水和浮云。一切的灵魂全都化为一体,而我,我就是这世界的灵魂……

我不知道契诃夫凭借什么力量,竟像普洛士丕罗挥动一下手中的魔杖,就写出了这段奇异的独白?他是一个坚贞不渝的现实主义作家,可是他模拟追求形式创新的表现手法却远远驾凌在当时那些新流派的新作品之上!我们究竟应该怎样来对待特里勃列夫在艺术形式上的这种探索和尝试?他那自私的甚至对自己儿子也嫉妒的母亲,充满了陈腐的偏见,除了已经习惯盖上通行公章的东西之外,把一切新事物都看作异端。她用不屑一顾的轻蔑口吻说:"颓废派。"这三个字一下子就判定了这部作品的死刑。她的情夫、那个平庸的成名作家特利哥林是懂得创作甘苦的。他说:"每个人都是按照自己所喜欢所能够的来从事写作。"倘使问我本人对于特里勃列夫写的这段独白怎样看法,我要这样回答:我反对伊琳娜那种一笔抹杀真诚追求艺术新形式的努力。粗暴地去刺痛艺术家的自尊心,使他人的尊严受到凌辱,那是不尊重人、不关心人的表现。我宁取特利哥林比较通情达理的宽容态度,我也要说,每个人可以采取他自己所喜爱的艺术表现手法，而不应把自己的审美趣味强加于人。不过，我想还是让真诚追求艺术新形式的探索者特里勃列夫自己来发言，也许更能对我们的青年作者有所启发。他在探索的道路上逐渐发觉在艺术形式和表现手法上新的并不一定都好。他对宁娜说："我的剧本那么愚蠢地失败了。我已经把它烧掉，片纸不存了。你怎么知道我心里的苦恼啊！"后来，特利哥林从他那里夺去了宁娜的爱，而不久又把她抛弃了。他陷入更大的痛苦中，可是艺术家的良心使他公正地说："特利哥林已经找到他自己的一套手法了，所以他写起来就很容易。对于他，破瓶的颈子在堤上闪光，风磨的巨轮投下一道黑影——那就是月夜的情景。可是，我呢，战栗的光影，星星们安静地眨着眼睛，远远的地方有钢琴的旋律，在寂静芬芳的空气里渐渐消逝……唉，这真令人苦恼！"由于这种清醒的自省，特里勃列夫对于自己所卷入的那场追求新形式的热潮终于大彻大悟。我们应该牢牢记住紧接上面的反省，他说出的这几句话："我越来越相信，这并不是新形式和旧形式的问题，要紧的是，一个人写作的时候应该根本不会想到形式，而是它自然地从灵魂里涌了出来的。"这几句话说出了一个经过认真实践的探索者的心声。他曾经在自己的探索过程中呕尽心血，遍尝甘苦，我想这个过来人的告白至少可以作为一种意见供我们的青年作者参考吧。我觉得这几句话也可视为契诃夫本人的文学见解。照我看来，其中确实触及艺术的创作规律。表现手法并不像有人所理解的那样，是作家可以随便挑选的时装。它和作家的气质、趣味、个性以及感受生活的方式结合在一起。黑格尔在《美学》中提出"形象的表现方式正是作家的感受和知觉的方式"，可以用来说明形式必须自然地从灵魂中涌现出来这句话所包含的深刻意蕴。要知道在十九世纪末二十世纪初俄罗斯艺术界所出现的追求新形式的热潮中，契诃夫不仅以自己的新型剧作出色地完成了对传统戏剧的巨大变革，而且开启了莫斯科艺术剧院在表演艺术上所做出的卓有成就的突破和创新，为这个新的表演体系铺平了道路。丹钦柯曾经在他的回忆录中说，新表演体系的建立是从契诃夫批评旧剧场"演员们演得太多了"这句话得到最初启示的。所以至今莫斯科艺术剧场的大幕上仍以海鸥为标志，来纪念契诃夫的开创之功。这说明现实主义本身也不是僵滞不变的，而是有它自己的发展历程的。随着时代的进展，杰出的现实主义作家都在突破和创新上比许多新流派做出了更大的贡献。我觉得契诃夫本人的情况和上面举出的《海鸥》的例子，可以启发我们认识这一点。我们应该记住，不管什么形式或表现手法，不管是借鉴传统固有的或引进国外新生的，文学的内容与形式必须是从灵魂里自然涌现出来的。让我们把这句话作为新形式探索征程上的起点吧。

一九八〇年

# 历史会为它们作证

我们究竟应该怎样看待那些揭露丑恶或抉发弊端的作品？这类作品往往遭到人们的误解。但文学不应说谎，不应粉饰。刘勰在一千多年前就曾经批评过那些回避生活真实的玄言诗赋。他说的"世极迍邅，而辞意夷泰"，就是对这类虚假作品的针砭。在我们的文艺界，歌颂和暴露向来是一个有争议的问题。我很怀疑文学作品能不能按照长期形成的习惯划分为歌颂文学和暴露文学，我更不能赞同把那些揭露丑恶或抉发弊端的作品看作是违反文学将人提高的使命的。我认为，这是一种误解。倘使追源溯流，应该说它根源于古老的美学偏见。黑格尔在《美学》的序论中，曾指出西方惯用的几个美学名词（Asthetik 或者 Kallistik）都不能十分恰当地表现美学的内容。但是，他自己也没有摆脱上述那种偏见，对美作出精确的界说。他在《美学》中说："如果事物内在的概念和目的本身已经是虚妄的，原来内在的丑在它的外在的实在中也就更不能成为真正的美了。"由于强调理想美，他认为反面的、坏的、邪恶的力量不应作为不可少的反动作的根源，这种偏见使他对自己所崇敬的莎士比亚也做出了一些显然错误的审美判断。比如，他认为艺术不应引起罪恶和乖戾的印象，因而对《雅典的泰门》和《李尔王》都不无微词，责备前者"没有合理的情志",而后者则是"尽量渲染罪恶"。幸而黑格尔常常从抽象领域进入到现实世界。摆脱了他的思辨结构框架,这才使他对许多作品也包括莎士比亚剧作,做出了深刻精辟的分析。如果他僵硬地死守上述那个美学命题去评骘一切,那么,他那部具有卓识的《美学》就将成为令人无法卒读的著作了。过去,我们的文艺界也出现过类似的看法。有的文章曾根据自然形态和加工后的艺术形态"两者都是美"的观点加以引申说,倘使自然形态本来就不美,那么加工以后的艺术形态,也就一定更加丑化了。这种认定艺术作品只应表现美的对象的观点是这样褊狭,以致使无数生活现象都被摒斥于艺术领域之外。试问:我们如何按照这种理论去评价文学史上大量存在着的现象呢?车尔尼雪夫斯基的美学尽管在深度和广度上逊于黑格尔的美学,但是他所提出的"美是生活"这一命题,在突破传统美学偏见这一点上,确是石破天惊之论。他在青年时代所写的批判思辨美学的学位论文中,就已一针见血地指出:"把艺术作品的必要属性的形式美和艺术的许多对象之一的美混淆起来,是艺术中不幸的弊端的原因之一。"应该说这一观点具有重大意义,它使艺术进入了生活的广阔天地。

不幸的是,直到今天我们有些评论者仍落入传统美学偏见的窠臼,有意无意之中还在宣扬只有美的对象才是艺术所表现的题材,从而严格地规定了什么是应该写的和什么是不应该写的。最近我读到一篇谈真实性的文章援引鲁迅的话作为自己立论的根据,因为鲁迅曾说过癞头疮、毛毛虫、鼻涕、大便等是画家不取为题材的。我以为这位论者只是借权威以助己说,死扣字面而并没有去探讨问题的实质。什么时候我们才能摆脱依傍,从实际出发,经过独立思考去解决具体问题呢?我们需要踏踏实实的文风,以纠正长期以来贪图省力,不去论证也不去分析,只是搬弄经典条文作为现成结论的陋习。鲁迅确实说过画家不会去画癞头疮、毛毛虫、鼻涕、大便，但是用摘句办法并不能说明这些对象就是艺术表现的禁区。因为鲁迅本人就着重地写过阿Q的癞疮疤，他在《长明灯》里还用癞头疮的绰号代替人名。读过鲁迅小说的人都会知道，他是没有这种清教徒式的戒律的。他曾经写过豆腐西施的圆规式的小脚，四太太耳朵后的积年老泥，王胡把虱子放在嘴里毕毕剥剥地咬嚼，甚至还有七大人拿在鼻子旁擦着的屁塞……然而，这些比鼻涕、大便更丑恶的东西，却并没有使他的作品堕入浊秽。谁会说鲁迅描写了这些东西是为了陈列丑恶呢？它们都是根据作品的内在要求，为了写出人物的性格面貌，揭示生活的原有底蕴所不可缺少的。把美学简单地认作表现美的对象这种理论是这样站不住脚，甚至只要举出被称为唯美主义的王尔德所写的《道林格雷的画像》就足以把它驳倒。谁会说这部小说是以美的对象为题材呢？我想，鲁迅认为丑恶的东西恰恰相反，是那些假借美的名义掩盖真相、粉饰生活、歪曲现实的倾向。这里不妨用他所举出的一个极端例子来说明，那就是他所说的把无名肿毒美化为"红肿之处，艳若桃花；溃烂之时，美如乳酪"。十分可悲的是，文艺领域内所出现的弄虚作假的那套伎俩，正是重演了这段历史。

那种把艺术当作是"被装饰了的自然"的陈腐美学观点，早在一个多世纪以前就被驳得体无完肤了。可是在我们这里还有一定的市场。"拔高"这两个字因为使人马上会联想起臭名昭著的"三突出"，总算是已有了不光彩的名声，虽然它在有些作品中仍在探头探脑地现身显灵。由于我们对于艺术比生活更高更美的误解是这样根深蒂固，以致违反真实的作品仍在流传，悠然自得。我曾经听到一位电影导演感慨地用假、大、洋、新四个字来概括这种倾向。我觉得这四个字在我们新兴的电视剧中表现得较普遍。自然，电视剧也有好的,如根据《许茂和他的女儿们》改编成的《葫芦坝的故事》就是一例。但是不少电视剧却是为了炫耀装饰性的趣味以投合时好而制造出来的。在这些片子中,农舍有如旅馆,打仗形同阅兵,田地好像花园,而且不问时空条件,一切陈设、用具、服装,都力求最新、最洋、最讲究的款式,但在内容上空空洞洞,没有生活的气息,没有时代脉搏的跳动。我感到奇怪,为什么我们对于这类远离生活的装饰性作品竟熟视无睹,很少听到有人发出呼吁?

由于我们把歌颂和暴露截然分割开来,很早我们就已形成一种习惯,认为所谓歌颂的作品总是美的、好的,所谓暴露的作品总是丑的、坏的。因此,对于那些掩盖真相粉饰生活的作品,总是那么心平气和,尽管它在散布弄虚作假的浮夸作风;对于那些秉笔直书抉发弊端的作品却总是那么痛心疾首,尽管它在培养实事求是的社会风气,有助于改正我们的缺点,激发我们前进。在抉发弊端和将人提高或培养高尚情操的问题上,我们还墨守传统美学的偏见,断言这两方面是势如水火,绝不相容的。直到今天,有人还在认为写社会缺点就是散布悲观情绪,没有鼓舞人们的斗志。也有人认为可以写阴暗面,但必须要有光明人物来衬托,如果没有一个光明人物出来现身说法,那就是违反了文学必须表现典型的原则。还有人认为写我们的缺点,就应该加倍地去写敌人的罪恶。甚至就是不涉及缺点问题也是一样。比如以解放战争为题材,要写我军的牺牲,就必须加倍地去写敌军的惨重伤亡。不管作者把侧重点放在哪里,不管作者要表现什么,也不管作品总要受到题材的一定局限不可能这样来处理,倘使作者不硬加上这一条,那就是长敌人志气,灭自己威风。这不禁使我想到老舍在解放初所写的《学习当先》一文中说过的几句话。这几句话的大意是,任何作品都不可能是一部包罗万象的百科全书,每篇作品都针对一定对象,作者只能在这篇作品中有限度地传达某一点思想,激起某种感情的反应。倘使作者写的是垂杨柳,而批评者说他没有写出黄花鱼,那只能说是强人所难的题外发言了。现在三十年过去了,评论者对于那些抉发弊端的作品所发出的求全责备,使人不得不遗憾地认为他们仍旧是老舍所说的那种强人所难的题外发言。我不知道我们的作家倘使像《毁灭》作者那样,以那支近于溃败的游击队走出原来战地作为收尾,将会遭到怎样的责难?也许被呵责为败坏士气毁我长城还算是从轻末减了。可是,试问:《阿Q正传》里有什么先进人物或正面形象呢?阿Q的阶级成分大概可划为贫雇农。鲁迅既哀其不幸,又怒其不争,而最后给他的大团圆却是以被枪毙收场。当时也有人指责鲁迅写阿Q时"心里藏着可怕的冰块"。自然,鲁迅写的是旧社会。但是今天的评论者也完全可以根据上述那种逻辑,振振有词地去责备鲁迅当时作为一个革命民主主义者,却没有在这篇小说中去讴歌那时争取民主的革命志士。至于契诃夫就更不在话下了。他那时代的权威批评家曾一口咬定他是一个"不可救药的悲观主义者"。

须知,黑暗不能用黑暗去暴露,而只能用光明去照亮它。有憎才有爱,能杀才能生。作者没有要歌颂的东西也就没有要暴露的东西。为什么一定要把歌颂和暴露机械地割裂开来,以为暴露仅仅出于单纯的憎恶情绪,或甚至是发泄不满?难道对于丑恶的东西批判得越深,不正是出于对光明的东西爱之弥切吗?我以为,作品的光明首先要存在作家的心里。至今我仍相信罗曼·罗兰说的这句话:"要有光!太阳的光明是不够的,必须有心的光明。"作家心里有光才能真正揭露阴暗,才能使自己的作品放出光辉,哪怕他只抉发弊端,只写丑恶现象,他的作品也是闪着亮色的。一部作品是否具有高尚的情操,并不在于它写的是什么,也不在于它有没有写到光明,而是在于他具有怎样的思想感情。作家的思想感情是健康的,他就不会专挑病态的东西来欣赏，在作品中陈列丑恶。让我们抛开习惯的成见，不要以将会引起不良社会效果的杞忧来对后一类作品轻率地进行裁决。我们应该把文学的社会效果看得复杂一些，不要简单地以为作品的功能只是诱发读者去效法其中的人物，就像名为螺赢的细腰蜂捕捉螟蛉封在窠里日夜唱道"像我像我"，于是那小青虫也就成为细腰蜂了。如果真是那样，读者从作品中读到扒手就去学扒手，读到强盗就去学做强盗，那么，暴露一切丑恶的东西就必须列入文艺的禁区了。请相信我们读者的识别能力和欣赏水平，他们并不像有些评论者所想象的那样盲目和浅薄。请相信我们的作者，他们并不像有些评论者所想象的那样，是一些喜欢挑剔苛求、心怀不满的愤世者。作家只要严格地要求自己，真诚地热爱人民，忠实于生活，忠实于艺术，他就会顾忌皆去，相信自己的感情，相信自己的写作不会背叛自己的信念，相信自己在作品中会流露出高尚的情操，能够达到将人提高的目的。这样的作品是经得起时间考验的，历史将会为它们作证。

一九八〇年

## 模仿·作风·风格
### ——《文学风格论》跋

在我们的文艺理论领域内,有关风格理论的研究迄今未取得多少成果。解放后,大约在五十年代后期,文学风格论才成为研究的课题。不过,就我所见到的有关论文来说,我觉得大都使人有浅尝辄止之感。这些论述文学风格的文章跳不出狭窄的框框,仅在有限的几个概念上兜圈子,说来说去始终是那么几句话。这种概念的贫乏使得文学风格论的探讨再也无法深入下去。例如,大多数论文所谈的仅限于时代的、民族的、阶级的风格这样几个问题,不仅内容大同小异,甚至在引文方面也几乎雷同,以致使一些有关风格问题的具有深刻含意的名言警句也变成了苍白的浮词套语。这并非苛刻之论,我相信诚恳认真的文学理论工作者也都会有同感。

风格是文学理论中的一个重大问题,它是一个国家或一个民族的文学超越了模仿的幼稚阶段,摆脱了教条主义模式化的僵硬束缚,从而趋向成熟的标志。如果创作实践没有为探讨风格的理论工作者在做出概括性的论证方面积累并提供足够的材料,那么就会影响理论工作的顺利进展。不过,纵使在这种情况下,理论工作者也不是完全无所作为。我以为,他至少可以介绍我国古代文论或引进外国文论的风格理论。无论就我国古代文论或者外国文论来说，有关风格的理论都是十分丰富的。在许多方面。我们不得不十分遗憾地承认，今天我们的风格理论竟然落在前人之后，尽管在科学的观点和方法上我们居于领先地位。因此，这就有必要用我们占优势的科学观点方法去清理、继承、借鉴我国古代文论和外国文论中的风格理论。这本小小的拙译就是本着这种愿望所做的尝试。

这里收入的四篇拙译都是在"文革"前译出的旧稿。当时并未想到单独发表，而只是为自己写作《文心雕龙创作论》准备材料。那时我借到了一部库柏编译的英译本《文学风格论》，为了引证方便，我索性把我认为足资借鉴的四篇文字译了出来。我在撰写《〈文心雕龙〉创作论八说》中，有一篇《释〈体性篇〉才性说》就是阐述刘勰的风格论的。在这篇文章的附录二中，我以《风格的主观因素和客观因素》为题比较全面地评价了收入本书的十九世纪德国语言学家威克纳格的风格理论。

无论在我国古代文论中或者在外国文论中，大多涉及了风格的两个方面。一方面即作家的创作个性（《文心雕龙》中的《体性》篇即阐发这方面的问题），另一方面即文学体裁本身所提出的要求（《文心雕龙》中的《定势》篇主要就是涉及这方面的问题）。威克纳格在他的风格论中把前者称为风格的主观因素，把后者包括在风格的客观因素之内。这一观点在文学风格论中并非是什么创见，可是对于我们今天的风格理论来说却纯然是完全陌生的东西。由此我想到，倘使我们整理并借鉴我国古代文论和外国文论中的风格理论，放开眼界，使思想活跃起来，是可以突破今天在文学风格论的探讨上所形成的僵滞状态，有助于建立具有我们民族特色的科学的风格理论的。

这里，我想再简略地谈谈威克纳格所提出的风格的二因素说，特别是风格的客观因素。这个问题今天探讨风格的论文虽然多未涉及，但是它在我国古代文论中却是经常论述到的。例如，上举《定势》篇就是申明势不自成，随体而成的体势相须之理。其要旨也就是说明作品的体裁规定了作品结构的类型，从这种体裁本身出发，要求作家必须顺应它的特定风格。《定势》篇所说的"章表奏议，则准的乎典雅。赋颂诗歌，则羽仪乎清丽。符檄书移，则楷式于明断。史论序注，则师范于核要。箴铭碑诔，则体制于宏深。连珠七辞，则从事于巧艳"，都是说明不同体裁应有其本身要求的不同风格。曹丕《典论·论文》所说的"奏议宜雅，书论宜理，铭诔尚实，诗赋欲丽"，也是申明同旨。至于陆机《文赋》所说的"诗缘情而绮靡，赋体物而浏亮，碑披文以相质，诔缠绵而凄怆，铭博约而温润，箴顿挫而清壮，颂优游而彬蔚，论精微而朗畅，奏平彻以闲雅，说炜晔而谲诳"，则更进一步从每种文体的特点与性质来说明每一文体所应具有的风格特色。我以为，这些见解正可以包括在威克纳格所说的风格的客观因素之内。自然，威克纳格有关风格客观因素的观点以及库柏对他的观点的修正和补充，并不仅仅限于阐明由文体的特点与性质所规定的风格要求。他们认为风格的客观因素，可以就下述三方面来划分：（甲）从空间来划分，可得出民族的、国家的、方言或流派的、家族的风格等等。（乙）从时间方面来划分，即是各个历史阶段所形成的风格演变（主要表现在因时代不同而形成习惯语法的差异上）。（丙）即上述我国古代文论中所阐述的文体的特点与性质所规定的特定的风格特色。库柏批评了威克纳格过分强调上面第三个条件，而把种族、时代等都归之于作家本身的人格的主观因素中去，这是不正确的。库柏指出"个人风格（即风格的主观因素）是当我们从作家身上剥去所有那些不属于他本人的东西，所有那些为他和别人所共有的东西之后所获得的剩余或内核"。我以为库柏这一论点是正确的。

我们区别了风格的主观因素和客观因素，还需要进一步从常和变或同和异之间的有机联系来分析两者间的关系。民族的、阶级的、时代的、流派的、家族的风格具备常或同的一面，而个人风格则是变或异的一面。这两方面是互相渗透的，呈现着错综复杂的现象。在分析具体作家的风格时更要注意同中之异或异中之同，从常中有变或变中有常的角度加以仔细的分辨和剖析。一个作家具有其他作家共有的民族的、阶级的、时代的、流派的共同风格特征，但是这些共同的风格特征又往往是通过由他的创作个性在作品中自然流露出来的个人风格所体现出来的。所以尽管是同民族、同阶级、同时代、同流派的作家，也仍然存在着某一作家所特有而不容混淆的所谓同中之异或常中有变的个人风格，如果同一流派的作家除了具有他所隶属那个流派的共同风格，而没有为他所独具的个人风格，那么，这个作家还说不上是具有风格的，只能说他尚未脱离模仿阶段。

在外国文论中，风格和作风是两个截然不同的概念，并不像我们现在的许多论文那样，不仅没有对这两个词加以严格的区别，甚至有时是在异语同义的情况下使用它们的。然而，在外国文论中，作风一词多半含有贬义。固然，作风也显示了作者的某种独创性，不过这只是一种坏的独创性。

本书收入的歌德的风格论，是把"自然的单纯模仿"—"作风"—"风格"作为不同等级的艺术品来看待的。事实上，这一问题直接涉及美学的根本问题，即审美的主客关系问题。"自然的单纯模仿"偏重于单纯的客观性，这就是在审美主客关系上以物为主，以心服从于物，亦即以作为客体的自然对象为主，以作为主体的作家思想感情服从于客体。"作风"则相反而偏重于单纯的主观性，这在审美主客关系上是以心为主，用心去支配物，亦即以作为主体的作家思想感情去支配、驾驭、左右作为客体的自然对象。至于"风格"则是主客观的和谐一致,从而达到情景交融、物我双会之境。因此,歌德认为它是艺术所能企及的最高境界。歌德在他的文章中申明,他是"在善意和尊重的意义上使用作风这个词的"。但是他委婉地指出如果作风不能作为中介把主观性和客观性统一起来,那么这种作风就将变得浅薄和空疏。至于在其他一些外国文论中,作风却纯粹是一贬词。例如,黑格尔《美学》认为"作风只是艺术家的个别的因而也是偶然的特点,这些特点并不是主题本身及其理想的表现所要求的"。这种作风一旦发展到极端,就只是听任艺术家个人的单纯的狭隘的主观性的摆布,就这种意义来说,"艺术家有了作风,就是拣取了一种最坏的东西"。因为这种"掌握题材和表现题材的特殊方式经过反复沿袭,变成普泛化了,成为艺术家的第二天性了,就有这样一种危险:作风愈特殊,它就愈退化为一种没有灵魂的因而是枯燥的重复和矫揉造作,再看不出艺术家的心情和灵感了"。显然,这种带有贬义的作风与真正意义上的风格是朱紫各别,泾渭殊途的。这里所谓的作风近似我国书法中、绘画中、音乐表演中所谓的"习气"。这种习气是不适宜于表现审美客体的,也不是作者创作个性合理的自然流露,而是脱离了艺术的内在要求,作者在表现手法上所形成的某种癖性,往往由于习惯成自然,不管场合,不问需要不需要或适当不适当,总是顽强地在作品中冒出头来,成为令人生厌的赘疣。

倘要举例说明,我们就可以本书所收威克纳格和德·昆西在他们的风格论中所涉及的两位希腊悲剧家为例。这就是阿里斯托芬在《蛙》中借埃斯库罗斯和欧里庇得斯所作的互相指摘:埃斯库罗斯指斥欧里庇得斯总是喜欢在诗句中第五缀音后停顿,于是用开玩笑的办法在每行诗句停顿处,替欧里庇得斯加上一个子句:"丢掉了个小油瓶！"以挖苦欧里庇得斯诗句的平板单调。另一方面，欧里庇得斯也指责埃斯库罗斯喜欢滥用大言壮语的迭句，他嘲笑了埃斯库罗斯在他的悲剧《密耳弥冬人》（已失传）中总是毫无必要地在许多诗句后面插上一句："这打击！哎呀呀，怎么不来救呢？"以此来揭露埃斯库罗斯的矫揉造作。这两个例子使我们不禁感叹：这种带有贬义的作风纵使在艺术大师身上有时也在所难免。我觉得上述例子很可以作为殷鉴，帮助我们来区分什么是真正具有独创性的风格和什么是矫揉造作的作风（或我们所说的习气）。不幸，有时我们还不懂得这中间的差异，往往作出鱼目混珠式的审美判断。从某种意义上来说，进行文学风格论的探讨也正是为了提高我们的艺术鉴赏力，培养纯正的审美趣味。

译　者<br>一九八一年十二月十七日夜

# 文学的启蒙与启蒙的文学

英国拍的电视剧《安娜·卡列尼娜》，尽管有这样或那样的缺陷，但我认为基本上是忠实于原著的。（有人说改编者自己写的文章也对原作作了不确切的理解。但我怀疑这是不是为了迁就清教主义舆论的压力？）但上映以来遭到一些观众的反对，有的说"安娜是破鞋"，卡列宁是"正人君子"。这和有人说"《红楼梦》是吊膀子的书"情况差不多。这反映了某些观众和读者对文艺作品的审美水平还很低，识别能力也很差。这里就有一个文学的启蒙和启蒙的文学的问题。我希望我们文艺理论工作者写一部文学的启蒙书，来提高读者的鉴赏力，使许多优秀作品不致变成卞和献玉那样不被理解，甚至蒙受不白之冤，而让那些趁潮趋时之作仅仅由于其本身迎合猎奇的趣味与别人对它的吹捧而享有虚妄的声誉。

文学需要启蒙，这是一方面，另一方面，我们对高级读物不能与启蒙的通俗读物一样看待，一样要求。文学作品如果不能诱发读者的想象，使他的想象生动活跃，广泛开阔，并产生一种欲望，要用自己的想象去补充作品中似乎言犹未尽的虚线，那就标志着它的失败。同样，文艺理论如果不能激起读者的思想，引起强烈的求知欲，使他头脑中出现许多从未想到过的问题，并渴望去解决它们，那也标志着它的失败。

过去,有些理论著作对佛学的论述有些简单化,认为佛学只是"迷信虚妄,蠱国殃民",几乎一无是处。我觉得对佛学不能一概否定,佛学也有经过批判可以吸收的成分。比如鲁迅翻印的《百喻经》和其他一些佛书,其中一些故事如"唾面自干""瞎子摸象"等等,今天已成了家喻户晓的格言。我们实际上已受到不少佛书的影响。甚至在生活用语中也有不少成语、词汇来自佛书。恩格斯在《自然辩证法》中说过,辩证法最早见于古希腊人和古代佛教徒的著作。魏晋时代有个著名僧人鸠摩罗什说过一句话,"有似嚼饭与人,非徒失味,乃令呕秽也",很足以发人深思。把嚼过的饭喂人,既不卫生,也不利于增强人的消化力。理论文字要通俗易懂,但也不能采取嚼烂了喂的办法,使人一览无余,从而造成思想上的惰性,只知就现成、图省力,这不是好办法。因为思想是不能由别人来代替的。我们要培养读者的思考能力,这和提高人们的精神文明是有关系的。提高精神文明就要善于独立思考,而不能随声附和,必须要有明是非、辨善恶、识美丑的能力。

一九八二年

# 文艺理论体系问题<sup>*</sup>

理论家建立自己的理论体系,是一个长期而艰巨的工作,这很不简单,不可能一蹴而就。今天上午有人发言,说要从文学史上,特别是从创作实践上去探讨,这当然是一个方面。除此以外,我觉得更要从美学上去探讨。有人在发言中提到编写文学概论要采取归纳法。这大概是指从大量材料的剖析中得出原则,而不是相反,从定义出发再去找材料来证明先入为主的原则,即过去所谓"以论带史"的办法。过去所宣扬的那种"以论带史"的办法当然是不对的。但史学家(其他理论家也一样)如果在研究过程中掌握了充分的材料,从材料的剖析和探讨中构成了系统的观念,然后在表述过程中,再以这观念为指导去处理材料,那就不能用"以论带史"去对它加以指摘。这种从材料中抽绎出原则,再以此为指导去处理材料,就是理论系统的构成过程。我们把这一过程的前一阶段称为"研究方法",后一阶段称为"说明方法",说明方法必须以研究方法为前提,

---

\* 这是作者于一九八二年四月一日在广州召开的全国高校文艺理论研究会第四次年会上的发言纪要。本文作为单篇发表时,在全文前有一小段引言,现抄录如下:"这次来开会没有准备发言,会议主持人临时给我出了一个题目,要我谈谈文艺理论的体系问题。我对这问题没有钻研过,只能简单地谈谈自己读文艺理论书时的一点体会,供大家参考。"

并建立在研究方法的基础上。马克思在《资本论》中说："说明的方法，在形式上当然要与研究的方法相区别。研究必须搜集丰富的材料，分析它的不同的发展形态，并探寻出这各种形态的内部联系。不先完成这种工作，便不能对于现实的运动有适当的说明。不过，这层一经做到，材料的生命一经观念地反映出来，看起来我们就好像是先验地处理一个结构了。"所以理论家是否占有充分材料，对材料的剖析是否全面，从材料中抽绎的原则是否正确，是构成理论体系的先决条件。自然，在以提炼出来的原则为指导去处理结构时也有一些问题值得注意，那就是一旦被处理的材料或新发现的材料和原则发生了矛盾，怎么办呢？这时就要对原则加以重新审定。假使原则并不是全面地概括了材料的内容，或有其他更严重的缺陷，那就要对原则进行修订或补充，甚至全部推翻，再从研究方面开始，这是建立理论体系应当注意的问题。我认为在编写文学概论时，对创作实践进行总结当然是很重要的，但是也要吸取理论上的已有的科研成果（特别是美学上所取得的成就）。我提倡在科研上要搞综合研究法。假如不搞综合研究法，我们的理论就很难有所突破。这是个长期而艰巨的任务。今天想搞出个现成方案恐怕不那么容易。但是，从教学的任务来说又必须要有。我们不能搞一次完成论，只有不断改进，不断提高，要有这样一个过程。

关于文学理论或美学的体系，我觉得有两位理论家的论著值得我们参考和借鉴。一个是黑格尔的《美学》，一个是刘勰的《文心雕龙》。这两部著作都可以称得上具有自己理论体系的著作，所以我在这里简单谈谈自己的体会。我不是说我们的文学概论要抄袭这两个体系。照着葫芦去画瓢，硬搬过来的办法是要不得的。我不过是说我们可以把他们的体系进行总结，从中吸取经验教训。

先讲黑格尔美学体系。恩格斯曾说，黑格尔在体系上所花费的精力比他在其他方面进行的思考要多得多。但是他的体系有很大缺点，除了客观唯心主义所形成的头脚倒立的情况且不说外，就是刻板地甚至迂腐地要求整齐划一，常带有明显的人工强制性的痕迹。特别是他从一个概念向另一个概念过渡的时候，往往用了人工的强制手段，这就造成了黑格尔体系的晦涩难懂。黑格尔哲学其实并不难懂，难懂的只是他特有的名词术语，如果把它们搞清楚，就会发现他的表述是很清晰的，他的逻辑性是非常强的。我以为这和德国哲学自康德以来所倡导的批判精神有关。这里所说的批判，决不能理解作大批判式的批判，而是指对于概念进行清理，筛汰其中模糊不清的杂质，使之通体透明、清晰、准确。黑格尔哲学的晦涩难解是在那种用人工强制手段的转折上、过渡上，当实际情况无法过渡的时候，他还是挖空心思硬要设法把它们纳入他的体系轨道。过去，我们往往强调必须打破黑格尔的体系，但是我们也应看到，他的体系中也不乏可资借鉴和参考的东西。例如黑格尔哲学、美学所体现的范畴之间的内在联系。他很看不起一部书各个章节之间毫无关联，只是把一堆问题杂凑在一起。他认为有价值的著作应该是一个有机整体，部分和部分之间以及部分与整体之间都是有机地结合在一起的。这一点虽然从表面看不出来，但其中确实蕴含着内在的联系。我是搞大百科全书的，新出的英国《大不列颠百科全书》十五版有一知识纲要，即企图阐述知识的体系。它画了一个圆，认为其中任何一个学科、任何一种知识彼此之间都有一种联系。现在有关知识分类和知识系统问题已成为一种专门学问。黑格尔很早就看到这一点。假如扫除了事物的彼此相外性，从表面看来似乎是一些偶然的现象中找出事物的必然联系，那就是说，我们发现了其中的规律，至少这是规律的重要内容之一。

此外，黑格尔的哲学也好，美学也好，都体现了逻辑的完整性和首尾一贯性。我们搞文艺理论的人往往对逻辑不够注意。苏联在斯大林时代也曾经反对过形式逻辑，甚至认为形式逻辑就是形而上学。这是很错误的一种观点。形式逻辑还是很重要的一门学科。一个人的思维假使没有逻辑性就容易产生混乱。当然，黑格尔认为逻辑发展过程只是理念的自我运动，这一点是不足为训的。我们要从黑格尔的颠倒地反映世界的形态中去剥取它的合理的内核。在黑格尔哲学、美学中，体现了一个由低级到高级、由萌芽状态向成熟状态发展的进程，形成了环环相扣的逻辑链锁，这是很重要的。假如没有逻辑发展的完整性和首尾一贯性，就构不成体系。即使有个体系，也是一个坏的体系。

黑格尔大约是最早提出历史与逻辑一致性的理论家。这一观点曾受到马克思和恩格斯的推重。（后来我对这看法作了批判，见《清园近思录》中《关于斯城之会及其他答问》。——补记）所谓逻辑和历史的一致性，就是说人类的认识历程和逻辑的发展历程，彼此相符，都是由低级向高级、由萌芽状态向成熟状态不断向前推进。例如，以个人的进化来说，从最初的受精卵发展到胎儿，实际上正是重复了整个动物的生命史，即由单细胞生物发展成为高级动物（人）的历史。因此，研究儿童心理学的人，往往可以从不同年龄的儿童的认识过程（有人曾把这一过程分为特化阶段—泛化阶段—分化阶段—概括化阶段四个时期），来探讨早期人类的认识史。我们如果加强这方面的研究，不仅可以解决认识论（比如概念是如何形成的）问题，也可以解决美学（比如美感是如何形成的）问题。黑格尔不仅在《哲学史演讲录》中是按照逻辑和历史的一致性观点来构成全书的框架，就是在《逻辑学》和《美学》中也是按照这一观点来构成理论体系的。因此，在黑格尔哲学、美学体系中一方面体现了部分与部分之间以及部分与整体之间的内在联系，另一方面也体现了由低级向高级,由萌芽状态向成熟状态合规律的发展过程。我认为,这两个特点很值得我们在编写文学概论时,作为参考和借鉴。

至于在我国古代文论中,我以为刘勰的《文心雕龙》的体系是特别值得重视的。《文心雕龙》是在体系上相当完整严密的一部著作,章学诚称它"勒为成书之初祖"即包括了这一点而言。我认为这部书在我国封建时期文学理论史中,不但前无古人,而且也后无来者。最近有人刻意贬低它,企图作惊听回视之论。翻案文章一旦走上意在求胜的道路,违反实事求是的精神,就没有什么价值了。试问:仅就系统的完整严密来说,在我国漫长的封建社会中有哪些文艺理论著作可与之比肩呢?甚至在整个中世纪的世界文学理论著作中可以成为它的对手的也寥寥无几。过去我的一位前辈曾发过这样的感叹:"慨此甘露,知饮者希。"幸而今天多数研究者是有眼力的,他们都对《文心雕龙》这部书做出了应有的公正评价。

我曾在拙著《文心雕龙创作论》后记中遗憾地承认,我在书中阐发刘勰的思想体系时,没有涉及佛家的因明学对他的影响,我认为佛家的重逻辑精神,特别是在理论的体系化或系统化方面,不能不对他起着潜移默化的作用。其实,这并不是我的创见,最早是由朱东润先生提出的,只是他未申论而已。但是有人曾在口头上向我提出质疑,他问:在刘勰时代因明学尚未输入中土,刘勰怎么会受到因明学的影响?殊不知因明是古印度的五明之一,产生于公元前六世纪。这位质疑者翻了翻汉译佛学书目,只知到了唐代我国才传译了《因明入正理论》。其实早在后魏就已经有了西域三藏吉迦夜与昙曜所译的《方便心论》及同一时代三藏毗目智仙共瞿昙流支所译的《回诤论》。这些书都是阐发古因明学的著作。此外还可以从当时译出的其他一些佛书中发现一些零碎的有关因明学的知识。刘勰不可能不读到这些著作。自然对这一问题倘要详论,还需要做过细的工作。

不过，这里要说的是《文心雕龙》是注意到体系的。《总术篇》曾经明言："文场笔苑，有术有门。"又说："执术驭篇，似善弈之穷数；弃术任心，如博塞之邀遇。"在这里刘勰以下棋和赌博对举。"借巧傥来"的"博塞之文"和"术有恒数"的"善弈之文"正是对于艺术规律的两种相反观点，前者取否定态度，后者取肯定态度。刘勰的长处之一就在他对于艺术规律的看法。他提出"心总要术，当机立断"，"因时顺机，动不失正"，是很有见地的。这说明他尊重规律性，但同时又强调作家的主动性，要把从规律引申出来的艺术方法融会于心，加以灵活的运用，而不要使它成为拘挛创作活动的刻板定程。

《文心雕龙》五十篇有相当严密的体系。全书分总论、文体论、创作论三大部分。第一篇《原道》为全书立论之本。刘勰以原道、征圣、宗经为骨干，创立了道—圣—文这样一个体系。这个体系也是不足为训的。有人认为刘勰是唯物主义者，也有人认为他是唯心主义者，我以为应当说他是客观唯心主义者。《神思篇》作为创作论的第一篇，阐明想象贯串在艺术构思的全过程中。全书的体系有一个特点颇值得注意，这就是纲和目的关系。刘勰采取了以纲统目、纲举目张的办法。我曾在上面提到的拙著中说，《神思篇》是《文心雕龙》创作论的总纲，统摄了创作论以下诸篇的各重要论点。前者埋伏了预示了后者，后者则进一步说明了发挥了前者。为了证明此说，我曾列表阐明《神思篇》与《物色篇》《体性篇》《比兴篇》《情采篇》《事类篇》《养气篇》《总术篇》等前后呼应的关系。上举诸篇都可找出直接的证据来互相印证。至于此外各篇则多是从《神思篇》所涉及的原则所申引出来的问题，也有间接的关联。这一说法曾得到几位《文心雕龙》研究者的首肯，如牟世金同志就是其中一位,他并且作了补充和进一步的阐发。但也有同志不赞成这种意见,认为《神思篇》并不能统摄《文心雕龙》创作论的全部内容,有不少篇都是《神思篇》根本未涉及的。这确是事实,但据此否定《神思篇》是创作论的总纲,则未免过于拘泥整齐划一的要求。有些论者严格地要求原则必须渗透到每一个具体论点之中,以为这样才能称得上是组织靡密、系统完整之作。我认为这种看法过于呆板机械。事实上,恐怕很少有可以达到这样要求的理论,因为理论著作经常会出现原则和原则运用之间的差距。看来这大概是理论著作经常难免的。过去,《庄子内篇译释和批判》一书曾把庄子哲学思想的体系概括成为有待—无己—无待这样一个公式。这个公式是否概括得准确,这里且置而不论,我只是想说《庄子内篇译释和批判》一书中几乎把《庄子》内篇的每句话都和这一公式挂了钩,认为都体现了作为庄子哲学体系的有待—无己—无待原则。为了这样来论证自己所抽绎出来的公式的正确性,有时甚至不惜削足适履,以致牵强附会,违反实际。理论著作所要求的系统的完整性和严密性不应是这样的。刘勰所说的"心总要术,当机立断""因时顺机,动不失正"这种灵活地运用原则来说明体系以及把体系贯彻到具体论点中去,才是正确的方法。此外,《文心雕龙》一书把史、论、评糅合在一起的写法也是值得借鉴的。这问题我在拙著中申论较多,这里就不再赘述了。

一九八二年

附记

文中提到儿童的几个认识阶段,可作点说明:A. 特化阶段——

儿童只把桌子这一语词当作某一桌子的名称。他还不能把另外的桌子称为桌子。他的认识只是"这一个"就是"这一个",而不能做出个别是一般的直接判断。B. 泛化阶段——对于和桌子类似的东西发生泛化反应,如把床、凳等都叫桌子。这里最初萌生的共性是抽象的同,把个别的特殊的特征完全排除了。C. 分化阶段——对桌子和非桌子做出区别的反应。这里只是极初步地蕴涵着普遍性(同)、特殊性(异)、个体性(根据)。D. 概括化阶段——大约在学龄期的儿童,才不再说"桌子就是桌子",或举出其单项功用说桌子只是"吃饭用的"或"写字用的"等,而可以将桌子的功用加以概括化。

# 从文化史的角度来研究文学

我在编大百科《中国文学卷》时曾提到这样两个原则：第一，从比较中探索中国文学的特点；第二，从文化传统的背景上来探索形成这种特点的原因。我相信，如果我们这样去做，对一些长期晦暗不明、争论不清的问题可以理出一些头绪甚至有所突破，对一些似成定论的问题也可能做出新的估价，取得新的认识。这里我主要想谈谈从文化传统的角度来研究文学这个问题。

关于文化的研究，建国以来中断了三十多年，一九七九年开始文化的研究逐步得到了重视，陆续出了一些著作，学术界对这方面的讨论也热烈起来了。从一九八二年在上海举办的一次文化研讨会以来，至今已经举行了好几次文化研讨会，并且邀请了国外的一些专家来参加。

为什么在建国三十多年中文化的研究几乎是空白？原因是多方面的，其中有一个重要原因就是把这种研究看成是与马克思主义相对立的。目前人们逐步明白了这种看法是不对的，从而形成了近年来的研究文化热。但是我们的思想中还存在着一种因袭的陈旧观念，那就是认为，每个时代的文化都是当时的政治经济的反映；有什么样的政治经济形态，就会产生什么样的文化。这个看法也不是完全不对，马克思主义就认为经济基础决定上层建筑，但我们决不能把这一点作简单庸俗的理解，因为马克思主义在指出这种决定作用的同时，还指出文化和经济发展的不平衡，因而把政治经济和文化的关系作单纯直线的理解是错误的。我们应该认识到，思想文化具有相对的独立性，有着自身的发展规律，这不是政治经济的规律所能代替的。同样的社会形态在不同的民族那里出现了不同的文化类型，就足以说明这一点。《文心雕龙》曾分析了齐梁以前的"九代"文学，认为每一个朝代的文学都有不同的特征。但这些不同朝代的社会却是同一性质的。王国维在《宋元戏曲史》中说"一代有一代之文学"，文学发展总是渗透了时代的特点。但是，在文化史上，有没有在不同的历史时期、不同的社会条件下，存在着一种共性的东西呢？应该说是有的。马克思在《资本论》中批判本杰明·边沁的效用说时，提出了人性的问题。马克思说，人性可分为"人性一般"和"在不同历史时期变化了的人性"。在我们的文化史中是不是也有一种共性的东西，像这里所说的"人性一般"的存在？即我们民族文化传统中在不同的历史时期、不同的社会条件下具有某种共性的东西。我们的文化研究，不仅要研究各个历史时期文化的不同特点，同时还应在历史长河中去探寻人们思想中所潜藏文化传统的共性成分。

我认为，构成我们民族文化传统的因素大概有以下四个方面：（一）在创造力上表现的特点。每个民族文化在创造力上都具有不同的特点。（汤因比在他的《历史研究》中把世界文化归为二十几种类型，提出了"挑战和应战"的学说，以此来探讨文明诞生的原因。这也就涉及创造力的问题。）（二）民族心理素质。（三）一个民族所特有的思维方式、抒情方式和行为方式。（四）这个民族的价值观念。

我以为探讨民族文化传统的特点应该从这几方面入手，下面举几个简单的例子来加以说明。黑格尔曾经在《哲学史演讲录》中说，东方哲学强调同一性，忽视特殊性。我认为黑格尔这一说法是对的，这个问题是中国文化传统中的一个重要特点，它所涉及的问题也就是群体和个体、共性和个性或者说是公与私的关系问题。我国文化传统观念侧重于共性对个性的规范和制约，而忽视个性，以社会道德来排斥自我，形成了一整套固定的思想模式和伦理道德规范，从而使个体失去了他的主体性。这与我们传统的文化心理结构很有关系。但是，真正活的创造力是存在于组成群体的个体之中。没有个体的主体性就没有创造力。片面强调共性制约个性，以致压抑个性取消个性，就会摧残创造力。清代乾嘉学派的戴震作为伟大的思想家，就在于他处在当时理学盛行时代反对压制个性的"遏欲之害"，主张使人"各得其情，各遂其欲"。

中国的思维方式缺乏思辨思维和形式逻辑，主要强调直观和经验，把一切都同伦理道德挂钩。孔子的哲学也主要是道德箴言，思辨色彩不浓。中国的文学观离不开政教伦常。《关雎》这样的抒情诗也要和"美后妃之德"连在一起，蒙上伦理的色彩。在科技方面，当欧洲还在野蛮落后的中世纪徘徊时，中国的科学技术遥遥领先。为什么到后来突然停滞不前，没有产生像西方那样的近代新科学？除了社会原因外，从文化传统中也可以探讨出一些原因。李约瑟曾列表说明科技发展的三个因素：理论、实验和应用。我国在应用上发展很快，在理论上和实验上却很落后，这影响了科技的发展。国外一位学者说，中国人的认识方式是"体知"，而不是"认知"，不强调理论思维，讲究直观领悟，只可意会，不可言传，这很对。例如《文心雕龙》就说过："伊挚不能言鼎，轮扁不能语斤。"这种认识方式导致了我们的科技因缺乏理论而在发展中形成了一系列的断层。

一九八六年

附录一

# 王元化学术年谱[①]

《抗战文艺论文集》，文缘出版社1939年出版。

编者署名"洛蚀文"。共分"关于抗战文艺""关于艺术大众化""报告文学及其他"三辑，编选抗战初期各家所撰论文三十五篇，包括编者自撰论文两篇，另有附录三篇。有岳昭（戴平万）所撰《序》。

《文艺漫谈》，上海通惠印书馆1947年出版。

作者署名"何典"。收入1939年至1945年期间所撰论文九篇。

《向着真实》，新文艺出版社1952年出版。

作者署名"方典"。收入1950年至1951年间所撰论文十七篇及

---

① 本学术年谱收录王元化先生生前撰著、编选、翻译的各类著作（包括部分由他人协助编选的作品），依照编年形式排列；各书改版重印时，凡有修订增补均单列为一项，若仅据原版重印、改排或影印则从略；主编的各类丛书和辑刊如《新启蒙》《海外汉学丛书》《学术集林》等未列入；各类著述的外语译本如冈村繁主编日文版《王元化著作集》未列入。

备考三篇。有作者所撰《后记》。

《太平天国革命亲历记》，中华书局上海编辑所1961年出版。

作者为英国呤唎（A. F. Lindley），译者署名"王维周"，实为王维周、王元化父子合译于五十年代末。由罗尔纲撰写《前言》，钱实甫增补注释。全书共二十六章，王元化负责翻译第九至二十六章，并做最后校定和润色。另有附录三篇（附录甲"天条书、三字经、幼学诗"仅存目）及外国人名汉英对照表。

《文心雕龙创作论》，上海古籍出版社1979年出版。

初稿撰写于六十年代，后经删改增补，全书包括上下两篇。上篇包括三篇综论性论文，下篇为八篇专论及相关附录。有作者所撰《后记》。

《向着真实》，上海文艺出版社1982年出版。

新文艺出版社1952年初版的修订增补本，删去原有三篇论文及备考，增加十二篇论文，共分为三辑。另删去原版《后记》，代以作者新撰《后记》。

《莎士比亚研究》，上海译文出版社1982年出版。

选译西方学者所撰莎剧评论五篇，译者署名"张可"，实为王元化、张可夫妇合译于五十年代末至六十年代初。各篇译文的《译者附识》均由王元化撰写。有王元化所撰《跋》。

《文学风格论》，上海译文出版社1982年出版。

据英国兰恩·库柏（Lane Cooper）编译的《文学风格论》，选译其中论文四篇。有译者所撰《跋》。

《王元化文学评论选》，湖南人民出版社1983年出版。

收入自五十年代初至八十年代初所撰论文十七篇。有作者所撰《前言》。

《日本研究〈文心雕龙〉论文集》，齐鲁书社1983年出版。

编选日本学者所撰论文十一篇及附录一篇。全书由彭恩华翻译。有编者所撰《序》。

《文学沉思录》，上海文艺出版社1983年出版。

收入1976年至1982年期间所撰论文十七篇。有作者所撰《后记》。

《脚踪》，福建人民出版社1983年出版。

收入创作于抗战时期的部分文学作品，包括小说四篇、散文两篇、报告两篇。有作者所撰《序》。

《文心雕龙创作论》，上海古籍出版社1984年出版。

上海古籍出版社1979年初版的修订本，全书改为繁体直排。除文字多有修订润色外，内容尚有较多增补，均以"二版附记"的形式附于各篇篇末。有作者所撰《第二版跋》。

《太平天国革命亲历记》，上海古籍出版社1985年出版。

中华书局上海编辑所1961年版《太平天国革命亲历记》的修订本，译者署名仍作"王维周"。有王元化所撰《跋》。

《文化发展八议》，湖南人民出版社1988年出版。

收入1983年至1988年间作者任中共上海市委宣传部长时所撰发言稿八篇，另有附录一篇。有作者所撰《后记》。

《思辨短简》，上海古籍出版社1989年出版。

收录未发表的札记及从已发表论著中摘录的片段，共计一百五十三则。有作者所撰《后记》。

《传统与反传统》，上海文艺出版社1990年出版。

收入六十年代至八十年代所撰论文二十二篇，另附吴晓卓《记王元化教授》（改题为《作者传略》）。有作者所撰《书后》。

《思辨发微》，香港三联书店1992年出版。

上海古籍出版社1989年版《思辨短简》的修订增删本，篇数增至二百零九则。有作者所撰《序》。

《文心雕龙讲疏》，上海古籍出版社1992年出版。

上海古籍出版社1984年版《文心雕龙创作论》的修订增补本。除文字加以删削外，另新增六篇专题演讲及序言。有作者所撰《序》。

《清园夜读》，海天出版社1993年出版。

共分考释、人物、掌故、书简、序跋五辑，收入各类文章四十九篇。有作者所撰《后记》。

《思辨随笔》，上海文艺出版社1994年出版。

香港三联书店1992年版《思辨发微》的修订增删本，篇数增至二百二十九则，另有附录两篇。有作者所撰《序》。

《清园论学集》，上海古籍出版社1994年出版。

以编年形式收入数十年来所撰论文五十五篇，另附小说《舅爷爷》及作者著述目录。

《清园夜读》，中国社会科学出版社1997年出版。

海天出版社1993年版《清园夜读》的增订本，新增文章七篇。有作者所撰《增订本跋》。

《读黑格尔》，百花洲文艺出版社1997年出版。

收录七十年代读黑格尔《小逻辑》和《美学》第一卷时所撰笔记，前半部分为手稿影印，后半部分为释文，另附《韦卓民先生关于〈小逻辑〉的通信》。有作者所撰《序》。

《太平天国革命亲历记》，上海人民出版社1997年出版。

上海古籍出版社1985年版《太平天国革命亲历记》的修订本，译者署名"王维周、王元化"。除译文做改订润色外，补入了此前存目的附录甲"天条书、三字经、幼学诗"。另删去旧版《跋》，代以王元化所撰《新版本译序》。

《清园近思录》，中国社会科学出版社1998年出版。

收入九十年代所撰各类论文、答问、序跋、书话、札记、日记等四十三篇。有作者所撰《后记》。

《莎剧解读》，上海教育出版社 1998 年出版。

上海译文出版社 1982 年版《莎士比亚研究》的增订本，选译西方有关莎士比亚戏剧的评论九篇，另据其他译本摘编《俄国作家论莎士比亚辑录》，译者署名"张可、元化"。附有尤金·奥尼尔著、张可译《早点前》，及王元化撰《关于〈早点前〉》。卷首有王元化所撰《在莎士比亚塑像揭幕仪式上致词》和《序》。另删去旧版《跋》，代以王元化新撰《跋》。

《谈文短简》，辽宁教育出版社 1998 年出版。

钱钢编选，分文艺短论、美学理论、外国文学、鲁迅研究四辑，收入历年所撰论文五十二篇。有作者所撰《出版说明》及钱刚所撰《编后记》。

《九十年代反思录》，上海古籍出版社 2000 年出版。

收入二十世纪九十年代以来所撰各类论文、札记、答问、序跋、书话等二十二篇（部分篇题下收有数篇相关文章）。另附有吴江来信及胡晓明《一切诚念终当相遇》。

《清园文稿类编》，上海教育出版社 2000 年出版。

钱钢编选，分文学、黑格尔、《文心雕龙》、考释、思想史、戏曲、人物、书信日记、序跋、学术年表和著述目录共十篇，收入历年代表性论著，并选录相关评议附于各编之后。卷首有钱钢所撰《凡例》。

《集外旧文钞》，上海文艺出版社 2001 年出版。

分五辑收入此前未编入集中的各类评论、杂文、散文、序跋、答问等一百零四篇,各辑前均有作者所撰《小引》。

《清园自述》,广西师范大学出版社2001年出版。

收入历年所撰各类回忆性散文、日记等十九篇。

《九十年代日记》,浙江人民出版社2001年出版。

收入1990年至1999年所撰日记,其中1991年部分代以回忆录。有作者所撰《后记》。

《清园文存》,江西教育出版社2001年出版。

分早期创作、文学艺术、《文心雕龙》、黑格尔、思想史、文化、人物、掌故、书信日记、自述与自著序跋十类,收入历年重要论文二百零三篇,另附钱钢所撰《王元化学术年表》。

《清园书简》,湖北教育出版社2003年出版。

收入自二十世纪七十年代至二十一世纪初期间致友人书信,共计四百五十四封。有作者所撰《后记》。

《人和书》,兰州大学出版社2003年出版。

蓝云编选,分四辑收录各类记叙人物和品评著述的文章共八十五篇。有作者所撰《跋》。

《思辨录》,上海古籍出版社2004年出版。

上海文艺出版社1994年版《思辨随笔》的增订重编本,由赵昌平拟订分类编排目录,共分九辑(个别辑中又另分上中下)进行摘编,共收入三百七十七则,另有附录三篇。有作者所撰《自序》及

《框架说明》。

《清园近作集》，文汇出版社 2004 年出版。
收入二十一世纪初所撰各类论文、随笔、札记、书信等五十一篇。有作者所撰《序》。

《文心雕龙讲疏》，广西师范大学出版社 2004 年出版。
上海古籍出版社 1992 年版《文心雕龙讲疏》的修订本，除文字加以修订外，新增《〈文心雕龙讲疏〉日译本序》，并附设《备考》，辑录中外学界的评议共十二篇。有作者所撰《新版前言》。

《清园书屋笔札》，中国美术学院出版社 2004 年出版。
分思想、行旅、往事、谈艺、诗作五类，影印 2004 年在上海美术馆举办的清园书屋笔札展上所展出的各类书法作品，附有释文，内容均出自作者著述。有许江、胡晓明所撰序言两篇。

《人物·书话·纪事》，人民文学出版社 2006 年出版。
分人物、书话、纪事三辑，收入各类文章九十七篇。

《清园谈戏笔札》，华宝斋书社 2006 年出版。
收入历年所撰谈论戏曲的文章六篇。

《读黑格尔》，新星出版社 2006 年出版。
分上下两编。上编收入论文、札记、通信等二十余篇，下编为读《小逻辑》和《美学》第一卷时所作原始笔记。有作者所撰《小引》及《读黑格尔的思想历程》。